浙江民营经济金融生态环境研究

赵国忻 著

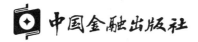

中国金融出版社

责任编辑：方　晓
责任校对：张志文
责任印制：陈晓川

图书在版编目（CIP）数据

浙江民营经济金融生态环境研究（Zhejiang Minying Jingji Jinrong Sheng-tai Huanjing Yanjiu）/赵国忻著 . —北京：中国金融出版社，2015.3
ISBN 978 - 7 - 5049 - 7767 - 0

Ⅰ.①浙…　Ⅱ.①赵…　Ⅲ.①民营经济—经济发展—研究—浙江省
Ⅳ.①F217. 55

中国版本图书馆 CIP 数据核字（2014）第 313364 号

出版
发行　　中国金融出版社

社址　　北京市丰台区益泽路 2 号
市场开发部　（010）63266347，63805472，63439533（传真）
网上书店　http://www. chinafph. com
　　　　　　（010）63286832，63365686（传真）
读者服务部　（010）66070833，62568380
邮编　100071
经销　新华书店
印刷　三河市利兴印刷有限公司
尺寸　169 毫米 ×239 毫米
印张　16
字数　281 千
版次　2015 年 3 月第 1 版
印次　2015 年 3 月第 1 次印刷
定价　36. 00 元
ISBN 978 - 7 - 5049 - 7767 - 0/F. 7327
如出现印装错误本社负责调换　联系电话（010）63263947

前 言

"金融生态就是竞争力"这一观点已得到了社会各界的普遍认同，浙江省主要城市一直在全国金融生态环境评价中名列前茅，呈现出民营经济增长与金融发展良性互动的格局，但在民营经济与金融可持续发展方面还存在许多问题，特别是金融危机及新常态环境下，民营经济转型升级、金融安全稳定运行都面临着严峻挑战。因而，系统总结浙江和国内其他区域在这方面的经验，寻找问题和差距，对于保持浙江社会经济的可持续发展具有重要意义。本书运用新制度经济学的相关理论，通过数据资料分析、问卷调查、典型访谈等手段，并利用区域比较分析、动态分析、数理模型分析、案例分析等方法，对以浙江省为主体的民营经济发展和金融生态环境建设的经验、存在问题以及制度改进和优化进行了系统分析和理论研究，得出了一些重要结论。

第一，通过收集浙江省改革开放以来金融、经济变化的历史数据，运用统计方法分析了民营经济与金融发展之间的关系及这种关系的形成机理，得出：在 1998 年之前，民营经济与金融之间的关系主要是民营经济的增长支持了金融系统的发展，而金融系统对民营经济的信贷支持非常有限；而 1998 年之后，两者逐步进入良性发展轨道，金融体系既从民营经济增长中获得了动力，也对民营经济增长起到了重要支持作用。

但民营经济增长与金融发展之间良性互动机制的形成并不具备必然性，其中，金融生态环境在民营经济增长与金融发展良性互动机制形成中起着关键性决定作用。良好的金融生态环境是金融业健康持续发展的基础和源泉，也是金融支持民营经济增长的前提和保证，更是金融发展与民营经济增长良性互动机制形成的基础和保证。

第二，通过对改革开放以来浙江民营经济与金融发展历程、特点、经验和关键要素的分析，得出：自然条件和经济基础压力是浙江民营经济启动的外部驱动力，传统重商文化与工商习俗是内在动力，民间融资是重要支撑，地方政府"无为而治"的管理模式是重要前提；在浙江体制、机制先发优势基础上，"浙式企业家"和浙商精神，地方政府的职能转换与政策引导以及金融体制改革与金融产品、服务创新为其保持高速可持续增长提供了进一步保障；而浙江民营经济腾飞的本质原因在于政府与民间制度创新的良性互动。

浙江金融发展的原因与经验在于，民营经济的强劲增长为金融发展奠定了坚实基础，信用环境改善是金融发展的基本前提，地方政府的职能转换、为金融发展提供良好的制度保障和政策引导支持是金融发展的重要保证，金融系统的制度和业务创新是浙江金融发展的不竭动力，发达的社会中介组织是浙江金融发展的重要支撑。

第三，通过分析浙江省各级政府在推动经济、金融发展，建设金融生态环境方面的成功做法的经验，得出：浙江地方政府的角色定位与市场化执政理念，包括以提供公共产品和公共服务作为政府的主要职能，充分尊重民间自发的制度创新，是政府发挥作用的理论基础；浙江地方政府的自身改革与建设，包括依法治省，严格规范政府行为，控制政府规模，提高效能，强化服务，提高政府透明度，是政府发挥作用的前提和基础；浙江地方政府为经济、金融的良好运行提供公平、竞争和诚信的制度和环境，包括完善市场经济法制，为各类企业创造公平竞争的政策空间与发展环境，规范市场经济秩序，加强社会性监管，建立信用体系，打造良好的金融生态环境，实施"平安浙江"战略，确保金融生态安全运行，推动金融改革开放，营造竞争性的市场环境，是政府对于金融经济发展的最主要贡献；而各级政府对经济金融发展提供规划、引导、协调和支持，包括为民营经济、金融发展提供规划、引导和支持，建立金融监管联动机制，加强对"信用浙江"建设的统一部署和整体推进，大力发展和规范金融服务中介机构等，也是政府重要作用的体现。

第四，通过分析浙江在建立信用体系、改善信用环境、促进中介服务业规范发展方面的经验，得出：浙江省政府的高度重视，统一部署，整体推进，加强区域联动为信用建设奠定了良好的基础；政府建章立制，为信用建设提供制度支撑，建立并逐步完善企业信用管理相关制度，开展多种形式的个人信用制度建设尝试，奠定了"信用浙江"建设的制度环境；政府信用建设先行，为社会树立示范是"信用浙江"建设的前提和保证；构建信用信息的征集、评价和查询、发布系统，建立信用行为的激励与惩罚机制，探索和完善守信行为的激励与约束机制奠定了信用建设的市场基础。

浙江发达的中介服务业是民营经济发展和金融生态环境建设的重要市场支撑力量。浙江政府对于中介服务业的管理、支持和规范促进了其良性发展，中介服务业作用正在不断增强。

第五，通过问卷调查和实际走访分析浙江民营经济与金融在当前及未来保持可持续发展所面临的问题和原因，得出：浙江的民营经济已具备较强实力，对该地区社会信用状况、金融生态环境的评价都较高，但这方面的改进余地也很大，特别是融资渠道拓展、金融机构产品和服务创新方面；金融危机对于民营经济、地区金融生态环境都造成了负面影响，政府干预、生态环境、企业融资有恶化趋势。当前企业对于技术产品研发重视度不够，产品技术研发的主要难题在于创意不足，缺乏强有力的技术支持和融资、人才等环境条件支撑等。

第六，本书提出了以提供公共产品和公共服务为目标，切实转换政府职能；创造良好的制度和市场环境，引导民营经济转型升级；建立健全社会信用体系，优化社会信用环境；建立健全民营中小企业融资支持体系；推动金融改革创新，防范风险，维护金融业良性发展等政策建议。

目　录

第一章 绪 言

第一节 研究背景

"金融生态就是竞争力"这一观点已得到了社会各界的普遍认同，是近年来"两会"的热点话题之一，并已成为各地政府和金融业的自觉行动。良好的金融生态是浙江金融发展与民营经济增长之间良性互动关系建立的关键要素。

改革开放以来，浙江社会经济发展取得了举世瞩目的巨大成绩，被人们誉为"浙江模式"，这种模式背后是民营经济的快速崛起、地方金融的发展壮大以及地方金融发展与民营经济增长之间双向促进的良性循环机制的形成。因而，浙江省及主要城市一直在金融生态环境评价中名列前茅。但在欣喜的同时，我们应清醒意识到，首先，这种成绩只是在全国金融生态环境普遍不理想背景下的相对领先，与理想目标还有相当大的差距，而且省内不同地区之间还很不平衡，因而改善和优化金融生态环境任重而道远。

金融危机给国内特别是浙江省民营企业带来沉重打击，也影响了金融生态基础。在新形势下，如何进一步建立和完善相关制度，创造良好的金融运行环境，以发挥金融对民营经济技术创新的支持作用，对于浙江省转换经济增长方式，保持社会经济的可持续发展，具有重大意义。

从动态视角看，各地改善和优化金融生态环境的力度正在不断增强，并取得了明显成效。因而总结浙江省和国内其他区域在这方面的经验，寻找差距，对于建立和谐的金融生态系统，实现经济与金融的良性互动，具有重要现实意义。

第二节 国内外相关研究评述

国内就金融生态问题已形成理论研究热潮，并取得了显著成效。大致来说，相关研究集中在金融生态的内涵、作用、评价、改进与优化的关键要素及路径和金融与经济之间的关系等方面。

一、金融生态的概念、作用

多数学者认为"金融生态"这一概念是由周小川于 2004 年明确提出的，用来阐述中国金融风险的主要原因。经李扬、何世红等人大力推广后，相关研究进入高潮。

金融生态的概念来自于生态学，目前学术界对其界定形成了两种观点，即金融生态环境观和金融生态系统观，相关理论及实证分析基本围绕这两种观点展开。

金融生态环境观主要从金融外部运行机制或基础条件等方面出发来探讨改善金融生态的相关运作机理。周小川（2004）、徐小林（2005）认为，金融生态即微观层面的金融环境，包括法律、社会信用体系、会计与审计准则、市场体系、中介服务体系、企业改革的进展及银企关系等方面的内容。其中，法律制度环境是金融生态的主要构成要素，其他还包括市场体系的完善程度以及中介服务体系的完善程度，企业改革也是改善金融生态的重要方面。易宪容（2004）、夏斌（2005）、苏宁（2005）等人也认为，金融生态是借用生态学概念来比喻金融业运行的外部环境。

金融生态系统观则认为，金融生态是一种开放、复杂、巨大的系统，具体应包括金融生态主体、生态环境、生态调节三个方面。持这种观点的主要代表人物徐诺金（2005）指出，金融生态是金融与其环境之间相互关系的总和，是各种金融组织为了生存和发展，与其生存环境之间以及各组织相互之间在长期的密切联系和相互作用过程中，通过分工、合作所形成的具有一定结构特征、执行一定功能作用的动态平衡系统。金融生态既包括与金融产业相互影响的政治、经济、法律、信用环境等因素，又包括了金融体系内部各要素，如金融市场、金融机构、金融工业、金融产品等，通过资金链条形成的相互作用、相互影响的系统。

李扬等（2005）认为，金融体系的运行不仅涉及其赖以活动之区域的政治、经济、文化、法制等基本环境要素，还涉及这种环境的具体构成及变化，以及由此导致的主体行为异化对整个金融生态系统所产生的影响。

金融生态系统是由金融资源的生产者、消费者和分解者所构成的群落及其所赖以存在的金融生态环境共同形成的动态平衡系统。所谓生产者主要是指各类金融机构及金融市场，所谓消费者是指享受金融服务的群体，如企业和个人及地方政府，所谓分解者主要是指为清除、消解不良资产提供服务的各类监管机构和中介机构。许多学者也提出了相似的金融生态内涵。

关于改善和优化金融生态的作用和意义，集中表现在两个方面。首先，良好的金融生态是金融业稳定、可持续发展的基础和保障。改善金融生态，不仅有助于吸引资金和资本的流入，提高金融资源配置效率，而且有助于维持金融系统的稳定，防范金融风险；其次，良好的金融生态是促进经济与金融协调发展的基础和前提，是地方经济建设获得金融支持的有力保证，是构建和谐金融、和谐社会的重要内容。

有许多文献通过具体的正反案例论述了良好的金融生态对于打造"资金洼地"、有效拓宽中小企业融资渠道，促进区域金融、经济良性互动，以及经济可持续发展的意义。何世红（2009）指出，在全球化金融危机背景下，金融生态已经成为我国金融业的"护国利器"，保障了中国经济的逆势发展。金融生态就是竞争力。

二、区域金融生态的评价

区域金融生态环境评价的目的无非有两个，一是通过区域、城市间的比较，评定优劣顺序；二是寻找影响区域金融生态环境的主要因素并加以改善。

这方面以中国社科院金融研究所的研究工作最具有代表性、连续性和全面性，该所自 2005 年首次对 50 个大中城市进行评估之后，2007 年又对全国 30 个省市、90 个中心城市进行了评估，2009 年又推出了我国 30 个省份和 100 个核心城市的金融生态环境以及 338 个地区的信贷资产质量等级评估报告。之后，相关研究成果大量涌现。

在评价指标体系构建方面，相关研究基本从影响金融生态的环境要素出发，如：经济基础、企业状况、法律制度、司法公正、社会信用、中介服务、政府角色、金融运行等，只是出于对金融生态内涵的不同理解及对各个要素重要性的不同认识，其选取的具体指标有所差异。如：中国社会科学院金融研究所针对经济基础、企业诚信、地方金融发展、法治环境、诚信文化、社会中介发展、社会保障程度、地方政府公共服务和金融部门的独立性等 9 个大类，100 多个三层指标进行评价。中国人民银行洛阳市中心支行课题组（2006）设计了一个包含 90 项定量指标和 37 项定性指标的庞大指标体系；人民银行西安分行（2009）选取了经济环境、信用环境、法治环境、行政环境、中介服务环境和金融运行状况等 6 个大类指标；湖南大学金融管理研究中心（2009）选择了法制环境、经济环境、信用环境、金融运行 4 个大类指标。

在评价方法方面，相关研究成果也不断丰富，包括：因子分析法、层次分析法、主成分分析法，数据包络分析法 DEA，人工神经网络评价法，聚类分析法。近来，伍昱铭等（2009）提出将 ANP（网络分析法）引入县域金融生态评估，验证了其可行性、合理性。曾胜、廖林（2009）通过采用空间系统分析方法，把金融生态系统的基本特征表达为一个集合，表述为开放性、闭路循环性、根植性和可持续性四个基本特征，然后采用结构分析方法，提出了上述四个基本特征范畴的测量方程和评价模型。

此外，徐小林（2005）、谢庆健（2006）、伍旭川（2005）、顾延善（2005）、刘双（2009）、胡滨（2009）等学者也都从各自不同的角度建立评估指标体系，对不同区域的金融生态进行了评价。

三、区域金融生态环境的主要问题及改进优化

（一）影响区域金融生态的主要因素

基于金融生态环境论的学者多从分析造成不同区域金融生态巨大差异的原因中寻找改善的关键要素。如：李扬、王国刚（2005）分析得出：法制环境、经济发展水平、金融发展水平、金融机构独立性、信用文化五个因素对区域差异的贡献达到75%。徐小林（2005）分析认为，不同区域的经济发展模式、发展水平和发展阶段存在梯度性差别，加之司法、执法环境、信用环境等不同，导致区域间发展差距拉大。钟敏（2005）、湖南大学金融管理研究中心（2009）也认为，经济发展、金融发展、信用环境及中介服务水平上的差异是主要原因。

郑长德（2007）分析认为，中央政府的制度安排形成的区域差异和地方政府不同发展政策造成的经济发展环境差异是根本原因。李阳（2008）分析得出，造成我国农村金融区域差异的主要原因是经济发展水平、市场化进程及中央政府的财政政策。

周志平等（2005）分析认为，市域层次的产业结构和政府投资冲动是影响金融生态的主要变量；县域层次金融机构自身的不作为和信用脆弱造成了金融生态与金融发展的恶性循环；在镇以下乡村，经济基础薄弱和农村金融供求失衡是金融运行的主要问题。他得出结论，三个层次结构性金融生态差异是金融资源非均衡配置的重要解释变量，应按层次有侧重地对金融生态系统进行优化。

基于金融生态系统论的学者更多是从金融生态系统主体、生态环境和生态调节的角度，运用新制度经济学的方法分析金融生态系统失衡的主要原因，相

关分析侧重于金融企业的产权、治理等方面的问题。

赵振宇（2009）分析认为，金融生态失衡的原因在于内部环境失调和外部环境恶化。包括：金融市场缺乏竞争，中央政府的隐形担保与地方政府的干预，缺乏有效中介服务，金融企业产权不明晰，金融体制落后，监管不力，信用环境不良等。石艳蕊（2009）也从开放的生态系统视角分析了金融业较高的进入门槛、国家过度保护、退出规制不完善、信息链条断裂等问题。

皮天雷（2006）分析指出，我国金融生态环境法制缺陷的深层次原因是没有真正实现从"人治"、"权治"到"法治"的根本转变，以及非正式约束与市场经济还存在诸多矛盾。

巫文勇（2009）分析了金融产权的制度性缺陷，包括：委托代理制度缺乏制衡，金融自我调节机制被破坏，金融生态平衡优化的外部条件缺失（法律、制度、社会信用）；金融机构缺乏适应外部环境变化的能力（外生性改革）；缺乏恰当的金融体系结构和金融发展程度。黄可权（2009）也从交易成本、产权制度、委托代理、制度变迁形式等方面分析了我国金融生态存在的信用制度不完善、产权制度缺陷、委托代理机制不健全、强制性制度变迁不合理等问题。

郭佳（2009）从立法思想、法律制度缺陷（市场准入高门槛、所有制歧视性、金融产权所有者缺位、错位现象和内部人控制、规范的金融机构市场化破产机制未建立、监管缺乏严格的问责制度），信用法律环境和金融执法环境等方面分析了存在的主要问题。

（二）金融生态的改善与优化路径

不同研究者基于各自对我国金融生态存在问题主要原因的分析，提出了相应的改进和优化思路，主要内容包括：转换政府职能，建立和完善相关法律体系，改善法制环境，加强社会信用体系建设，强化对金融债权的保护，改革和完善金融体系，转换地方经济发展模式等。

金融生态的改善和优化实际是一个制度的构建和安排问题，为此，许多研究者就金融生态的相关法律、金融主体的产权制度、市场竞争制度、金融安全制度进行了广泛研究。

杨雪莱（2007）认为优化金融生态的根本措施是取消对金融创新发展的人为限制，建立联系银行、证券和保险市场的桥梁。

就法律制度问题，相关研究指出，金融立法要从促进市场交易出发，体现产权保护的理念、合同自由的理念、适应法律与适应国家政策相结合的理念、效率与公平同等重要的理念。在此基础上，修订完善《破产法》《刑法》《担

5

保法》《物权法》等法律法规，严肃追究恶意逃废债务者刑事责任；以完善金融产权为核心，对《商业银行法》《证券法》《保险法》等涉及金融主体构造的法律规范进行调整，明确股东在法人治理结构中的核心地位，建立金融机构市场退出机制，并制定《中小金融法》《合作金融法》，保护地方金融机构合法权益；进一步完善《担保法》，适当扩大担保物的范围。同时，优化金融生态司法环境，提高执法效率和力度，包括：加大金融执法力度，以增强监管有效性为重点，建立和完善监管问责制度，建立并启动及时矫正措施的法律制度，完善司法制度，强化权利保护的理念，确保司法公正；规范行政行为，防止行政对金融非正常干预；从法律高度制约中央银行无限制承担风险金融机构救助责任机制；有意识地培育社会法制意识等。

就金融生态主体的激励和约束问题，其目标是建立多元化、多种所有制并存、产权主体明确、产权实现完整、产权约束严密的金融组织体系。一是要强化金融企业的产权激励和约束；二是要强化市场竞争，放宽民间资本金融准入，鼓励中小金融机构、社区银行、村镇银行、小额贷款公司、担保公司的发展，丰富金融生态层次；三是要建立金融机构退市制度；四是要强化和改善金融监管制度和机制。

就金融安全和稳定问题，黄纯忠（2009）提出，一要积极推动金融稳定的立法，构建金融稳定协调机制、金融风险预警机制和金融风险处置机制的相关法律制度；二要完善金融机构退出法律法规体系，从政府主导型逐步过渡到市场主导型，强化市场主体的责任和约束；三要尽快建立存款保险制度，保护债权人利益；四要制定完善金融控股公司监管法律制度；五要加快规范金融创新业务的立法进程；六要完善防范和打击金融犯罪的法律制度。高小琼（2005）也提出了类似建议。

就社会信用体系建设，相关研究认为，国内信用环境不佳的主要原因在于失信机会成本低，应该通过立法、培育信用主体、设立惩戒机制、建设信用信息系统来完善。信用制度可从功能上分为三大部分，即以信息搜集、处理和发布为中心的征信系统，以失信惩罚为中心的失信惩罚系统，以及旨在保障征信系统、失信惩罚系统规范有序运作的立法、监管和执法系统。为此，应建立适合国情的征信系统，建立和完善失信惩罚体系，加快立法，强化监管和执法力度，改进信用评价方法，促进和规范信用中介机构发展，加强政府、企业信用建设。

就政府职能转换和作用，相关研究认为，首先，金融生态建设是一项长期的系统工程，需要各界共同努力，政府在其中更要发挥主导作用。其次，政府对于金融活动的介入会产生正反两方面的作用。因而，要通过转化政府职能，建立健全金融法规，明确界定地方政府金融职能，规范政府行为，合理划分政府与市场的边界。再次，地方政府的定位应是有所为（对于外部性、垄断的干预），有所不为（从经营性活动的退出），金融干预政策应注重完善金融市场，促进市场环境的建设。最后，地方政府金融管理的具体职能和手段包括：抓好立法及制定规则，制定规划及相应预算，指导金融机构改革和发展，维护金融安全，配合协调监管部门履行职能，防范风险，改善当地金融生态环境，推动信用体系建设，行使股东权力，完善法人治理。

此外，地方政府要科学处理地方金融控股公司的组建、运行等问题。组建地方金融控股公司对于整合地方资源，增强地方金融的竞争力和服务能力具有重要意义，但要注意组建模式，应以企业为主体，政府为引导，把业务整合与股权重组结合起来，完善金融控股公司的自身组织结构和运作机制，建立健全相关法规制度，防范可能出现的风险和问题。

四、金融危机下的金融生态建设

金融生态研究与金融风险研究、金融危机研究本质是一致的。因此，在金融危机背景下，金融生态研究更加重要。

首先，许多学者基于金融生态视角研究了金融危机的起源和防范对策。李丹、张丽（2009）认为，金融生态与金融危机具有不可分的联系，失衡的金融生态（包括金融主体行为失范、金融生态环境恶化）导致了危机爆发。杨德阔等（2009）指出，金融危机不仅源于金融业本身，更广泛源于金融生存发展的环境，而危机对环境的影响也集中体现在对金融生态的影响上。提出要发挥区域比较优势，夯实经济基础；健全法律制度，强化金融生态硬约束；拓展金融空间，提高对经济的支撑能力等建议。陈娜（2009）也提出，在金融生态主体方面，要促进多元化，创新金融工具，健全产品市场，引导良性竞争；在环境方面，要完善产权制度，建立信用制度，加快政治体制改革，转换政府职能，健全法治体系；在调节机制方面，要优化价格体系，深化利率改革，建立有效的市场进入、退出机制，建立金融监管机制等建议。张薇（2009），雷杰、李佳晗（2009）也从金融危机与金融生态角度提出了改善金融生态的建议。

其次，部分学者研究了金融危机背景下，我国金融生态出现的新情况。如中国社会科学院金融研究所李扬、张涛等（2009）研究指出，要关注新增信贷的"亲政府化"倾向，同时要注意政府在危机中采取的干预和直接参与政策可能被制度化问题，还要关注中小企业融资难问题。他们认为，对于中小企业融资问题，不能完全交给市场去解决，政府必须发挥积极的作用，不能简单地"去政府化"，也不能简单地"亲政府化"，而要积极探讨政府参与和干预金融运行的适当方式、领域、力度和时间选择，要在体制、机制、产品和服务等方面进行更为深入的综合改革。

五、金融发展与经济增长的关系

金融生态改善的直接效应就是为金融业的良性发展提供基础条件和动力。西方经济学界对于金融发展与经济增长关系的探讨先后形成了金融无关论、金融促进论和金融从属论三种观点。当前金融促进论的观点已被普遍接受。

关于金融发展影响经济增长的机理，Schumacher 从信用创造的视角、Keynes 从银行体系的视角、Gurley 和 Shaw 从金融中介的视角分别论述了金融对经济的重要影响。之后，Goldsmith、Mckinnon 和 Shaw 等人通过理论和实证分析，阐明了金融中介在加速资本积累、提高资源配置效率方面的作用，并由此建立了金融结构论、金融深化论和内生增长论，形成了金融发展的理论体系。

国内外学者运用各种计量模型，通过时间序列或横向比较分析，对世界各国及国内各地区金融与经济之间关系的性质以及金融发展促进经济增长的机理进行了大量实证研究，成果非常丰富。总体上，大部分实证研究都得出金融发展水平差异是不同地区经济水平差异的重要原因、金融发展对于经济增长具有促进作用的结论。

有一些文献研究认为，由于国内金融资源配置低效，金融对于经济的促进作用有限。对此，Patrick（1966）指出，金融发展与经济增长之间存在两种可能，一是需求带动，二是供给引导，具体取决于经济发展阶段。尹优平（2008）、吴拥政（2009）研究也表明，金融对经济的影响在不同时期、不同区域有阶段性差异。

六、对于部分地区建立金融生态相关经验的研究

在中国社科院金融研究所推出的区域金融生态环境评价报告中，浙江的金融资产质量全国最优，金融生态环境最好，信用程度最高。这折射出了浙江省各级政府和社会共同努力所建立的和谐的金融生态环境以及在此基础上形成的民营经济与地方金融之间良性循环机制。为此，许多学者将研究目光投向了浙江。

首先，以浙江为对象的分析结论基本都对金融发展与经济增长正向关系持肯定态度，且突出了民营金融与民营经济之间的联动效应。

其次，关于浙江民营经济与金融之间的良性发展机制和关键影响因素，赵英军（2001）总结认为，民营金融促生了浙式企业家，成就了特色区域产业带；高小勇（2005）认为，浙江经济金融奇迹主要在于企业密度大，而发达的民间金融增加了企业密度；周业樑（2005）分析认为，"浙江金融现象"证明，地方政府是区域金融生态环境建设的主导者。

沙虎居（2006）分析认为，良好的金融生态环境使得金融发展成为经济增长的助推器，而浙江省政府主动充当了金融生态环境建设的主导者；詹建芬（2006）也从转换职能的角度分析了政府对于经济金融发展的作用。

陈时兴（2009）总结认为，浙江地方政府对农村金融市场化的制度变迁给予规范引导，并为正规和非正规金融提供了较多制度创新空间，从而优化了微观金融结构，促进了金融主体行为合理化和农村金融结构的良性变迁。

七、评述

金融生态这一概念自 2004 年正式提出至今，相关研究已在理论和实践方面取得了丰硕成果。表现在：金融生态的概念内涵不断清晰、具体，金融生态环境评价指标体系基本建立，影响金融生态的主要因素以及改善和优化的思路逐步明晰，不同层次、级别的区域金融生态评估报告不断问世，并得到各级政府和社会各界的高度关注，地方政府改善金融生态的积极性高涨，金融生态环境显著改善。

然而，由于时间较短，相关研究也存在一定不足。如：大部分研究要么限于概念或范畴探索，要么属于工作性或政策性描述，还不能具体指导金融生态系统的建设；金融生态环境评价的微观基础较乱，评价中选择的指标千差万别，一定程度影响了评价结果的权威性和公正性；对于政府在金融生态建设中的职能作用研究不够深入，特别是在金融危机背景下，这个问题更加突出。为此，建议后续研究应侧重于下述几个方面：

1. 完善金融生态的理论体系。如金融生态的结构、要素、各要素之间的相互作用、相互影响关系，系统内外部各要素形成的物质流、信息流、资金流等对系统平衡的影响，生态系统的演化规律；金融生态与金融发展、经济增长之间的因果关系及其关键影响因素，即：在不同的地区或经济金融发展阶段，三者关系的性质、表现及其推动关系转变的关键因素等。

2. 加强实证研究的规范性。如加强对区域金融生态环境评价标准的研究，

9

形成一种具有较强普遍性的评价指标体系；对国内各区域在金融生态建设中取得的成功经验和失败教训进行比较总结和理论提炼，形成对其他地区金融生态建设具有指导或借鉴意义的实证研究成果。

3. 强化政府在金融生态建设中的职能研究。如：政府在金融生态建设中的定位、职能作用，政府发挥作用的范围和领域，政府政策设计的理念、原则、思路，要解决的关键问题，政策的执行与效果评价等。

4. 重视当前及未来环境下金融生态出现的新问题、新情况的研究。如：金融危机对于当前国内经济发展的冲击及由此引发的各种可能后果，新常态经济形势下如何建设良好的金融生态环境，以发挥金融业对于经济结构转型升级的支持作用等。

第三节 本书研究的基本思路与内容

一、本书研究的基本思路

本书将运用新制度经济学的相关理论，通过数据资料分析、问卷调查、典型访谈等手段，并利用比较分析、动态分析、数理模型分析、因果分析等方法，对浙江省民营经济发展的金融生态环境的建设经验、存在问题及其制度改进和优化进行系统分析，并建立模型，对金融生态与民营经济发展、金融生态环境的系统结构进行理论研究。

首先，通过搜集改革开放以来浙江金融、经济变化的时序数据，运用统计方法分析民营经济增长与地方金融发展之间良性互动关系；在此基础上，分析金融生态环境对于金融发展与经济增长之间关系的影响及其相互之间的因果关系。

其次，通过总结浙江省在历年来金融生态环境建设、金融发展与民营经济发展方面的经验，特别是浙江省各级政府在制度建设、机制建设、政策导向方面的做法与成效，结合全国其他省区的相关经验与政策成效，运用制度经济学理论进行系统分析归纳，总结金融生态环境建设的经验。

最后，通过对浙江省内的金融、中介机构及其管理部门调查，分析浙江省在金融危机背景下及新常态形势下，金融生态环境方面存在的主要问题，并通过对民营企业及其相关部门的调查，分析民营企业发展中存在的主要问题，对浙江省的金融生态环境建设向政府相关部门、金融机构提出政策建议。

二、本书研究的基本内容与步骤

本书主要研究浙江省在建设金融生态环境、促进地方金融与民营经济良性互动方面有哪些经验；在新的形势下，浙江省金融生态环境和民营经济发展遇到了哪些困难；如何进一步改善和优化金融生态环境，促进民营经济可持续发展。

具体包括：浙江省金融发展与民营经济增长的关系是什么？如何随着时间演变？浙江民营经济快速增长的原因是什么？浙江金融发展的关键因素是什么？浙江民营经济增长与金融发展的良性互动机制是如何形成的？根本原因是什么？浙江各级政府是如何通过职能转换为民营经济和金融发展提供良好的制度环境的？是如何引导和支持民营经济和金融发展的？金融部门是如何通过治理结构、体制机制、管理和业务的改革和创新，为民营经济提供高效优质服务的？浙江在建立良好的信用环境方面有哪些经验？是如何规范和发展中介服务机构的？有哪些经验教训？这些经验教训对于浙江省和其他省区今后发展有什么借鉴作用？

研究的具体步骤是：

1. 通过对浙江省从 1978 年至今各年民营经济、金融相关数据的统计分析，研究浙江省民营经济增长与金融发展之间的因果关系；然后，分析浙江省民营经济增长与金融发展良性互动机制的形成以及金融生态环境在这种良性互动机制形成过程中所起的重要作用。

2. 分别以浙江省民营经济和浙江金融为对象，通过分析其发展过程中的各种影响因素及其贡献大小，从中总结归纳其发展的成功经验，以及影响和决定他们之间良性互动机制形成的关键要素。

3. 在此基础上，进一步分析浙江省在建设金融生态环境方面的经验，包括：政府通过角色定位与职能转换建立良好的金融生态制度、行政环境保障，加强信用体系和信用制度建设，规范和发展中介机构以发挥其作用等。

4. 调查分析金融危机背景下及未来新常态环境下浙江金融生态环境、民营企业发展遇到的主要问题，并对浙江金融生态环境建设提出建议。

5. 在上述分析基础上，得出本书的主要研究结论。

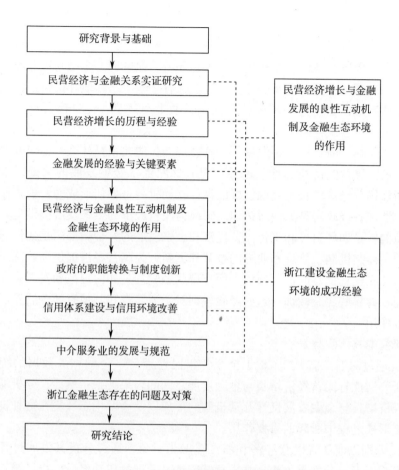

图 1-1　本书的研究内容与步骤

12

第二章 浙江民营经济增长与
金融发展关系的实证分析

第一节 分析的目的、方法、指标与数据来源

一、分析目的、背景

当前就金融发展与经济增长之间关系的研究已形成许多共识，如：经济作为金融的基础，在很大程度上决定了金融的发展，经济增长会对金融发展提供条件和市场需求；但同时，金融发展的规模与效率反过来对经济也有极大的影响。只是不同学者的实证研究结论对于这种影响的方向和效果存在较大差异。

笔者认为，金融发展对于经济影响的方向和效果的差异，主要源于不同学者在实证研究时选择的地区、时间区间及社会制度环境以及所采用的指标、方法各不相同。但从这些研究结论中也可发现一些普遍规律，即：金融机构数量增加、金融规模扩大、金融市场竞争加强、金融体系完善等对经济增长有促进作用；而金融市场垄断、国家的金融抑制、政府的行政干预会影响金融的发展并阻碍经济发展。除了研究对象的环境条件差异外，实证研究中的许多否定性结论都可以从制度、体制中解释，如："金融阻碍了经济发展"这一结论表示的是，地区金融发展速度跟不上经济增长的需求，是金融发展的现状而不是金融发展本身导致了经济增长的缓慢。即：某一时段、特定制度环境下，金融发展不足会阻碍经济增长，金融发展满足经济增长的需要就会促进经济增长。

关于浙江经济、金融现象，有的学者认为民营经济增长是金融发展的原因，有的则认为民营金融的发展创新为民营经济的发展提供了宝贵的资金资源。由于民营经济相关数据较为缺乏，以上分析多基于定性分析。

浙江经济与金融的良性互动、快速发展是改革开放以来国内经济、金融较好发展的典型代表，本章分析的目的是对浙江民营经济与金融之间的相互关系

进行定量分析，以揭示两者之间的关系性质及其变化规律。即：金融发展对于民营经济增长有无推动（或促进）作用？如果有，作用贡献有多大？反之，民营经济增长对于金融发展有无促进作用？如有，贡献大小如何？具体表现在哪些方面？

二、分析思路、原理

（一）分析思路和方法

本章拟采用分阶段分析方法，对浙江民营经济增长与金融发展之间的因果关系进行定量分析研究。采用分时段分析的依据和原因在于：

首先，改革开放以来，我国包括浙江省的民营经济、金融发展均具有明显的阶段性特征，往往是一些重大的事件（特别是国家法律政策上的重要变化）会引起不同发展时期明显的特征差异。

其次，我国对民营经济的相关统计在统计口径甚至统计指标上多次根据经济发展的实际情况发生变化和调整。因而在不同的阶段，运用不同的指标进行分析是适合经济金融发展的阶段性特征的。

最后，大量相关统计研究结论表明，由于现实经济运行经常会受到各种因素的冲击，如经济转型、制度变迁、政权更迭等，因而经济变量的数据生成过程通常具有结构性突变，从而给常规的统计分析方法带来问题。如：Perron（1989）研究指出，结构性突变将使常规的单位根检验无效。张建华、涂涛涛（2007）用蒙特卡洛分析法研究指出，当经济变量的数据生成过程存在一个结构性突变时，不考虑这种突变而进行常规检验得出伪检验的可能性会增大，只有在前后期样本数相差极大或选取的样本期总数很小时，检验才不会失效，因此，应分段进行回归和检验。

本书分析的民营经济和金融发展确实存在着阶段性特征，不同阶段具有不同的特征，具有结构变化（参见图2-1），如果不考虑这种结构突变，得出的结论就很有可能存在"伪检验"可能，因而，理论上也应该进行分段分析检验。

（二）民营经济与金融发展的阶段划分

对于民营经济的发展历程，许多学者进行了阶段划分。李亚（2007）将改革开放后的全国民营企业发展分为四阶段，即1978—1987年的起步阶段，1988—1991年的徘徊发展阶段，1992—2001年的快速发展阶段，2002年至今的全面发展阶段；郭朝先（2008）将其分为五个阶段。有的学者则将其划分为1978—1990年代末从一产为主向二产为主转变阶段，1990年代末期之后民

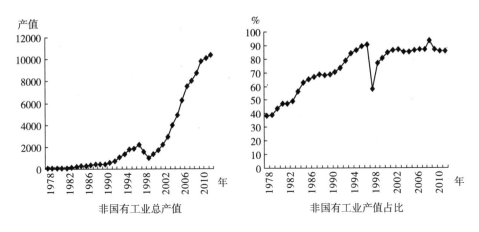

（1998 年后为统计口径为规模以上工业企业）

图 2-1 浙江非国有工业历年增长图

营经济向三产倾斜阶段等。

大部分学者将我国金融发展阶段分为四阶段，即：1979—1993 年，打破单一银行体系阶段；1994—1997 年，专业银行商业化阶段；1998—2001 年，银行战略重组阶段；2002 年之后，银行股改上市，引进境外投资者阶段。

基于本研究的目的，根据以上对于民营经济和金融发展不同阶段划分，并根据相关的统计数据的变化特征，结合统计分析所要求的数据样本量情况，本章将其大致分为 1978—1997 年和 1998—2012 年两个阶段。

1997—1998 年对于民营经济和金融发展均具有重要意义。首先，1997 年的"十五大"报告明确提出，非公有制经济是我国社会主义市场经济的重要组成部分。

其次，1997—1998 年爆发的亚洲金融风暴，民营中小企业在抗击金融风险方面的作用充分显现，中央多次强调中小企业发展问题，国家经贸委设立了中小企业司，人民银行开始要求商业银行解决中小企业融资难问题。

最后，一些重要的统计指标也在 1997—1998 年间进行了修改调整（如工业、乡镇企业），而且，两阶段划分也可基本满足统计分析中的最低样本量要求。

（三）分析原理

本分析采用 EVIEWS 6.0 软件的单位根检验和格兰杰因果关系检验作为分析的主要工具。基本思路是：首先，对民营经济和金融的所有变量进行单位根检验，使其满足序列平稳性的要求。其次，对于通过单位根检验的平稳序列的变量，进行格兰杰因果关系检验，判断变量之间的因果关系性质。

根据相关分析研究，经济金融数据大多具有时间趋势，具有非平稳性，对这类数据直接运用传统的回归检验会存在严重的"伪回归"、"伪检验"问题，形成虚假结果，为此，必须先通过单位根检验判断相关数据是否满足平稳性要求。

所谓单位根（Unit Root）是指单位根过程，序列中存在单位根过程就表示其不平稳，会使回归分析中存在伪回归。单位根检验就是检验序列中是否存在单位根的过程。

存在单位根的时间序列，通常都显示出明显的记忆性和波动的持续性。对其处理方法一般是将其转变为平稳序列，具体可以通过差分的方法来消除单位根，得到平稳序列，这样就可以应用有关平稳时间序列的方法来进行相应的研究。

单位根检验最普遍的方法是 ADF（扩展的迪克 – 福勒，Augmented Dide-pey – Fuller）检验。

格兰杰因果关系检验是从统计的角度分析两个变量之间的因果关系的存在性和方向性，它要求两个变量之间均为平稳序列，只有变量在 t 阶平稳（记为 I（t））的情况下，才能进行格兰杰因果关系检验，此时检验结果方为有效。格兰杰和西姆斯的因果关系检验法的基本想法是：如果 X 的变化引起 Y 的变化，则 X 的变化应当发生在 Y 的变化之前。特别地，说"X 是引起 Y 变化的原因"，必须满足两个条件：第一，X 应该有助于预测 Y，即在 Y 关于其过去的回归模型中，添加 X 的过去值作为独立变量应当显著地增加回归模型的解释能力。第二，Y 不应当有助于预测 X，其原因是如果 X 有助于预测 Y，同时 Y 也有助于预测 X，则很可能存在一个或几个其他的变量，它们既是引起 X 变化的原因，也是引起 Y 变化的原因。

最后，格兰杰因果检验只是一种统计意义上的检验，是其真正因果性的一种支持，但不能作为最终依据，还需要根据经济理论进行进一步的分析。

三、相关指标和数据来源

（一）关于民营经济相关概念和指标

民营经济是一种所有权的概念，有广义和狭义两种范畴。基于本研究的目的，本书采用广义的民营经济的概念，将除了国有及国有控股经济之外的所有经济成分均纳入民营经济范畴之中。

民营经济的增长指标，最直接的就是民营经济的增加值或占全省 GDP 的比重。但当前尚没有民营经济的直接统计指标，相关数据既不完整，同时也不一致，无法用于统计分析。

在缺乏民营经济总体数据的情况下，相关研究只能采取以部分数据代表总体数据的方法，即以民营经济增长的部分典型指标来代表民营经济的总体状况，如用民营工业代表民营经济，用乡镇企业代表民营经济等。在缺乏总体数据时，以个别指标代表总体指标是研究中迫不得已的方法，但也是经常采用的一种方法。只是在选择指标时要注意其代表性。

为了提取民营经济的相关指标数据，相关研究主要采取了两类方法，一是剥离法，即从相关总和数据中扣除国有及国有控股经济部分的数据作为民营经济数据；二是用国有经济的相关数据作为反向指标进行分析，例如社科院金融研究所对全国各地区金融生态环境的评价中就大量采用国有经济数据作为反向指标。

为了对浙江民营经济的增长过程进行较全面分析，本研究中坚持几个原则：一是充分利用能够获取的数据，包括尽量扩大样本容量，即对不同时间区段的指标分别进行分析，而不采取只取各指标均有数据区间的方法；二是尽量分析不同指标的数据，因为所有分析只能对同阶单整的变量才能进行分析，考虑到一些变量序列不平稳问题，开始应尽可能纳入各类变量，包括：某一指标的原始增长数据序列，该指标所占比例数据序列等，以便从中选择同阶单整的变量。指标选取也是运用典型指标代表，这些指标又多采用了反向扣除法来取得。

具体来说，本分析采用的反映民营经济增长的指标包括：

1. 民营经济从业人数。有两个指标，一是非国有在岗职工人数（work）及其占在岗职工人数的比例（r_work），非国有在岗职工人数是历年统计的在岗职工人数扣除国有在岗职工人数得出的。二是城镇私营和个体从业人员（priv）及其占从业人数的比例（r_pr），城镇从业人员相关数据统计的是城镇集体和登记的个体、私企从业人员。其中，1978—2000年按照户籍统计计算，2001年之后按照所在地统计计算。

2. 非国有固定资产投资（inv）及其非国有投资占全社会固定资产投资的比例（r_inv），它反映了民营经济的实力，同时体现了民营经济的后续发展潜力。这项指标在2000年及以前年份统计口径为城乡集体加个体投资之和，2000年之后为全社会固定资产投资扣除限额以上国有及国有控股企业投资部分，2011年后为限额以上固定资产投资扣除国有及国有控股企业投资部分。

相对来说，在民营经济指标中，从业人员和固定资产投资这两项指标统计资料最为全面，口径基本也没有很大变化，解释力更强。

17

3. 乡镇企业职工人数（empl），乡镇企业产值（rv）及乡镇企业产值占GDP比重（g_rv，后文简称为乡镇企业产值比率）。

乡镇企业的大力发展是改革开放初期民营经济发展的最为主要和显著形式。之后就被真正的个体经济、私营经济取代，因而相关统计数据也只持续到1999年为止。这部分数据对于前期相关民营经济发展具有代表性。

4. 非国有工业总产值（indu）及非国有工业总产值占工业总产值比例（r_indu）。浙江省非国有经济发展主要集中在制造业上，但这项指标的统计口径变化很多。其中，1984年及以前相关统计数据为乡及乡以上口径工业企业；1985—1997年为全部工业企业；1998年及以后为规模以上工业企业；2011年及以后统计口径变化为，规模以上工业企业从主营业务收入500万元以上提升到2000万元以上。非国有工业总产值为统计数据的工业总产值扣除国有工业总产值部分。相关统计口径调整大致在1984—1985年影响有限，1997—1998年及2000—2001年影响很大，但最后一次调整只有两年时间，样本量较小，对于分析也可以忽略。

显然相关统计数据，在1998年之后要小于实际的民营工业总产值，2011年后要更少（统计中只包含了规模以上的工业企业）。由于民营工业企业中更多的是小微企业，因而这一指标在1998年之后的解释力就受到较大局限，可能只反映大中型民营工业企业的增加和增长情况。

5. 非国有建筑业总产值（cons）及其在建筑业总产值中的占比（r_cons）。统计资料为1992—2012年，它是建筑业总产值扣除国有建筑业总产值的差额。

（二）关于金融发展相关指标和数据来源

金融发展相关指标已经有大量的研究成果，包括货币总量指标（M2/GDP），金融相关比率（Fir）指标，KL指标等。这三类指标各有利弊，需要针对不同的研究目的选择适合的指标以达到较好的分析效果。经过比较前人的研究成果，中国经济发展对于金融总量扩张起到了很大的作用，但对于质量提升作用不大，本文借鉴KL指标，根据浙江省金融发展情况及数据的可得性，选择下述四类指标：

1. 金融规模指标，包括：全部金融机构人民币存款额（dep）、贷款额（loan）、存贷款额（dl）。这些指标均可直接从统计年鉴中获取。

2. 金融发展与结构指标，包括：金融机构存款余额与GDP的比例（g_dep，后文简称为存款比率）、金融机构贷款余额与GDP的比例（g_loan，后文简称为贷款比率）、金融机构存贷款余额与GDP的比例，即银行深度（g_dl，后文简称为金融相关比率）、金融机构短期贷款余额（sl）、中长期贷款余额（ll）。

3. 金融效率指标，包括存贷比（r_ld）、非国有商业银行的存款余额（ndep）及与 GDP 的比例（g_nd，后文简称非国有商业银行存款比率）、非国有商业银行贷款余额（nloan）及占 GDP 的比例（g_nl，后文简称非国有银行贷款比率）。

其中，对于非国有银行的范围，本书指除了人民银行、政策性银行、工商银行、农业银行、中国银行及建设银行之外的所有金融机构。非国有银行存贷款数据采用所有金融机构存贷款数据扣除人民银行、三大政策性银行及四大国有银行存贷款数据得出。

4. 保险、证券市场相关指标。近十余年来浙江保险、证券市场获得了较快发展，本书选择保险公司保险深度——保费收入占 GDP 比重（g_insu）、上市公司股市融资额（fund）及证券化率——上市企业融资额占 GDP 比重（g_fund）三个指标反映非银行金融机构（市场）发展情况，这些也与民营经济发展有密切关系。

限于数据、资料的可得性，本章分析数据来自于：

《浙江省统计年鉴》（1978—2012）

《浙江金融年鉴》（1978—2012）

《浙江非国有经济年鉴》（1978—2012）

《建国 50 年统计资料》

《新中国六十年统计资料汇编 1949—2008》

浙江统计局网站（http：//www. zj. stats. gov. cn/）

国家统计局网站（http：//www. stats. gov. cn/）

中国经济信息网（http：//www. cei. gov. cn/）

中国非国有经济网（http：//www. zgfgyjj. com/）

中国产业经济信息网（http：//www. cinic. org. cn/）等。

为了克服价格因素的影响，分析之前对于一些采取当年价格计量的经济金融指标分别采用了商品零售价格指数进行了调整，全部折算到计算的基期年份（1978 年），同时对于相关指标进行了取对数计算（前面加 LN 代表）。

第二节　1978—1997 年民营经济与金融之间关系的分析

一、相关数据简单分析与指标选择

根据这一阶段数据的可得性与完整性，民营经济相关指标包括：非国有工业总产值 indu、非国有工业总产值占全部工业总产值的比例 r＿indu、非国有在岗职工 work、非国有在岗职工占所有在岗职工比例 r＿work、个体和私营从业人员 priv、非国有投资 inv、非国有投资占所有投资的比例 r＿inv、乡镇企业从业人数 empl、乡镇企业总产值 rv 及乡镇企业总产值占 GDP 比例 g＿rv。

金融相关指标包括：全部金融机构人民币存款余额 dep、贷款余额 loan、短期贷款余额 sl、存贷款余额 dl、存款比率 g＿dep、贷款比率 g＿loan、金融相关比率 g＿dl、存贷比 r＿ld 等。

（一）相关系数分析

首先，在检验前，对所有指标进行对数运算。然后，对这些指标进行相关系数分析（参见表 2－1）。

表 2－1　　　　民营经济变量与金融变量的相关系数表（1978—1997）

	LNdep	LNloan	LNsl	LNdl	LNg＿dep	LNg＿loan	LNg＿dl	LNr＿ld
LNinv	0.9761	0.9827	0.9786	0.9803	0.9352	0.8753	0.9296	−0.8091
LNr＿inv	0.3141	0.3615	0.3497	0.3342	0.3536	0.5384	0.4260	−0.0376
LNwork	0.8529	0.8846	0.8735	0.8678	0.8284	0.8817	0.8628	−0.5792
LNr＿work	−0.1646	−0.1211	−0.1275	−0.1439	−0.2297	−0.0933	−0.1777	0.3562
LNpriv	0.9895	0.9881	0.9860	0.9898	0.9651	0.8842	0.9513	−0.8599
LNindu	0.9941	0.9933	0.9915	0.9950	0.9592	0.8742	0.9447	−0.8603
LNr＿indu	0.9800	0.9905	0.9865	0.9858	0.9496	0.9111	0.9522	−0.7928
LNrv	0.9832	0.9754	0.9742	0.9812	0.9415	0.8261	0.9157	−0.8859
LNempl	0.9381	0.9512	0.9455	0.9446	0.8982	0.8659	0.9006	−0.7444
LNg＿rv	0.9200	0.9280	0.9225	0.9256	0.8742	0.8204	0.8725	−0.7534

从上表中可以发现，在民营经济变量中，非国有固定资产投资占比 r＿inv、非国有在岗职工占比 r＿work 与各个金融变量之间相关系数均很低，其中 r＿work 甚至为负，这显然有违经济常识。在金融变量中，存贷比与各个民营经济变量之间相关系数也比较低，且相关系数也为负值（实际上，从 1978 年直到 1990 年 13 年间，贷款额一直高于存款额，存贷比大于 1，之后才恢复小于 1 的状况）。这表明上述三个变量与相关变量之间缺乏相关性，后面的分析可以忽略。

除此之外，其他变量之间的相关系数均比较高，可以进行相关分析。

（二）单位根检验

本书采用 ADF 检验方法，并由系统根据修正的 sic 准则确定滞后阶数。

在单位根检验中，对于单位根检验的回归方程的形式，有三种选择，包括：检验回归方程中仅含有截距项 c，回归方程中含有趋势项 t 和截距项 c，回归方程中不包含有趋势项和截距项。

对此，在进行单位根检验的参数选择中，首先要画出每个变量的散点图，从中观察其变化是否有趋势和截距。通过对上述数据的散点图进行简单观察分析后发现，各个变量序列均有截距项和趋势，因此原序列单位根检验选择第二种形式（即：回归方程中含有趋势项 t 和截距项 c），而一阶差分后基本不再含有趋势项，故再选择第一种形式（回归方程中仅含有截距项 c），然后由系统根据修正的 sic 准则选择相应的滞后阶数。

后续的单位根检验与此相同。模型检验结果如表 2 - 2 所示。

表 2 - 2　　　　　　　　　单位根检验结果

变量名	检验形式	t 统计值	1% 水平	5% 水平	10% 水平	p 值	结论
LNindu	(c, t, 0)	- 1.7378	- 4.5323	- 3.6736	- 3.2774	0.6938	不平稳
△LNindu	(c, 0, 0)	- 2.4821	- 3.8574	- 3.04041	- 2.6606	0.1357	不平稳
LNr_indu	(c, t, 0)	- 1.4594	- 4.5326	- 3.6736	- 3.2774	0.8074	不平稳
△LNr_indu	(c, 0, 0)	- 2.9525	- 3.8574	- 3.0404	- 2.6606	0.0589	平稳
LNinv	(c, t, 0)	- 2.0246	- 4.5326	- 3.6736	- 3.2774	0.5518	不平稳
△LNinv	(c, 0, 0)	- 4.0785	- 3.8574	- 3.0404	- 2.6606	0.0064	平稳 * *
LNwork	(c, t, 0)	- 2.4150	- 4.5326	- 3.6736	- 3.2774	0.3610	不平稳
△LNwork	(c, 0, 2)	- 3.8509	- 3.9204	- 3.0656	- 2.6735	0.0114	平稳 *
LNpriv	(c, t, 0)	- 2.3910	- 4.5326	- 3.6736	- 3.2774	0.3717	不平稳
△LNpriv	(c, 0, 0)	- 3.1137	- 3.8574	- 3.0404	- 2.6606	0.0435	平稳 *
LNempl	(c, t, 0)	- 3.9778	- 4.5326	- 3.6736	- 3.2774	0.0286	平稳 *
LNrv	(c, t, 0)	- 1.5314	- 4.5326	- 3.6736	- 3.2774	0.7814	不平稳
△LNrv	(c, 0, 0)	- 2.5075	- 3.8574	- 3.0404	- 2.6606	0.1301	不平稳
LNg_rv	(c, t, 0)	- 2.9638	- 4.5326	- 3.6736	- 3.2774	0.1666	不平稳
△LNg_rv	(c, 0, 0)	- 3.1188	- 3.8574	- 3.0404	- 2.6606	0.0431	平稳 *
LNdep	(c, t, 0)	- 2.0631	- 4.5326	- 3.6736	- 3.2774	0.5320	不平稳
△LNdep	(c, 0, 0)	- 3.1212	- 3.8574	- 3.0404	- 2.6606	0.0429	平稳 *
LNg_dep	(c, t, 0)	- 2.6906	- 4.5326	- 3.6736	- 3.2774	0.2503	不平稳
△LNg_dep	(c, 0, 0)	- 3.9281	- 3.8574	- 3.0404	- 2.6606	0.0087	平稳 * *
LNloan	(c, t, 0)	- 1.9586	- 4.5326	- 3.6736	- 3.2774	0.5855	不平稳
△LNloan	(c, 0, 0)	- 3.6619	- 3.8574	- 3.0404	- 2.6606	0.0148	平稳 *
LNg_loan	(c, t, 0)	- 1.8418	- 4.5326	- 3.6736	- 3.2774	0.6441	不平稳

续表

变量名	检验形式	t 统计值	1% 水平	5% 水平	10% 水平	p 值	结论
△LNg_loan	(c, 0, 0)	−4.9029	−3.8574	−3.0404	−2.6606	0.0012	平稳＊＊
LNsl	(c, t, 0)	−2.1005	−4.5326	−3.6736	−3.2774	0.5130	不平稳
△LNsl	(c, 0, 0)	−3.8896	−3.8574	−3.0404	−2.6606	0.0094	平稳＊＊
LNdl	(c, t, 0)	−2.1086	−4.5326	−3.6736	−3.2774	0.5088	不平稳
△LNdl	(c, 0, 0)	−3.3903	−3.8574	−3.0404	−2.6606	0.0255	平稳＊
LNg_dl	(c, t, 0)	−2.4324	−4.5326	−3.6736	−3.2774	0.3533	不平稳
△LNg_dl	(c, 0, 0)	−4.5851	−3.8574	−3.0404	−2.6606	0.0023	平稳＊＊

（注：1. 变量名前加△的，表示一阶差分检验；结论中，＊表示在95%置信水平平稳，＊＊表示在99%置信水平平稳。2. 检验形式（c, t, k）表示）表示检验模型含有截距项c、趋势项t、滞后阶数为k）

从表中发现，在给定显著水平为1%、5%和10%时，各类变量中，乡镇企业从业人数 empl 本身就平稳。其他变量均为原序列不平稳，对这些变量一阶差分后再次进行检验（指标名称前加△表示对指标进行一阶差分），发现非国有工业产值 indu 和乡镇企业产值 rv 仍旧为非平稳序列。因而，乡镇企业从业人数 empl、非国有工业产值 indu、乡镇企业产值 rv 这三个指标无法纳入后续分析中。

其他变量中，除了非国有工业总产值占比 r_indu 在10%水平上平稳外，其他所有差分序列的统计量值均小于5%的临界值，表明这些变量为一阶单整，即一阶差分后均为平稳序列，可以进行格兰杰因果关系检验。

考虑到存款余额及存款比率（LNdep 与 LNg_dep）、贷款余额及贷款比率（LNloan 与 LNg_loan）、存贷款余额及金融相关比率（LNdl 与 LNg_dl）表示的经济含义基本类似，为了简化分析，只从中选择一个变量参与后续分析。

这样，后续的分析将以非国有工业产值占比 r_indu、乡镇企业产值比率 g_rv、个私从业人员 priv、非国有在岗职工人数 work、非国有投资规模 inv 为五个民营经济变量，以存款比率 g_dep、贷款比率 g_loan、短期存款额 sl、存贷款比率 g_dl 为四个金融变量，分析它们之间的格兰杰因果关系性质。

二、存款类指标与民营经济变量之间的关系检验

格兰杰因果关系检验对于滞后期这一参数十分敏感，不同的滞后期检验结果可能大不相同。因此，检验时最重要的是滞后期的选择。

关于滞后期的选择，通常有两种方法，一是根据赤池信息准则（aic）来

确定，即分别计算不同滞后期的 aic，以最小的一个 aic 所对应的滞后期为应该选择的滞后期。二是对不同的滞后长度进行试验，当确信格兰杰因果检验不依赖滞后项时，表明结论是强健的。根据易会文（2006）的研究，后一种方法更有科学性。而滞后期的多少，一般来说，年份数据选择 1～3 即可。考虑到前一种方法检验并不能直接给出 sic 数据，本书在检验时，采取后一种方法，即：分别选择滞后期为 1、2、3 三种参数进行检验，最后根据检验结果给出大致结论。

关于格兰杰因果检验不同结果的整理，笔者采用下述规则：

1. 三种结果均为概率大于等于 0.1 的，显然可以接受原假设，即：第一个变量不是第二个变量的格兰杰原因。记为：不是原因。

2. 三种结果均为概率小于 0.1 的，显然第一个变量是第二个变量的确定性原因。记为：极强原因。

3. 三种结果中，一种概率大于等于 0.1，两种小于 0.1 的，表明第一个变量在很大程度上是第二个变量的格兰杰原因。此时，如果两个变量的概率均在 0.01～0.1 之间，记为：较强原因；如果有一个或两个的概率在 0.01 以下，记为：强原因。

4. 三种结果中，如果只有一种概率小于 0.1，另两种概率大于或等于 0.1，说明第一个变量在一定程度上是第二个变量的格兰杰原因。根据概率小于 0.1 的具体数据大小，细分为三种：如果小于 0.01 的，记为：较弱原因；如果在 0.01～0.05 之间的，记为：弱原因；如果在 0.05～0.10 之间的，记为：极弱原因。

金融机构存款比率与民营经济变量之间的格兰杰因果关系结果整理后列于表 2-3 中。

表 2-3　金融机构存款比率与民营经济变量之间的格兰杰因果关系检验

原假设	滞后期	f 统计值	概率 p	结论
LNr _ indu does not granger cause LNg _ dep	1	1.4667	0.2434	不是原因
	2	0.3222	0.7302	
	3	0.8416	0.5016	
LNg _ rv does not granger cause LNg _ dep	1	0.0034	0.9540	不是原因
	2	0.5990	0.5638	
	3	0.6525	0.5994	

原假设	滞后期	f 统计值	概率 p	结论
LNpriv does not granger cause LNg_dep	1	7.2662	0.0159	较强原因
	2	4.8489	0.0267	
	3	2.0779	0.1669	
LNwork does not granger cause LNg_dep	1	2.3405	0.1456	不是原因
	2	0.6416	0.5423	
	3	0.6867	0.5804	
LNinv does not granger cause LNg_dep	1	3.7557	0.0705	极弱原因
	2	1.1764	0.3392	
	3	0.8202	0.5119	
LNg_dep does not granger cause LNr_indu	1	4.7087	0.0454	较强原因
	2	3.7175	0.0529	
	3	0.9333	0.4602	
LNg_dep does not granger cause LNg_rv	1	10.4943	0.0051	极强原因
	2	4.6205	0.0305	
	3	5.8027	0.0146	
LNg_dep does not granger cause LNpriv	1	0.2704	0.6102	强原因
	2	8.9872	0.0035	
	3	4.9734	0.0230	
LNg_dep does not granger cause LNwork	1	2.2071	0.1568	不是原因
	2	0.9308	0.4190	
	3	0.9855	0.4382	
LNg_dep does not granger cause LNinv	1	5.7103	0.0295	极强原因
	2	5.1302	0.0228	
	3	5.0621	0.0218	

从表中结果可以发现：

（1）非国有从业人员与存款比率没有任何因果关系。

（2）民营经济变量中，个私从业人员是单位 GDP 存款的较强原因，非国有工业产值占比、乡镇企业产值比率都不是单位 GDP 存款的原因，非国有投资是存款比率的极弱原因。

（3）存款比率是乡镇企业产值比率、非国有投资的极强原因，是非国有工业产值占比、个私从业人员的强或较强原因。

上述结果中，个私从业人员对于金融机构存款增加具有重要促进作用，这点在预料之中。但非国有工业产值占比、乡镇企业产值比率、非国有投资规模则没有对其起到作用。而且，存款增加对于民营经济发展起到了推动作用。对于后一条结论，有些费解。它有待于后一小节对金融机构贷款及其民营经济与金融之间关系的进一步梳理来解释。

三、贷款类指标与民营经济变量之间的关系

（一）金融机构贷款比率与民营经济变量之间的关系

金融机构相关贷款类指标包括金融机构人民币贷款总额占 GDP 的比例（贷款比率 g_loan），短期贷款余额 sl 两个指标。

金融机构贷款比率与民营经济变量之间的格兰杰因果关系检验结果见表2-4。

表2-4 金融机构贷款比率与民营经济变量之间的格兰杰因果关系检验

原假设	滞后期	f统计值	概率 p	结论
LNg_loan does not granger cause LNr_indu	1	0.0259	0.8741	不是原因
	2	0.1013	0.9044	
	3	0.1978	0.8955	
LNg_loan does not granger cause LNg_rv	1	5.4322	0.0332	弱原因
	2	1.7591	0.2108	
	3	1.5207	0.2688	
LNg_loan does not granger cause LNpriv	1	0.0430	0.8383	弱原因
	2	5.3261	0.0204	
	3	1.6048	0.2496	
LNg_loan does not granger cause LNwork	1	3.8967	0.0659	极弱原因
	2	2.2384	0.1461	
	3	2.0094	0.1766	
LNg_loan does not granger cause LNinv	1	0.1755	0.6808	不是原因
	2	0.7520	0.4909	
	3	0.5506	0.6591	
LNr_indu does not granger cause LNg_loan	1	3.7496	0.0707	极弱原因
	2	2.1362	0.1577	
	3	1.3431	0.3152	

原假设	滞后期	f 统计值	概率 p	结论
LNg _ rv does not granger cause LNg _ loan	1	0.0568	0.8146	不是原因
	2	0.8047	0.4683	
	3	1.6136	0.2477	
LNpriv does not granger cause LNg _ loan	1	3.8737	0.0666	极弱原因
	2	1.7141	0.2184	
	3	1.0730	0.4039	
LNwork does not granger cause LNg _ loan	1	3.0747	0.0987	极弱原因
	2	0.3095	0.7391	
	3	1.0220	0.4235	
LNinv does not granger cause LNg _ loan	1	1.2669	0.2770	不是原因
	2	2.4449	0.1255	
	3	1.6127	0.2479	

26

从表 2 - 4 可见，金融机构贷款比率与各个民营经济变量之间的因果关系非常弱。

1. 贷款比率不是非国有工业占比、非国有投资规模的格兰杰原因。

2. 贷款比率仅是乡镇企业产值比率、个私从业人员的弱原因，是非国有从业人员的极弱原因。

3. 乡镇企业产值比率、非国有投资规模不是贷款比率的原因。

4. 非国有工业产值占比、个私从业人员数量、非国有在岗职工人数仅是贷款比率的极弱原因。

这个结果初步表明，贷款比率与民营经济各变量之间的相互作用关系并不明显。

（二）短期贷款余额与民营经济变量之间的关系

上面的分析是基于比例指标，下面对于短期贷款则是采用原数据指标，希望借此从不同层面反映贷款与民营经济变量之间的关系。短期贷款与民营经济五个变量之间的格兰杰因果关系检验参见表 2 - 5。

表2-5　　短期贷款余额与民营经济变量之间的格兰杰因果关系检验

原假设	滞后期	f统计值	概率 p	结论
LNsl does not granger cause LNr_indu	1	3.9471	0.0644	极弱原因
	2	2.7136	0.1035	
	3	1.9657	0.1832	
LNsl does not granger cause LNg_rv	1	11.8836	0.0033	极强原因
	2	5.5031	0.0186	
	3	3.5744	0.0547	
LNsl does not granger cause LNpriv	1	2.8422	0.1112	弱原因
	2	3.9181	0.0466	
	3	1.5276	0.2672	
LNsl does not granger cause LNwork	1	3.3949	0.084	极弱原因
	2	1.6774	0.2249	
	3	0.4893	0.6974	
LNsl does not granger cause LNinv	1	3.0591	0.0994	极弱原因
	2	1.0837	0.367	
	3	0.9954	0.4342	
LNr_indu does not granger cause LNsl	1	0.0033	0.9550	不是原因
	2	0.0333	0.9673	
	3	0.0088	0.9988	
LNg_rv does not granger cause LNsl	1	0.2368	0.6331	不是原因
	2	1.1223	0.3551	
	3	1.4570	0.2845	
LNpriv does not granger cause LNsl	1	5.3143	0.0349	极强原因
	2	3.6654	0.0547	
	3	5.9091	0.0138	
LNwork does not granger cause LNsl	1	1.6919	0.2118	不是原因
	2	2.0255	0.1715	
	3	1.0420	0.4157	
LNinv does not granger cause LNsl	1	0.1397	0.7135	不是原因
	2	0.1979	0.8228	
	3	0.0926	0.9624	

27

由表2-5可见，相对于贷款比率来说，短期贷款变量与民营经济各变量之间的关系要稍微密切一些。

1. 短期贷款余额是乡镇企业产值比率的极强格兰杰原因。

2. 短期贷款是非国有工业产值占比、个私从业人员、非国有在岗职工人数及非国有投资规模的弱或极弱原因。

3. 个私从业人员是短期贷款的强烈格兰杰原因。

4. 非国有工业产值占比、乡镇企业产值比率、非国有在岗职工人数及非国有投资规模均不是短期贷款的原因。

以上初步表明，贷款的数量显然不是由民营经济的发展需要所决定，它是由国家的宏观金融政策决定的。同时，贷款对于乡镇企业的发展确实起到了重要作用，但对于非国有工业、个私从业人员、非国有投资的增长作用非常有限。

四、金融相关比率与民营经济变量之间的关系

金融总量指标主要是金融相关比率，即：单位 GDP 的存贷款总额 g_dl。表 2-6 给出了经过整理的该指标与民营经济变量之间的格兰杰因果关系检验结果。

表 2-6　　金融相关比率与民营经济变量的格兰杰因果关系检验

原假设	滞后期	f 统计值	概率 p	结论
LNr_indu does not granger cause LNg_dl	1	1.7764	0.2013	不是原因
	2	2.4355	0.1264	
	3	0.6766	0.5859	
LNg_rv does not granger cause LNg_dl	1	0.6806	0.4215	极弱原因
	2	2.8207	0.0961	
	3	0.7760	0.5336	
LNpriv does not granger cause LNg_dl	1	7.2662	0.0159	较强原因
	2	4.8489	0.0267	
	3	2.0779	0.1669	
LNwork does not granger cause LNg_dl	1	0.5029	0.4884	不是原因
	2	0.8525	0.4489	
	3	0.5221	0.6768	
LNinv does not granger cause LNg_dl	1	0.3125	0.5839	不是原因
	2	2.7224	0.1029	
	3	1.1582	0.3733	

续表

原假设	滞后期	f统计值	概率 p	结论
LNg_dl does not granger cause LNr_indu	1	2.5852	0.1274	不是原因
	2	2.7017	0.1044	
	3	1.4677	0.2818	
LNg_dl does not granger cause LNg_rv	1	10.4943	0.0051	极强原因
	2	4.6205	0.0305	
	3	5.8027	0.0146	
LNg_dl does not granger cause LNpriv	1	0.2704	0.6102	强原因
	2	8.9872	0.0035	
	3	4.9734	0.0230	
LNg_dl does not granger cause LNwork	1	2.2071	0.1568	不是原因
	2	0.9308	0.4190	
	3	0.9855	0.4382	
LNg_dl does not granger cause LNinv	1	5.7103	0.0295	极强原因
	2	5.1302	0.0228	
	3	5.0621	0.0218	

29

由表 2-6 可见，金融相关比率更多是民营经济变量的格兰杰原因，反过来，民营经济变量只有少量指标是金融相关比率的格兰杰原因。

1. 非国有在岗职工人数、非国有工业产值占比与金融相关比率之间没有因果关系。

2. 个私从业人员数量是金融相关比率的较强格兰杰原因，乡镇企业产值比率是金融相关比率的极弱格兰杰原因。

3. 非国有投资规模不是金融相关比率的原因。

4. 金融相关比率是乡镇企业产值比率、非国有投资的极强格兰杰原因。

5. 金融相关比率是个私从业人员的强格兰杰原因。

在前述的存贷款分析基础上，这个结果也可以预料。从民营经济对金融的作用来说，非国有工业产值占比、非国有在岗职工均不是存款、贷款的原因，自然也不会是存贷款总额的原因。而个私从业人员既是存款的重要原因，又是贷款的弱原因，自然会是金融相关比率的重要原因；乡镇企业产值比率、非国有投资规模则分别只是存款和贷款的弱原因，也不会对金融相关比率有多大贡献。从金融变量对民营经济的作用来说，主要是存款成为各个民营经济变量的重要原因，贷款也有微弱的原因，从而导致金融相关比率成为各个民营经济变量的原因或重要原因。

五、分析与小结

(一) 关于存款是民营经济的格兰杰原因的分析

在前面的相关分析中,出现了一个特别的或异常的现象。按照金融与经济之间关系的一般理论逻辑,经济增长会带来社会财富增加,使银行存款增长,银行据此会发放更多贷款,进而促进经济进一步增长。但上述分析显示,非国有工业、乡镇企业等民营经济变量的增长并不是金融机构存款增加的原因,正好相反,金融机构存款而不是贷款却成为民营经济增长的重要格兰杰原因。实际上,也正是这一现象导致了金融相关比率成为民营经济变量,特别是乡镇企业产值比率、非国有工业产值占比、非国有投资规模增长的格兰杰原因。

对此,首先要说明的是,格兰杰因果关系检验只是一种统计意义上的检验,两个变量存在格兰杰因果关系并不意味着两个变量必然具有逻辑上的因果关系性质。其次,这个结果表明的仅是,存款的增长在前,而民营经济的进一步增长在后,意味着民营经济与金融之间的关系更为复杂一些,前面分析中可能遗漏了一些重要的中间变量。

实际上,结合浙江民营经济发展的历史轨迹,我们可以发现,民营经济的发展是从最初的商品交易、集贸市场起步的,在这个阶段,城乡居民通过贸易获得了原始的资本积累,然后才开始向一些工业领域渗透的。因而,存款数量的增加在此只是代表民营经济的财富而已。

为此,笔者引入了人均可支配收入 (income) 作为中间变量,在此分析其与民营经济变量之间的关系。

同样对于 LNincome 进行单位根检验,发现其符合原序列不稳定、一阶差分稳定的条件。因而可以进行格兰杰因果关系检验。相关检验结果见表 2-7。

表 2-7 人均可支配收入与民营经济变量之间的格兰杰因果关系检验

原假设	滞后期	f 统计值	概率 p	结论
LNincome does not granger cause LNr _ indu	1	2.6134	0.1255	强原因
	2	9.0634	0.0034	
	3	5.8816	0.014	
LNincome does not granger cause LNg _ rv	1	7.7390	0.0133	较强原因
	2	3.5109	0.0604	
	3	2.0181	0.1754	

续表

原假设	滞后期	f 统计值	概率 p	结论
LNincome does not granger cause LNinv	1	7. 9196	0. 0125	较强原因
	2	5. 3062	0. 0207	
	3	1. 2629	0. 339	
LNincome does not granger cause LNpriv	1	3. 4306	0. 0825	极弱原因
	2	1. 6095	0. 2374	
	3	0. 3534	0. 7878	
LNr _ indu does not granger cause LNincome	1	0. 0072	0. 9334	极弱原因
	2	3. 1930	0. 0745	
	3	0. 6197	0. 618	
LNg _ rv does not granger cause LNincome	1	0. 0270	0. 8715	不是原因
	2	2. 6394	0. 1091	
	3	1. 9265	0. 1893	
LNinv does not granger cause LNincome	1	0. 0520	0. 8226	不是原因
	2	0. 0219	0. 9784	
	3	0. 1980	0. 8954	
LNpriv does not granger cause LNincome	1	0. 3222	0. 5781	较强原因
	2	3. 5559	0. 0586	
	3	6. 3854	0. 0109	

由表 2 - 7 可见，人均可支配收入是非国有工业、乡镇企业及非国有投资规模的较强或强格兰杰原因，而个私从业人员则是人均可支配收入的较强格兰杰原因。相反的过程则都比较弱。

这就表明，个私从业人员是民营经济各变量中的启动变量，正是个私从业人员的增加才使得城乡居民的个人可支配收入逐步增加。人均可支配收入的增加，一方面增加了银行存款的数量，另一方面通过非国有投资的增加，促进了乡镇企业和非国有工业的增加。

据此，就可以理解金融机构存款增加促进非国有工业、非国有投资、乡镇企业增加的结论。其内在逻辑是：民营经济发展促进民间财富增加（相应银行存款也会增加）和社会消费水平的提高，民间财富通过民间借贷、固定资产投资等方式流入了民营经济，增强了民营经济的资本规模和实力，不断膨胀的消费欲望刺激了民营经济的快速发展，因而银行存款只是代表了民间财富一个指标而已。

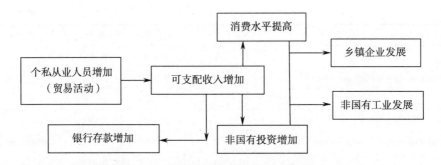

图2-2 民营经济发展的内在逻辑示意图

同时，对于民营经济中，只有个私从业人数是银行存款的重要原因，而非国有工业、乡镇企业及非国有投资不是银行存款的原因，也比较容易理解。一方面，非国有工业、乡镇企业发展过程中普遍遭遇融资困难，他们很难获得正规金融机构的贷款支持，其发展更重要的是利用民间融资的资源。另一方面，民营经济是由个私从业人员的大量增加开始的，它提高了社会财富，增加了银行存款，而非国有工业、乡镇企业的发展是在社会财富增加的基础上发展的，时间顺序上在后，因而从格兰杰因果关系检验来说，他们不是银行存款的原因，虽然其发展会进一步吸收更多人员进入民营经济，从而提高银行存款。

（二）1978—1997年民营经济与金融发展之间关系小结

从上述各类因果关系检验中，大致可以看出，1978—1997年这一时期，民营经济增长，特别是个私从业人员的增加推动了民间财富的增长，进而促进了乡镇企业、非国有工业增长及非国有投资的增长，民营经济的增长对金融机构人民币存款增加做出了贡献，而金融机构贷款对于非国有经济贡献较小，主要是短期贷款对于乡镇企业发展具有重要作用，而对于非国有工业增长、个私从业人员增加以及非国有投资增加影响较小。

这表明，1978—1997年这一阶段，民营经济的发展主要还是依赖正规金融体系之外的资金循环的增长，即：私营企业和个体从业人员的大量增加使得社会财富增加，银行存款增加，进而促进乡镇企业、非国有工业、非国有投资的增长，进一步使得社会财富增加，促进民营经济进一步发展。民营经济增长对于金融发展，特别是存款的增加、金融相关比率的提高都有所贡献，但金融机构贷款并未因为民营经济的资金需求而向其发放，它对于民营经济特别是非国有工业的促进作用并不明显。

第三节　1998—2009 年民营经济与金融之间关系的分析

一、相关数据简单分析与指标选择

（一）可供选择的指标

这一阶段，随着金融体系的建立健全和统计制度的完善，相关的统计指标在增加并且有了变化。从民营经济变量来看，非国有建筑业产值 cons 及其占建筑业总产值的比重 r_cons 变量有了完整的数据，而乡镇企业人数、产值及其比率取消了统计。因而民营经济变量可选择的指标包括：非国有工业总产值 indu 及其占全部工业总产值的比例 r_indu、非国有建筑业产值 cons 及其占建筑业总产值的比例 r_cons、个私从业人员 priv 及其占从业人员的比例 r_pr、非国有在岗职工人数 work、非国有投资 inv 等。

金融相关指标包括：金融机构人民币存款总额 dep、贷款总额 loan、存贷款总额 dl、短期贷款 sl、长期贷款 ll、存款比率 g_dep、贷款比率 g_loan、金融相关比率 g_dl、非国有商业银行存款 ndep 及其占 GDP 比例 g_nd、非国有商业银行贷款 nloan 及其占 GDP 比例 g_nl、存贷比 r_ld、保险公司保费收入占 GDP 比例（保险深度）g_insu、全省企业股票市场融资额 fund 及其占 GDP 比例 g_fund（证券化率）。

（二）相关系数分析

运用前文同样的方法，并在检验前，对所有指标进行对数运算。各个变量之间的相关系数见表 2－8。

表 2－8　　　　民营经济与金融变量之间的相关系数表

	LNindu	LNr_indu	LNcons	LNr_cons	LNpriv	LNr_pr	LNwork	LNinv
LNdep	0.9762	0.6585	0.9979	0.9121	0.9926	0.9901	0.9437	0.9706
LNloan	0.9777	0.6550	0.9982	0.9154	0.9919	0.9896	0.9430	0.9714
LNsl	0.9740	0.6107	0.9926	0.8894	0.9896	0.9851	0.9640	0.9529
LNll	0.9657	0.7283	0.9923	0.9385	0.9840	0.9855	0.8959	0.9860
LNdl	0.9769	0.6569	0.9981	0.9135	0.9923	0.9899	0.9435	0.9710
LNndep	0.9800	0.6517	0.9988	0.9150	0.9913	0.9887	0.9441	0.9734
LNnloan	0.9818	0.6374	0.9976	0.9153	0.9896	0.9865	0.9477	0.9693
LNg_dep	0.9239	0.7303	0.9677	0.9057	0.9660	0.9672	0.8714	0.9522
LNg_loan	0.9459	0.7048	0.9806	0.9226	0.9747	0.9755	0.8906	0.9637

	LNindu	LNr_indu	LNcons	LNr_cons	LNpriv	LNr_pr	LNwork	LNinv
LNg_dl	0.9363	0.7179	0.9755	0.9150	0.9717	0.9727	0.8827	0.9591
LNr_ld	0.9544	0.5830	0.9590	0.9168	0.9404	0.9403	0.8941	0.9388
LNfund	0.9272	0.6022	0.9670	0.8358	0.9748	0.9710	0.9418	0.9273
LNg_fund	0.7548	0.5038	0.8270	0.6534	0.8545	0.8507	0.8260	0.7785
LNg_insu	0.8049	0.7543	0.8590	0.8489	0.8628	0.8721	0.6677	0.8961
LNg_nd	0.9654	0.6890	0.9923	0.9258	0.9827	0.9823	0.9107	0.9773
LNg_nl	0.9728	0.6453	0.9905	0.9242	0.9801	0.9779	0.9267	0.9660

从表 2-8 中可以看出，民营经济变量中，除了非国有工业产值占比与各金融变量之间相关系数较低（大致在 0.5～0.75 之间），非国有在岗人员与个别金融变量相关系数在 0.66～0.92 外，其余各变量均与金融相关变量相关系数在 0.9 以上。金融变量中，除保险深度 g_insu 和证券化率 g_fund 与民营经济变量之间相关系数在 0.9 以下外，其余变量之间相关系数均在 0.9 以上。即：这一阶段各个变量之间相关度要高于前一阶段。

（三）单位根检验

运用上节同样的方法，对这些变量分别进行单位根检验。检验结果见表 2-9。

表 2-9 单位根检验结果

变量名	检验形式	t 统计值	1% 水平	5% 水平	10% 水平	p 值	结论
LNindu	(c, t, 1)	-1.8878	-4.8001	-3.7912	-3.3423	0.6077	不平稳
△LNindu	(c, t, 0)	-13.3290	-4.8864	-3.8290	-3.3630	0.0001	平稳**
LNr_indu	(c, t, 0)	-8.8123	-4.8001	-3.7912	-3.3423	0.0000	平稳**
LNcons	(c, t, 0)	-0.5568	-4.8001	-3.7912	-3.3423	0.9644	不平稳
△LNcons	(c, t, 0)	-2.8671	-4.8864	-3.8290	-3.3630	0.2028	不平稳
△△LNcons	(0, 0, 0)	-4.3538	-2.7719	-1.9740	-1.6029	0.0004	平稳**
LNr_cons	(c, t, 0)	-2.2242	-4.8001	-3.7912	-3.3423	0.4423	不平稳
△LNr_cons	(0, 0, 0)	-4.7813	-2.7550	-1.9710	-1.6037	0.0002	平稳**
LNpriv	(c, t, 0)	-2.1220	-4.8001	-3.7912	-3.3423	0.4911	不平稳
△LNpriv	(c, t, 0)	-3.1810	-4.8864	-3.8290	-3.3630	0.1306	不平稳
△△LNpriv	(0, 0, 0)	-3.8279	-2.7719	-1.9740	-1.6029	0.0012	平稳**
LNr_pr	(c, t, 0)	-2.7044	-4.8001	-3.7912	-3.3423	0.2493	不平稳

续表

变量名	检验形式	t 统计值	1%水平	5%水平	10%水平	p 值	结论
△LNr_pr	(c, 0, 0)	-3.1784	-4.0579	-3.1199	-2.7011	0.0453	平稳*
LNwork	(c, t, 0)	-2.5608	-4.8001	-3.7912	-3.3423	0.2995	不平稳
△LNwork	(c, t, 0)	-1.6357	-4.0579	-3.1199	-2.7011	0.4378	不平稳
△△LNwork	(0, 0, 0)	-2.4695	-2.7719	-1.9740	-1.6029	0.0186	平稳*
LNinv	(c, t, 2)	-2.2594	-4.9923	-3.8753	-3.3883	0.4212	不平稳
△LNinv	(0, 0, 0)	-2.0901	-2.7550	-1.9710	-1.6037	0.0395	平稳*
LNdep	(c, t, 0)	-0.1874	-4.8001	-3.7912	-3.3423	0.9851	不平稳
△LNdep	(c, 0, 0)	-1.8635	-4.0579	-3.1199	-2.7011	0.3370	不平稳
△△LNdep	(0, 0, 0)	-3.8357	-2.7719	-1.9740	-1.6029	0.0011	平稳**
LNg_dep	(c, t, 0)	-2.1947	-4.8001	-3.7912	-3.3423	0.4562	不平稳
△LNg_dep	(0, 0, 0)	-2.5648	-2.7550	-1.9710	-1.6037	0.0149	平稳*
LNloan	(c, t, 0)	-0.5012	-4.8001	-3.7912	-3.3423	0.9686	不平稳
△LNloan	(c, t, 0)	-2.2394	-4.0579	-3.1199	-2.7011	0.2030	不平稳
△△LNloan	(0, 0, 0)	-4.0045	-2.7719	-1.9740	-1.6029	0.0008	平稳**
LNg_loan	(c, t, 0)	-2.0259	-4.8001	-3.7912	-3.3423	0.5385	不平稳
△LNg_loan	(c, 0, 0)	-3.2254	-4.0579	-3.1199	-2.7011	0.0418	平稳*
LNdl	(c, t, 0)	-0.3218	-4.8001	-3.7912	-3.3423	0.9793	不平稳
△LNdl	(c, 0, 0)	-2.0319	-4.0579	-3.1199	-2.7011	0.2712	不平稳
△△LNdl	(0, 0, 0)	-3.9049	-2.7719	-1.9740	-1.6029	0.0010	平稳**
LNg_dl	(0, t, 0)	-2.1130	-4.8001	-3.7912	-3.3423	0.4954	不平稳
△LNg_dl	(c, 0, 0)	-3.1522	-4.0579	-3.1199	-2.7011	0.0474	平稳*
LNndep	(c, t, 2)	-0.7773	-4.9923	-3.8753	-3.3883	0.9370	不平稳
△LNndep	(c, 0, 0)	-1.6340	-4.0579	-3.1199	-2.7011	0.4386	不平稳
△△LNndep	(c, 0, 0)	-3.5149	-2.7719	-1.9740	-1.6029	0.0022	平稳**
LNg_nd	(c, t, 0)	-1.3717	-4.8001	-3.7912	-3.3423	0.8226	不平稳
△LNg_nd	(c, 0, 1)	-3.1076	-4.1220	-3.1449	-2.7138	0.0531	平稳
LNnloan	(c, t, 2)	-0.5935	-4.9923	-3.8753	-3.3883	0.9568	不平稳
△LNnloan	(c, 0, 2)	-1.4570	-4.2001	-3.1754	-2.7290	0.5164	不平稳
△△LNnloan	(0, 0, 0)	-3.7976	-2.7719	-1.9740	-1.6029	0.0012	平稳**
LNg_nl	(c, t, 1)	-2.3806	-4.8864	-3.8290	-3.3630	0.3704	不平稳
△LNg_nl	(c, 0, 1)	-3.3098	-4.1220	-3.1449	-2.7138	0.0382	平稳*

35

变量名	检验形式	t 统计值	1% 水平	5% 水平	10% 水平	p 值	结论
LNsl	(c, t, 2)	−1.2527	−4.9923	−3.8753	−3.3883	0.8482	不平稳
△LNsl	(c, 0, 0)	−3.5502	−4.0579	−3.1199	−2.7011	0.0240	平稳*
LNll	(c, t, 0)	−0.7423	−4.8001	−3.7912	−3.3423	0.9465	不平稳
△LNll	(c, t, 0)	−4.0274	−4.8864	−3.8290	−3.3630	0.0370	平稳*
LNfund	(c, t, 0)	−1.4144	−4.8001	−3.7912	−3.3423	0.8090	不平稳
△LNfund	(c, 0, 0)	−2.8341	−4.0579	−3.1199	−2.7011	0.0805	平稳
LNg_fund	(c, t, 0)	−1.4144	−4.8001	−3.7912	−3.3423	0.8090	不平稳
△LNg_fund	(c, 0, 0)	−2.8341	−4.0579	−3.1199	−2.7011	0.0805	平稳
LNg_insu	(c, t, 0)	−1.6908	−4.8001	−3.7912	−3.3423	0.7006	不平稳
△LNg_insu	(0, 0, 0)	−2.2257	−2.7550	−1.9710	−1.6037	0.0301	平稳*
LNr_ld	(0, 0, 0)	−2.0114	−2.7406	−1.9684	−1.6044	0.0459	平稳*

（注：1. 变量名前加△的，表示一阶差分检验；加△△的，表示二阶差分检验。结论中，＊表示在 95% 置信水平平稳，＊＊表示在 99% 置信水平平稳。2. 检验形式（c，t，k）表示）表示检验模型含有截距项 c、趋势项 t、滞后阶数为 k）

36

从表 2−9 中可以看出，民营经济变量中，非国有工业产值占比 r_indu 原序列稳定。非国有工业产值 indu、非国有建筑业产值占比 r_cons、个私企业从业人员占比 r_pr、非国有投资 inv 等四个变量一阶差分序列稳定，而非国有建筑业产值 cons、非国有在岗职工人数 work、个私从业人员 priv 等三个变量二阶差分稳定。

在金融变量中，原序列稳定的只有存贷比 r_ld 这一个变量。一阶差分稳定的包括：金融机构存款比率 g_dep、贷款比率 g_loan 和金融相关比率 g_dl、非国有银行存款比率 g_nd、非国有银行贷款比率 g_nl、上市公司股市融资额 fund、证券化率 g_fund、短期贷款 sl、中长期贷款 ll、保险深度 g_insu 十个变量。二阶差分稳定的变量包括：金融机构存款总额 dep、贷款总额 loan、存贷款总额 dl、非国有商业银行存款额 ndep、非国有银行贷款额 nloan 五个变量。

（四）指标的选取

根据格兰杰因果关系检验原理，只能对同阶稳定的序列才能进行检验。显然，原序列稳定的金融变量只有存贷比 r_ld，民营经济变量只有非国有工业产值占比 r_indu。

一阶差分稳定的民营经济变量包括：非国有工业产值 indu、非国有建筑业产值占比 r_cons、个私企业从业人员占比 r_pr、非国有投资 inv 四个；金融变量包括：金融机构存款比率 g_dep、贷款比率 g_loan 和金融相关比率 g_dl、非国有银行存款比率 g_nd、非国有银行贷款比率 g_nl、上市公司股市融资额 fund、证券化率 g_fund、短期贷款 sl、中长期贷款 ll、保险深度 g_insu 十个。

二阶差分稳定的变量包括民营经济变量的个私从业人员 priv、非国有建筑业产值 cons 和非国有在岗职工人数 work 三个，金融变量包括金融机构存款额 dep、贷款额 loan、存贷款额 dl、非国有银行存款额 ndep、贷款额 nloan 五个。

由于二阶单整的变量中，民营经济和金融变量都属于原值序列，可以包含在一阶单整的比例序列变量中，下文将不再对其进行检验。而一阶差分稳定的变量中，上市公司股市融资额 fund 与证券化 g_fund 意义相似，本书只选择证券化率 g_fund 这个指标。

以下将分别通过对原序列的一个民营经济变量和金融变量，一阶单整的四个民营经济变量与九个金融变量之间的关系进行格兰杰因果关系检验。

二、原序列变量之间的因果关系检验

原序列平稳定的民营经济和金融变量各有一个，可直接进行格兰杰因果关系检验。结果见表 2 - 10。

表 2 - 10　存贷比与非国有工业产值占比之间的格兰杰因果关系检验

原假设	滞后期	f 统计值	概率 p	结论
LNr_ld does not granger cause LNr_indu	1	0.1568	0.9368	不是原因
	2	0.9368	0.9368	
	3	0.9368	0.4310	
LNr_indu does not granger cause LNr_ld	1	1.4892	0.2479	不是原因
	2	1.1005	0.3783	
	3	1.1005	0.3783	

由表 2 - 10 可见，非国有工业产值占比与存贷比之间相互没有格兰杰因果关系，表明民营经济发展与存贷比的变化没有直接联系。实际上，这一阶段，银行的存贷比虽然有所增加，但幅度不大，而且有波动。

三、存款类指标与民营经济变量之间的关系检验

存款类指标包括两个变量，即：金融机构存款比率和非国有银行存款比率。

（一）金融机构存款比率与民营经济变量之间的关系检验

金融机构存款余额与 GDP 的比例和四个民营经济变量（非国有工业产值 indu、建筑业产值占比 r_cond、个私从业人员占比 r_pr 及非国有投资规模 inv）之间的格兰杰因果关系检验结果整理如表 2－11 所示。

表 2－11　单位 GDP 存款与民营经济变量之间的格兰杰因果关系检验

原假设	滞后期	f 统计值	概率 p	结论
LNindu does not granger cause LNg_dep	1	1.8234	0.2040	不是原因
	2	1.7617	0.2323	
	3	2.6065	0.1641	
LNr_cons does not granger cause LNg_dep		0.1794	0.6800	不是原因
		0.2954	0.7520	
		0.3847	0.7692	
LNr_pr does not granger cause LNg_dep	1	3.8191	0.0766	极强原因
	2	18.4901	0.0010	
	3	7.2238	0.0288	
LNinv does not granger cause LNg_dep	1	1.65309	0.2249	不是原因
	2	1.5200	0.2757	
	3	0.2296	0.8722	
LNg_dep does not granger cause LNindu	1	8.6388	0.0135	较强原因
	2	0.9358	0.4313	
	3	4.1620	0.0794	
LNg_dep does not granger cause LNr_cons	1	3.9986	0.0708	极弱原因
	2	0.6235	0.5602	
	3	0.2679	0.8463	
LNg_dep does not granger cause LNr_pr	1	1.2243	0.2921	不是原因
	2	1.2053	0.3487	
	3	3.2531	0.1183	
LNg_dep does not granger cause LNinv	1	3.65302	0.0824	极强原因
	2	5.2743	0.0346	
	3	7.6597	0.0257	

38

表 2－11 结果表明：（1）民营经济变量中，个私从业人员占比是银行存款比率的极强原因。

（2）非国有工业产值、非国有建筑业产值占比及非国有投资规模不是银行存款比率的原因。

（3）金融机构存款比率是非国有投资的极强原因，也是非国有工业产值的较强原因。

（4）金融机构存款比率是非国有建筑业产值占比的极弱原因，不是个私从业人员的原因。

上述结论与1978—1997年这一阶段的情况相似。其原因同样在于，一是民营经济的发展体现为社会财富的增加，引致消费水平提高、投资规模增加以及银行存款的增加，说明银行存款仍旧是社会财富的代表。二是非国有工业、非国有建筑业及非国有投资的增加仍旧要利用民间的资金资源。

将上述结论与1978—1997年的结论进行详细比较，还可以发现，一是个私从业人员对于存款的贡献度在进一步增强，表明民营经济对于金融存款的贡献度进一步增大；二是银行存款对于个私从业人员、非国有工业的作用在减弱，表明，民营经济的发展可能不再仅仅依赖于民间融资，正规金融机构对其也提供了相应的支持。

（二）非国有银行存款比率与民营经济变量之间的关系检验

非国有商业银行的发展壮大是这一阶段金融规模增加的主要特征之一。以下通过表 2 - 12 整理列出了非国有商业银行存款比率和民营经济变量之间的格兰杰因果关系检验结果。

表 2 - 12　非国有银行存款比率与民营经济变量之间的格兰杰因果检验

原假设	滞后期	f统计值	概率 p	结论
LNindu does not granger cause LNg _ nd	1	0.08193	0.7800	不是原因
	2	1.1861	0.3539	
	3	1.9918	0.2338	
LNr _ cons does not granger cause LNg _ nd	1	0.12736	0.7279	不是原因
	2	0.0151	0.9850	
	3	0.4545	0.7256	
LNr _ pr does not granger cause LNg _ nd	1	4.14503	0.0666	极强原因
	2	16.8464	0.0014	
	3	4.6768	0.0649	
LNinv does not granger cause LNg _ nd	1	1.98981	0.1860	不是原因
	2	0.8878	0.4485	
	3	0.9537	0.4820	

续表

原假设	滞后期	f 统计值	概率 p	结论
LNg _ nd does not granger cause LNindu	1	14.8294	0.0027	强原因
	2	1.1405	0.3666	
	3	4.4014	0.0722	
LNg _ nd does not granger cause LNr _ cons	1	4.95153	0.0479	弱原因
	2	1.0233	0.4021	
	3	0.8971	0.5040	
LNg _ nd does not granger cause LNr _ pr	1	2.49007	0.1429	较弱原因
	2	1.1162	0.3736	
	3	12.8601	0.0087	
LNg _ nd does not granger cause LNinv	1	1.64644	0.2258	较强原因
	2	4.0309	0.0615	
	3	5.5658	0.0474	

从表 2 - 12 中可见，（1）民营经济变量中，个私从业人员仍旧是非国有银行存款比率的极强原因，非国有工业产值、非国有建筑业产值占比、非国有投资占比不是其原因。

（2）非国有银行存款比率是非国有工业产值、非国有投资规模的强或较强原因。

（3）非国有银行存款比率是个私从业人员的较弱原因，是非国有建筑业产值占比的弱原因。

上述结论与前一表格的结论基本相似，差异在于非国有银行存款比率对于各民营经济变量的作用要稍大一些。表明非国有银行在这一时期也获得了民营经济发展所提供的存款资源支持。

四、贷款类指标与民营经济变量之间的关系检验

贷款类指标包括四个：全部金融机构贷款比率 g _ loan、非国有银行贷款比率 g _ nl、短期贷款 sl、长期贷款 ll。

（一）金融机构贷款比率与民营经济变量之间的关系检验

金融机构全部贷款余额与 GDP 的比例和四个民营经济变量之间的格兰杰因果关系检验结果整理如表 2 - 13 所示。

表2-13　金融机构贷款比率与民营经济变量之间的格兰杰因果关系检验

原假设	滞后期	f统计值	概率 p	结论
LNg _ loan does not granger cause LNindu	1	6.81325	0.0242	弱原因
	2	1.9029	0.2109	
	3	2.1325	0.2147	
LNg _ loan does not granger cause LNr _ cons	1	2.17037	0.1687	不是原因
	2	1.1733	0.3574	
	3	1.5248	0.3167	
LNg _ loan does not granger cause LNr _ pr	1	2.35982	0.1527	极弱原因
	2	0.8242	0.4726	
	3	5.2035	0.0537	
LNg _ loan does not granger cause LNinv	1	0.28667	0.6030	弱原因
	2	2.2061	0.1726	
	3	9.0945	0.0181	
LNindu does not granger cause LNg _ loan	1	0.66515	0.4321	弱原因
	2	2.2462	0.1682	
	3	7.3360	0.0280	
LNr _ cons does not granger cause LNg _ loan	1	0.08307	0.7785	不是原因
	2	0.3812	0.6948	
	3	0.8734	0.5136	
LNr _ pr does not granger cause LNg _ loan	1	3.77041	0.0782	极强原因
	2	8.0717	0.0121	
	3	5.7900	0.0441	
LNinv does not granger cause LNg _ loan	1	3.40859	0.0919	极弱原因
	2	2.6583	0.1303	
	3	1.5633	0.3085	

41

由表2-13可见，（1）非国有建筑业产值占比与金融机构贷款比率之间没有因果关系。

（2）金融机构贷款比率是非国有工业产值、个私从业人员占比、非国有投资规模的弱或极弱原因，不是非国有建筑业产值占比的原因。

（3）个私从业人员占比是金融机构贷款比率的极强原因，非国有工业产值、非国有投资规模是其弱或极弱原因。

与1978—1997年的情况比较，可以发现，金融机构贷款比率与非国有工业之间的关系由上一阶段的无因果关系变化为有较弱的因果关系，说明这一阶段银行贷款开始对非国有工业发展起到作用。当然，由于这一阶段，非国有工业的统计口径已调整为规模以上工业企业，银行对其提供信贷支持也就容易理解了。而建筑业统计口径基本包括了所有规模，因而统计的结果仍旧是两者之间没有因果关系，说明民营企业融资难问题仍旧比较严重。

（二）非国有银行贷款比例与民营经济变量之间的关系检验

非国有银行贷款比率与四个民营经济变量之间的因果关系分析整理结果如表 2－14 所示。

表 2－14　非国有银行贷款比率与民营经济变量之间的格兰杰因果关系检验

原假设	滞后期	f 统计值	概率 p	结论
LNg_nl does not granger cause LNindu	1	6.81325	0.0242	弱原因
	2	1.9029	0.2109	
	3	2.1325	0.2147	
LNg_nl does not granger cause LNr_cons	1	2.17037	0.1687	不是原因
	2	1.1733	0.3574	
	3	1.5248	0.3167	
LNg_nl does not granger cause LNr_pr	1	2.35982	0.1527	极弱原因
	2	0.8242	0.4726	
	3	5.2035	0.0537	
LNg_nl does not granger cause LNinv	1	0.28667	0.6030	弱原因
	2	2.2061	0.1726	
	3	9.0945	0.0181	
LNindu does not granger cause LNg_nl	1	0.66515	0.4321	弱原因
	2	2.2462	0.1682	
	3	7.3360	0.0280	
LNr_cons does not granger cause LNg_nl	1	0.08307	0.7785	不是原因
	2	0.3812	0.6948	
	3	0.8734	0.5136	
LNr_pr does not granger cause LNg_nl	1	3.77041	0.0782	极强原因
	2	8.0717	0.0121	
	3	5.7900	0.0441	
LNinv does not granger cause LNg_nl	1	3.40859	0.0919	极弱原因
	2	2.6583	0.1303	
	3	1.5633	0.3085	

从表 2-14 中可发现，非国有银行贷款比率与民营经济之间的因果关系与所有金融机构贷款比率的情况相同。

许多学者从理论上分析认为，小型、地方性银行应该更倾向于向民营企业贷款，但从本书分析来看，两者之间没有差异。对此，笔者认为，一是金融行业在这一阶段经过深化改革，各家银行已树立了商业化经营理念，原有的所有制歧视已基本消除。二是本书包含的非国有银行包括了除四大国有银行和政策性银行之外的所有银行，可能小型、地方性银行的作用被淹没，难以显示出来。

（三）短期贷款余额与民营经济变量之间的因果关系检验

金融机构贷款按期限分为短期贷款和中长期贷款。根据了解的情况，金融机构出于防范信贷风险目的，短期贷款数量是中长期贷款的 2 倍左右。而且，金融机构对民营企业贷款更多采用短期贷款方式，这一指标可能更能揭示金融与民营经济之间的关系。

金融机构短期贷款余额 sl 与四个民营经济变量之间的因果关系分析整理结果如表 2-15 所示。

表 2-15　　短期贷款与民营经济变量之间的格兰杰因果关系检验

原假设	滞后期	f 统计值	概率 p	结论
LNsl does not granger cause LNindu	1	3.2354	0.0995	较强原因
	2	4.2154	0.0562	
	3	1.3935	0.3471	
LNsl does not granger cause LNr _ cons	1	1.35879	0.2684	不是原因
	2	0.4028	0.6813	
	3	0.9043	0.5011	
LNsl does not granger cause LNr _ pr	1	4.4864	0.0578	较强原因
	2	3.0893	0.1014	
	3	4.0838	0.0820	
LNsl does not granger cause LNinv	1	0.40554	0.5373	弱原因
	2	2.9437	0.1101	
	3	7.3823	0.0276	
LNindu does not granger cause LNsl	1	0.80165	0.3898	极弱原因
	2	0.9546	0.4248	
	3	4.6529	0.0655	

原假设	滞后期	f 统计值	概率 p	结论
LNr _ cons does not granger cause LNsl	1	0.21386	0.6528	不是原因
	2	0.0888	0.9160	
	3	0.6789	0.6016	
LNr _ pr does not granger cause LNsl	1	0.25663	0.6224	弱原因
	2	1.7391	0.2360	
	3	9.2762	0.0174	
LNinv does not granger cause LNsl	1	1.81345	0.2052	不是原因
	2	1.8330	0.2211	
	3	2.5842	0.1661	

分析结果与预想的基本一致。从上表可以看出：（1）金融机构短期贷款是非国有工业产值、个私从业人员的较强原因。

（2）短期贷款是非国有投资规模的弱原因，不是非国有建筑业产值占比的原因。

（3）非国有工业产值、个私从业人员占比是短期贷款的弱或极弱原因。

（4）非国有建筑业产值占比、非国有投资规模不是短期贷款的原因。

与本阶段所有金融机构贷款比率比较，可以看出，短期贷款对于非国有工业的作用更大。

与1978—1997年这一阶段的短期贷款相比较，可以发现，这一时期的短期贷款余额对于非国有工业、个私从业人员的作用进一步增强，并且同样也成为短期贷款的弱原因。这表明金融机构能一定程度响应民营经济的金融需求，对于非国有工业的支持力度在增强。

（四）中长期贷款余额与民营经济变量之间的关系

中长期贷款余额 ll 与四个民营经济变量之间的因果关系分析整理结果如表2-16所示。

表2-16   短期贷款与民营经济变量之间的格兰杰因果关系检验

原假设	滞后期	f 统计值	概率 p	结论
LNll does not granger cause LNindu	1	56.8554	0.0000	较弱原因
	2	0.8019	0.4815	
	3	0.4823	0.7089	
LNll does not granger cause LNr _ cons	1	9.32056	0.0110	弱原因
	2	2.0523	0.1908	
	3	1.5651	0.3081	

44

续表

原假设	滞后期	f统计值	概率 p	结论
LNll does not granger cause LNr _ pr	1	1.52158	0.2431	不是原因
	2	0.7838	0.4888	
	3	2.6715	0.1585	
LNll does not granger cause LNinv	1	5.80112	0.0347	弱原因
	2	2.7833	0.1209	
	3	0.8663	0.5165	
LNindu does not granger cause LNll	1	0.00037	0.9850	不是原因
	2	1.3149	0.3208	
	3	1.8431	0.2566	
LNr _ cons does not granger cause LNll	1	3.28559	0.0972	极弱原因
	2	1.2205	0.3447	
	3	1.6288	0.2951	
LNr _ pr does not granger cause LNll	1	0.73139	0.4107	不是原因
	2	0.9326	0.4325	
	3	0.5330	0.6794	
LNinv does not granger cause LNll	1	5.51401	0.0386	弱原因
	2	2.5902	0.1357	
	3	0.7379	0.5731	

从上表中可以看出：（1）长期贷款是非国有工业产值的较弱原因，是非国有建筑业产值占比和非国有投资规模的弱原因。

（2）长期贷款与个私从业人员占比之间没有因果关系。

（3）非国有建筑业产值占比和非国有投资规模是长期贷款的弱或极弱原因。

与前面几个贷款指标比较，可发现，长期贷款与建筑业产值占比之间发生了一定的因果关系。这是由于建筑业相对建设周期更长，更需要中长期贷款的支持，其资金需要会一定程度刺激金融机构的中长期贷款发放；同时，也可能与近年来房地产市场的异常火爆有关。

此外，与总贷款一样，中长期贷款对于非国有工业产值增加也起到一定促进作用，虽然其作用要小于短期贷款。

五、金融相关比率与民营经济变量之间的因果关系检验

金融相关比率 g＿dl 与四个民营经济变量之间的格兰杰因果关系检验结果整理如表 2－17 所示。

表 2－17　金融相关比率与民营经济变量之间的格兰杰因果关系检验

原假设	滞后期	f 统计值	概率 p	结论
LNindu does not granger cause LNg＿dl	1	1.67687	0.2219	极弱原因
	2	1.6243	0.2558	
	3	3.8350	0.0910	
LNr＿cons does not granger cause LNg＿dl	1	0.16781	0.6899	不是原因
	2	0.1939	0.8275	
	3	0.3481	0.7929	
LNr＿pr does not granger cause LNg＿dl	1	3.78206	0.0778	极强原因
	2	18.2513	0.0010	
	3	6.6892	0.0335	
LNinv does not granger cause LNg＿dl	1	1.95352	0.1898	不是原因
	2	1.5301	0.2737	
	3	0.0976	0.9580	
LNg＿dl does not granger cause LNindu	1	9.25738	0.0112	弱原因
	2	1.1741	0.3572	
	3	3.4790	0.1065	
LNg＿dl does not granger cause LNr＿cons	1	3.98309	0.0713	极弱原因
	2	0.6920	0.5282	
	3	0.3371	0.8001	
LNg＿dl does not granger cause LNr＿pr	1	1.0395	0.3298	极弱原因
	2	0.9398	0.4299	
	3	4.3381	0.0740	
LNg＿dl does not granger cause LNinv	1	2.92861	0.1150	较强原因
	2	4.0771	0.0601	
	3	9.3053	0.0173	

上表的结果显示：（1）个私从业人员占比是金融相关比率的极强原因。

（2）非国有工业产值是金融相关比率的极弱原因。

（3）非国有建筑业产值占比及非国有投资规模不是金融相关比率的原因。

（4）金融相关比率是非国有投资的较强原因。

（5）金融相关比率是非国有工业产值、非国有建筑业产值占比、个私从业人员的弱或极弱原因。

与前一阶段情况比较，可以发现，一是非国有工业产值与金融相关比率之间建立了微弱的联系，两者互为弱原因。二是作为民营经济启动因素的个私从业人员对于金融相关比率的贡献进一步增强。

六、证券保险类指标与民营经济变量之间的关系检验

证券保险类指标有两个，分别是证券化率 g _ fund 和保险深度 g _ insu。

（一）证券化率与民营经济变量之间的因果关系检验

证券化率 g _ fund 与四个民营经济变量之间的格兰杰因果关系检验结果见表 2 – 18。

表 2 – 18　证券化率与四个民营经济变量之间的格兰杰因果关系检验

原假设	滞后期	f 统计值	概率 p	结论
LNindu does not granger cause LNg _ fund	1	0.41889	0.5308	强原因
	2	18.7384	0.0010	
	3	9.1236	0.0180	
LNr _ cons does not granger cause LNg _ fund	1	0.00061	0.9807	不是原因
	2	0.1860	0.8338	
	3	1.2984	0.3716	
LNr _ pr does not granger cause LNg _ fund	1	0.49519	0.4962	不是原因
	2	0.6873	0.5303	
	3	2.7268	0.1539	
LNinv does not granger cause LNg _ fund	1	0.08295	0.7787	较强原因
	2	8.0255	0.0122	
	3	3.8145	0.0918	
LNg _ fund does not granger cause LNindu	1	0.18394	0.6763	较强原因
	2	4.9894	0.0392	
	3	3.6207	0.0999	
LNg _ fund does not granger cause LNr _ cons	1	0.16374	0.6935	弱原因
	2	4.6385	0.0460	
	3	3.0674	0.1295	

原假设	滞后期	f统计值	概率 p	结论
LNg_fund does not granger cause LNr_pr	1	0.21443	0.6523	不是原因
	2	0.1448	0.8674	
	3	0.6375	0.6226	
LNg_fund does not granger cause LNinv	1	0.90129	0.3628	强原因
	2	13.9278	0.0025	
	3	13.7987	0.0075	

表 2-18 中结果显示：（1）非国有工业产值与证券化率互为强或较强原因。

（2）非国有投资规模与证券化率互为强或较强原因。

（3）非国有建筑业产值占比不是证券化率的原因，而证券化率是非国有建筑业产值占比的弱原因。

（4）个私从业人员与证券化率之间没有因果关系。

显然，由于非国有工业统计均是规模以上工业企业，这些企业通过 IPO 上市的机会很大，因而双方互为因果。证券市场发展为非国有投资提供了投资渠道，非国有投资的增长也壮大了证券市场的力量，两者互为因果。而浙江省当前建筑业市场大中型企业不多，个私从业人员大量就业于非上市公司，因而相互间缺乏因果关系。

（二）保险深度与民营经济变量之间的因果关系检验

保险深度 g_insu 与四个民营经济变量之间的格兰杰因果关系检验结果见表 2-19。

表 2-19　　保险深度与民营经济变量之间的格兰杰因果关系检验

原假设	滞后期	f统计值	概率 p	结论
LNindu does not granger cause LNg_insu	1	0.09556	0.7630	弱原因
	2	2.7751	0.1215	
	3	8.8913	0.0190	
LNr_cons does not granger cause LNg_insu	1	0.10694	0.7498	弱原因
	2	1.1488	0.3643	
	3	11.9446	0.0102	
LNr_pr does not granger cause LNg_insu	1	1.26576	0.2845	弱原因
	2	2.5717	0.1373	
	3	9.5163	0.0165	

续表

原假设	滞后期	f统计值	概率 p	结论
LNinv does not granger cause LNg _ insu	1	5. 3219	0.0339	较强原因
	2	8. 6055	0.0203	
	3	0. 84635	0. 3773	
LNg _ insu does not granger cause LNindu	1	5. 14971	0. 0444	弱原因
	2	1. 5409	0. 2716	
	3	0. 4790	0. 7109	
LNg _ insu does not granger cause LNr _ cons	1	7. 936	0. 0168	弱原因
	2	2. 8949	0. 1133	
	3	2. 4423	0. 1796	
LNg _ insu does not granger cause LNr _ pr	1	0. 06516	0. 8032	不是原因
	2	0. 2315	0. 7985	
	3	0. 84635	0. 3773	
LNg _ insu does not granger cause LNinv	1	1. 14712	0. 3071	不是原因
	2	0. 7365	0. 5086	
	3	0. 8810	0. 5105	

上表结果表明：（1）非国有工业产值、非国有建筑业产值占比、个私从业人员数量均是保险深度的弱原因。

（2）非国有投资规模是保险深度的强原因。

（3）保险深度是非国有工业产值、非国有建筑业产值占比的弱原因。

（4）保险深度不是个私从业人员数量、非国有投资规模的原因。

这个结果表明，民营经济的发展促进了保险业的发展，特别是非国有投资的一些项目为保险提供了广泛的需求，而保险业的发展对于具有较高风险的建筑业具有一定作用。

七、本阶段分析小结

总体来看，这一阶段，民营经济与金融变量之间逐步建立了一种相互支持的关系，特别是各个金融变量都对非国有工业的发展起到了推动作用。具体结论有：

1. 就银行存款来说，个私从业人员的增加带来的社会财富增加仍旧是金融机构、非国有银行存款增加的重要原因。同时，个私从业人员所启动的民营经济发展带来的社会财富增加是非国有工业、非国有建筑业及非国有投资增加的原因。

2. 金融机构总贷款和非国有银行贷款，特别是短期贷款的增加对非国有工业的增长起到了推动作用，中长期贷款也对非国有工业及非国有建筑业的增长起到了推动作用。同时，非国有工业、非国有投资的增加也推动着金融机构信贷投放的增加。这表明随着国内商业银行商业化改革的深化，金融系统已经回应民营经济的金融需求，民营经济在发展中获得了金融系统的重要支持，银行系统的贷款有力地促进了民营经济的发展。

3. 个私从业人员与非国有工业的增长促进了金融相关比率的增加，金融相关比率的增加又反过来进一步增加了非国有投资、非国有工业、非国有建筑业及个私从业人员的增加。

4. 证券市场的发展对于非国有工业、非国有投资的增长起到了重要作用，反过来，非国有工业及非国有投资的增长又促进了证券市场的进一步发展。证券市场的发展也对非国有建筑业具有一定的促进作用。

5. 非国有投资、非国有工业、非国有建筑业及个私从业人员的增长均对保险深度的提高起到了促进作用，保险业的发展也促进了非国有工业和非国有建筑业的发展。

6. 非国有银行与其他金融机构一样，在民营经济的增长过程中获得了宝贵的存款资源，同时对民营经济提供了相应的贷款支持。

7. 从时序上看，应该是个私从业人员的增加带来社会财富增加，进而使得银行存款、非国有投资增加，最后使非国有工业、非国有建筑业得到发展。金融机构经过市场化、商业化的改造，在吸收存款后，将其投向了民营经济，进一步推动了民营经济的发展。

8. 由于非国有工业统计口径调整到规模以上工业企业，通过与个私从业人员、建筑业等的比较，发现金融机构对非国有工业的支持可能更多地是投向了大中型企业。这表明金融机构的服务，实际上还是有一定规模要求的，对于个体户及小微企业的金融支持是有限的，这些小微企业和个体工商户的融资问题可能仍旧非常严峻。

第四节　统计分析结论

比较两阶段的分析结果，可以发现一个重要现象，金融机构的贷款在前一阶段对于非国有工业发展没有起到作用，而后一阶段则发挥了较为重要的作用。前一阶段，存款的增加作为社会财富的代表，促进了民营经济的发展，后一阶段，这一作用在减弱，也从一定程度上说明，金融系统的贷款对其发挥了重要作用。

这说明，改革开放以来，浙江民营经济与金融在高速发展的同时，两者之间的关系也由前期的民营经济增长单向支持金融发展过渡到民营经济增长与金融发展相互支持，这是本章分析所得出的最重要结论。

当然，以上分析仅是就数据而言，同时因为统计期内各指标统计口径多次变化（特别是工业产值），也可能导致部分分析结果的谬误。

最后，从民营经济发展所需要的金融支持角度来看，金融对于民营经济的支持作用还有待进一步发挥。改革开放以来，浙江的民营经济与金融发展的环境已经得到明显改善，区域生态环境评价在国内遥遥领先。但即使如此，浙江金融业对于民营经济的支持作用仍然不很显著。这一分析也表明，民营中小企业的融资问题一直紧紧地伴随着民营经济的发展，民营经济的融资问题仍旧比较严重，其解决任重而道远。

第三章 浙江民营经济
增长的历程和经验

在浙江民营经济增长与金融发展的互动关系中，民营经济增长是初始动力来源。那么，民营经济增长的动力来源在哪里呢？本章将对此进行分析。

第一节 浙江省民营经济发展历程与基本特征

一、浙江民营经济基本状况

我国改革开放以来社会经济中最为引人瞩目的现象之一是民营经济的崛起并不断发展壮大，他们从拾遗补缺逐渐成长为促进社会生产力发展的重要力量，对我国经济社会稳定与持续快速发展做出了突出贡献。其中，浙江省的情况最具有典型性。

在短短 35 年时间内，浙江在"地理区位并非独特、经济基础更无优势、改革开放政策亦无特殊"的情况下，以民营经济的快速发展为支撑，实现了经济的快速腾飞，国内生产总值及人均值由 1978 年的位居全国第十二位迅速跃升至全国第四位，增长速度居全国第一，成为我国经济发展最快、最具活力的省份之一。

表 3-1　　　　　　　浙江省民营经济发展情况统计

指标	1978 年（当年价）	2009 年（当年价）	2012 年（当年价）	1979—2012 年均递增（％）（按 1978 年不变价计算）
全省生产总值（亿元）	123.72	22990.35	34665.33	12.7
人均生产总值（元）	331	44641	63374	11.4
社会消费品零售总额（亿元）	46.86	8622.26	13588.34	18.1
城镇人均可支配收入（元）	332	24611	34550	8.1
农村人均可支配收入（元）	165	1007	14552	8.5

续表

指标	1978 年 （当年价）	2009 年 （当年价）	2012 年 （当年价）	1979—2012 年均递增（%） （按 1978 年不变价计算）
居民总消费水平（元/人）	193	15867	22845	9.34
财政总收入（亿元）	27.45	4122.04	6408.49	17.4
非国有投资（亿元）	8.5	7098.28	11728.04	17.9*
非国有投资占比（%）	36.59	66.08	68.60	
进出口总值（亿美元）	0.7	1877.35	3124.03	28.0
其中非国有占比（%）		87.26	90.51	
非国有工业总产值（亿元）	51.08	38248.66	50739.68	18.3
非国有工业总产值占比（%）	38.66	93.21	85.82	
非国有建筑业总产值（亿元）	4.89	9589.41	17290	12.1
非国有建筑业总产值占比（%）	74.6	98.4	98.9	
非国有在岗职工数（万人）	129.75	558.57	811.12	5.54
非国有在岗职工占在岗职工数比例（%）	41.47	74.52	79.34	
城镇私营和个体从业人员（万人）	1.51	748.44	952.07	20.88

注：①固定资产投资数据 2000 年前为城乡集体加个体之和，2000 年后据总额减去限额以上国有投资；②工业总产值 1998 年后为规模以上工业企业，2011 年后规模以上工业由主营业务 500 万元调整为 2000 万元；③非国有投资递增速度为 2007—2012 年。

从表 3-1 可见，在浙江经济中，民营经济占据了绝对的优势。1978 年时，全社会投资中仅有 36.59% 属于非国有的集体等经济投资，到 2012 年，固定资产投资（统计口径为总投资 500 万元及以上的投资项目和全部房地产开发投资）中，非国有投资达到 68.60%。进出口总值中，1978 年全省仅为 0.7 亿美元，非国有部分进出口值基本没有，而到 2009 年，非国有进出口总值占进出口总值的比例达到 87.26%，2012 年更是增加到 90.51%。

1978 年时，非国有工业（主要为乡镇企业、集体企业）占工业总产值 51.08%，2009 年时，规模以上非国有工业总产值占工业总产值 93.21%，之后因为规模以上工业统计口径从主营业务收入 500 万元以上调整到 2000 万元以上，2012 年规模以上非国有工业总产值仍旧占到 85.82%。

非国有建筑业产值占建筑业总产值的比例由 1978 年时的 74.6% 增加到 2012 年时的 98.9%；非国有在岗职工人数占比由 1978 年时的 41.47% 增加到 2009 年

的 74.52%，2012 年的 79.34%，表明民营经济已成为浙江经济的主体。

从浙江经济增长速度来看，按照 1978 年不变价计算，1978—2012 年全省 GDP 总量、人均 GDP 年平均递增速度分别达到 12.7% 和 11.4%，社会消费品零售总额年平均递增 18.1%，城镇、农村人均可支配收入年平均递增速度分别达到 8.1% 和 8.5%，居民总消费水平年平均递增也都接近 9.34%。财政预算总收入年平均递增速度更是高达 17.4%。而实现这些增长速度的主要原因是非国有经济的高速增长：非国有投资年平均递增速度 17.9%，非国有工业总产值的年平均递增速度 18.3%，非国有建筑业总产值年平均递增速度 12.1%。由于统计口径调整，许多规模以下小微企业的工业产值、投资还没有计算在内。即使如此，非国有经济的增长速度都远远高于全省 GDP 的增长速度，表明民营经济是浙江经济增长的最主要来源。

从经济增加值来看，据《浙江非国有经济年鉴 2008》统计估算，2007 年，非国有经济增加值已占到全省国内生产总值的 79.5%。在国民经济各主要生产行业，特别是在工业、建筑业、批零贸易、餐饮业、房地产、居民服务和其他服务业这几个行业中，非国有经济增加值所占的比重均在 90% 以上，成为占主要地位的经济形式。

相关测算得出，1979—2007 年，全省 GDP 增量中有 79.7% 的贡献份额来自于非国有经济，其中 1991—2007 年 GDP 增量中，非国有经济的贡献份额达到 79.9%。

在非国有经济中，又以个体私营经济为主，占到全省 GDP 的 54.5%，港澳台及外商经济占 18.0%，集体经济所占比重为 7.0%（见表 3-2）。

表 3-2　　　　　2007 年浙江各产业增加值的所有制构成（%）

	合计	国有经济	非国有经济			
			合计	集体经济	个体私营经济	港澳台及外商经济
地区生产总值	100	20.5	79.5	7	54.5	18
第一产业	100	0	100	69.6	30.4	0
第二产业	100	6.5	93.5	2.7	62.7	28.1
工业	100	6.8	93.2	2.7	59.2	31.3
建筑业	100	3.3	96.7	3	93.2	0.5
第三产业	100	41.7	58.3	4.7	46.7	6.9
交通运输仓储邮政	100	35.3	64.7	1.8	51	11.8
批发和零售业	100	6.1	93.9	3.4	88.4	2.1

54

二、浙江民营经济发展历程及阶段特征

浙江民营经济的发展历程与全国基本一致，经历了一个从开始起步到迅速发展的过程，在相关学者研究的基础上，笔者根据民营经济中非公有制经济在不同阶段的发展特征及其国家的相关制度创新情况，将浙江民营经济的发展分为萌芽与起步阶段、快速发展阶段和全面稳定发展三个阶段，其中第一和第三阶段还可细分为两个时期。

（一）起步与徘徊发展阶段（1978—1992 年）

这一阶段可细分为个体与私营经济萌芽起步时期（1978—1988 年）和曲折徘徊时期（1988—1992 年）。

1978 年，当时的计划经济已经难以为继，随着政策的松动，出于谋生和对致富的渴望，以温州为代表的浙江一些地方的城乡居民，开始了兴办个体和小型私营企业的活动。对此，党和政府采取了"看一看"态度，直至 1987 年初，才首次肯定了私营企业存在的必要性，确定了对它采取的基本政策。同年党的十三大把私营经济定位为社会主义市场经济的必要补充，1988 年《宪法修正案》首次从法律上肯定了私营经济的合法地位，同年《私营企业暂行条例》颁布，工商行政管理机关开始对私营企业实行登记监督管理。从此，私营经济的发展与管理步入法制轨道，获得了迅速的发展。

由于 1988 年开始国家实行宏观紧缩政策和 1989 年的"政治风波"，整个社会舆论开始对私营企业极为不利，不少私营企业都主动或被动地戴上"乡镇集体企业"、"股份合作制企业"等具有集体经济色彩的"红帽子"。

这一阶段的主要特征是：

1. 非公有经济经历了从不承认到承认、从承认个体经济到承认私营经济、从限制其发展到鼓励和引导其发展的政策变迁过程。

2. 以乡镇企业为主体的集体经济大发展，公有制经济占据绝对主导地位，个体、私有经济缓慢起步，比重还比较小。

1978 年，浙江省 GDP 为 123.7 亿元，其中公有制经济占 94.3%；到 1990 年，全省 GDP 总值 904.69 亿元，按 1978 年不变价，1978—1990 年年平均递增 12.19%，其中，公有制经济（国有经济和集体经济）仍处于绝对主导地位，占 GDP 的比重为 81.5%，但非国有经济所占比重明显上升，占 GDP 的 71.6%，比 1978 年上升了 10.2 个百分点，个体私营经济已成为推动经济发展的新生力量。

（二）快速发展阶段（1992—1997 年）

1992 年邓小平南巡讲话之后，同年党的十四大和 1993 年十四届三中全会

提出非公有制经济和公有制经济"平等竞争"和"共同发展"的方针；1997年9月党的十五大报告提出："非公有制经济是我国社会主义市场经济的重要组成部分"．随后通过的宪法修正案，确立了民营经济的合法性地位，大多数省区出台了加快个体、私营经济发展的文件，全国各地掀起了非公有制经济发展的新高潮，增长速度极快。

1997年与1991年相比，浙江省经工商登记注册的个体工商户增加了53万户，增长了48.3%，从业人数增加了100万人，增长了64.6%；经工商登记注册的私企个数增加了8.1万个，增长了7.4倍，从业人数增加了119万人，增长了7倍。个体私营经济增加值1564亿元，占国内生产总值的33.7%。

按照不变价，1992—1997年全省GDP年平均递增16.44%，非国有工业总产值年平均递增速度达到39.17%，非国有建筑业产值年平均递增31.49%。

这一阶段的主要特征表现在：

1. 国家的政策制度环境进一步改善，由"有益补充"上升为"重要组成部分"。

2. 许多原来带"红帽子"的企业也开始摘帽还其本来面貌。

3. 东南亚经济危机使政府认识到发展民营中小企业的重要性，国有经济民营化有较大发展。

4. 非公有制经济的经营范围不断扩大。

（三）稳定与全面发展阶段（1998年以后）

这一阶段又可细分为两个时期，即1998—2004年的稳定发展时期和2005年之后向垄断行业进军的全面发展时期。

从政策制度层面看，我国分别于1999年和2004年两次修宪，以国家最高法律的形式明确了非公有制经济在中国社会经济制度中的法律地位、权利和作用，从根本上为民营经济发展扫除了制度障碍。

1999年8月出台《个人独资企业法》，使得我国关于私营经济三种主要形式——独资企业、合伙企业、有限责任公司的主体法律已经基本齐备；2002年11月党的十六大报告明确提出"毫不动摇地支持、鼓励和引导非公有制经济发展"；2003年10月党的十六届三中全会要求消除非公有制经济发展的体制性障碍，放宽市场准入，各种经济成分享受同等待遇；2005年，国务院发布了"非公经济36条"，制定了一系列支持和鼓励非公经济发展的政策；2006年8月修订了《合伙企业法》；2007年3月，《物权法》颁布；2007年10月，党的十七大报告又进一步提出要实现"两个平等"，坚持平等保护物权，形成各种所有制经济平等竞争、相互促进的新格局，进一步加强了对民营企业财产权的保护力度。

这一阶段的特征是：

1. 国家对于民营经济的认识不断深化和提高，相关的政策和法律不断具体化，对民营经济从承认其合法地位到积极改革创新制度，改善其发展环境，支持和鼓励其发展。

2. 经济结构中个体私营经济比重进一步上升，民营经济与国有经济、三资经济的融合渗透以及博弈竞争开始向更高层次发展。

3. 民营经济经过若干年积累，客观上产生了生产要素在更大范围内联合、并购、合作的要求，产权多元化的股份公司和股份合作企业得到快速发展，规模不断增加。

以工业为例，2012 年，全省规模以上非国有工业企业总数 35851 家，占全省规模以上工业企业 36496 家的 98.23%。在保持非国有工业企业总数量增加的同时，集体企业、联营企业、港澳台外商投资企业数量减少，而股份合作企业、有限责任公司、股份制企业、私营企业仍在增加。在规模以上工业企业中，按主营业务收入，100 亿及以上企业 18 家，50 亿~100 亿 42 家，10 亿~50 亿 558 家，5 亿~10 亿 800 家，1 亿~5 亿 7906 家，1 亿及以上 9324 家。1 亿及以上工业企业比 2011 年增加 310 家，主营业务收入占规模以上非国有工业企业的 77.49%，利润总额占 85.17%，出口交货值占 73.74%。

4. 民营企业大量参与了国有企业改制活动，特别是 1999 年 9 月党的十五届四中全会提出对国有经济实行战略性调整后，民营企业积极参与国有企业改革改组改造，取得了良好的经济效益和社会效益。

5. 民营经济向垄断行业进军。随着民营经济基本完成原始积累，他们开始进入资本、技术密集领域和现代服务业，特别是 2005 年 2 月 19 日国务院颁布"非公经济 36 条"后，原有的国有企业垄断局面逐步被打破，民营企业开始进入新的更多的产业领域，铁路、民航、邮政等部门推出了鼓励非公有制资本进入相关行业领域的措施，有关部门还改进了民营资本进入军工、石油石化领域的政策，发改委、金融、税务等部门也出台了一系列支持民营中小企业发展的政策措施，地方政府积极出台了相关的配套措施或实施细则。目前，非公有制经济的投资与经营范围已渗透到国民经济的大部分领域。

2012 年，浙江省非国有工业总产值中，装备制造业占 38.10%，金属制品业占 4.54%，通用机器与专用设备制造业占 9.9%，汽车制造业占 5.50%，铁路、船舶、航空航天和其他设备制造业占 2.16%，电气机械和器材制造业占 10.33%，计算机、通信和其他电子设备制造业占 4.30%，仪器仪表制造业占 1.37%。

6. 民营经济转型升级遭遇压力。2010 年之后，随着国内经济的发展，社会商品生产极大丰富，人们的消费需求不断升级，对于产品和服务的质量、层次等需求要求越来越高，经济转型升级对于民营经济提出了更高要求。但基于民营经济的内源式发展特点，其转型升级遇到了巨大挑战。

三、浙江民营经济发展的特点分析

（一）个私经济成为主体，境外投资经济快速增长，集体经济地位下降

集体经济在改革开放之初占据浙江经济的主导地位，在民营经济发展的第一阶段，乡镇集体企业迅速发展，1990 年代以后，随着个体私营经济的加快发展，集体经济增长速度回落，所占比重迅速下降。

个体私营经济是浙江民营经济的代表，也是发展最快的一种所有制经济形式，表现在个体私营企业户数增加的同时，注册资金数倍激增、企业规模显著增强。2012 年末，全省有各类市场主体 346.9 万户，比 2011 年增加 26.2 万户，其中，个体工商户 249.8 万户，从业人员 559.3 万人；在册企业 92.6 万户，其中私营经济 77.5 万户，从业人员 825 万人。全年已有超过 3000 户个体工商户转型为企业。

表 3 - 3　　　　　2012 年浙江非国有规模以上工业指标及结构

单位：个、亿元、%

	企业单位数		工业总产值		利润总额		出口交货值	
	合计	比重	合计	比重	合计	比重	合计	比重
非国有工业合计	35851	100	50739.68	100	2663.64	100	10684.05	100
集体企业	111	0.31	91.68	0.18	6.53	0.25	3.52	0.03
股份合作企业	326	0.91	159.91	0.32	5.81	0.22	19.54	0.18
联营企业	9	0.03	46.45	0.09	5.52	0.21	0.63	0.01
有限责任公司	4255	11.87	7824.43	15.42	382.13	14.35	1151.06	10.77
股份制企业	574	1.60	4052.29	7.99	310.38	11.65	759.33	7.11
私营企业	23959	66.83	24384.66	48.06	1161.90	43.62	4488.17	42.01
其他企业	32	0.09	34.69	0.07	1.92	0.07	5.87	0.05
港澳台外商投资	6585	18.37	14145.58	27.88	789.45	29.64	4255.94	39.83

据 2013 年《浙江非国有经济年鉴》统计，2012 年浙江全省非国有工业主营业务收入 49202.95 亿元，占全国 7.3%，资产总计 47516.05 亿元，占全国 10.8%，户均主营业务收入 13724.29 万元，户均资产 13253.76 万元。

据 2004 年经济普查资料显示，浙江省个体私营经济增加值占 GDP 比重分别比广东、山东、江苏高出 24.4 个、20.5 个和 23.6 个百分点。

港澳台及外商投资经济近几年发展迅速，是民营经济中发展最快的一种经济形式。到 2012 年，浙江港澳台及外商投资工业企业个数达到 6585 户，占规模以上民营工业企业总数的 18.37%，总产值 14145.58 亿元，占到规模以上非国有工业总产值的 27.88%，利润总额 789.45 亿元，占 29.64%。

2012 年全省限额以上批发零售贸易法人企业 12904 家，其中非国有 12220 家，占 94.7%；全省销售总额 32683.0 亿元，其中非国有占比 78.0%。限额以上住宿餐饮法人企业 2483 家，其中非国有占比 91.7%；全省营业额 581.2 亿元，其中非国有占比 87.8%。

（二）主要经营活动集中在工业领域，近年向第三产业扩展趋势加快

浙江民营经济的产业分布从第一产业为主向第二产业为主转变，然后再向第三产业发展。但从总体上来看，民营经济仍主要集中于第二产业的工业领域。

据相关资料统计估算，2007 年浙江省非国有制经济增加值中，第一产业增加值占 5.5%，主要集中在集体经济部分，第二产业增加值占 64.7%，其中，工业增加值占 57.5%，建筑业增加值占 6.9%，工业增加值中又以制造业为主，占非国有经济增加值的 55.6%，超过一半；第三产业占 29.9%，其中又以批发和零售业为主，占 10.9%。

（三）增长动力以专业化市场和产业集聚为鲜明特征

浙江民营经济起源于早期的集贸市场，随着市场的分化，形成了富有地方特色的专业市场。围绕着专业市场提供的中间品功能，众多中小企业集聚在一起，开始实行专业化分工，在政府的支持和帮助下，形成了一个个产业集聚区。在这个产业集聚区内，各个企业分工细密，联系密切，通过相互间的合作来赢得市场。

浙江省商品交易市场的发展历程可分为四个阶段。一是从 1978 年至 1984 年的起步阶段，浙江商品交易市场个数由 1051 个增加到 2241 个，商品市场成交额由 8.6 亿元增加至 26.9 亿元。二是 1985—1995 年的普遍发展阶段，新建专业市场 4349 个，成交额 2165.7 亿元。三是 1996—2005 年的进一步发展、提高阶段，百亿元大规模市场开始出现，2005 年成交总额 7173 亿元。四是 2006 年后的专业市场转型发展阶段，电子商务迅速发展，2012 年全省商品交易市场个数从 4064 个增加到 4297 个，市场交易额从 8247 亿元增加到 15816.6 亿元，年平均增长 12.0%。到 2012 年末，全省有亿元以上市场个数 764 个，分布于 11 个地市，亿元以上市场交易额 13769.3 亿元。

专业市场促进了专业产业区的发展。2012 年，全省 14 个省级产业集聚区内以高端装备制造、新材料、新能源和现代服务业为主体，投产"四上"企业 2779 家，企业户均资产 2.1 亿元，新增投产世界 500 强企业 9 家，大型企业 21 家，实现生产总值 1257 亿元。其中战略性新型产业所占比重 29.4%。引领了全省经济的集约发展、集聚发展。

（四）发展路径是一种典型的内源式发展方式

在没有国家优惠政策、没有国家投资的背景下，浙江民营经济发展走的是一条内源式发展道路。表现在：

1. 生产、经营的产品主要是一些中低档次的小商品、消费品，普通商品多、名牌商品少，生活消费类商品多、生产投资类商品少，产品技术含量低，附加值不高。目标市场以国内市场、中低消费人群为主，以低价作为主要竞争手段。

2. 企业规模普遍较小。经过多年发展，虽然民营企业规模在不断扩大，在国内外上市企业不断增多，但总体上浙江还是小型企业占绝大多数。产业组织规模低于全国平均水平，与广东、江苏、山东存在较大差距。在规模以上非国有工业企业中，非国有工业企业户均主营业务收入 13724.29 万元，比全国平均水平低 35.57%（参见表 3-4）。这对于其进入规模经济要求较高的行业非常不利。

3. 投入要素以家族资本、民间资本为主，普遍实行家族式管理。

4. 企业家以市场机会发现、利用现有技术为主要特征，技术创新能力相对较弱。

表 3-4　　　　2012 年全国非国有工业与浙江非国有工业指标

单位：个、亿元、万元/户

	企业单位数	主营业务收入	资产总计	户均主营业务收入	户均资产
全国非国有工业	316129	673395.90	438942.96	21301.30	13884.93
全国港澳台外商投资	56908	221948.78	172320.3	39001.33	30304.73
全国私营企业	189289	285621.48	152548.13	15089.17	8065.45
浙江非国有工业	35851	49202.95	47516.05	13724.29	13253.76
浙江港澳台外商投资	6585	13646.71	13832.97	20723.94	21006.78
浙江私营企业	23959	23629.71	21063.41	9862.56	8791.44

第二节 浙江民营经济发展的主要因素分析

关于浙江民营经济腾飞的原因，许多学者从各自不同的角度进行了大量分析，分别得出了许多有价值的结论。如：浙江民营经济发展一是得益于区域的改革先发优势，区域体制机制创新全国领先；二是得益于区域的产业结构，能够较好适应国内当时发展阶段上，人们以改善"吃穿用"为主的消费需求；三是源于吃苦耐劳、发愤图强的"草根精神"等。

实际上，浙江民营经济发展的根源在早期阶段和后期阶段是有差异的。以下，笔者从民营经济的启动（先发优势的取得）与持续发展两个层面对影响民营经济发展的主要因素进行简单分析。

一、民营经济先发优势的取得——启动阶段的关键因素

（一）自然条件和经济基础压力——民营经济启动的外部驱动力

就自然条件来说，在传统的计划经济时期，土地资源是人们（特别是广大农民）维持温饱、获取收入的基本来源甚至是唯一来源。但"人多地少"的矛盾历来在浙江省都很突出。据统计，1978年时温州人均耕地0.53亩，仅为全国平均水平的三分之一，约70%的农村劳动力过剩（陈明乾，2002）。而在1978年之前的计划经济时期，农村的非农业活动被禁止，从而使得这一矛盾更加突出。

就经济发展的其他资源来说，由于浙江省地处东南沿海地区，位于当时的战争前线，加之各种矿产资源有限，国家对浙江省投资极少，使其成为当时国有经济基础较为薄弱的地区。据统计，1950—1978年，国家投资额在全国为人均600元以上，而在浙江省仅为人均240元，不到全国平均水平的一半，位居各省份最后。如，温州基本是国有经济空白区，地方经济基础非常薄弱。

严峻的自然条件和薄弱的经济基础对民营经济的启动和发展产生了两个方面的效应。一是由于广大农民不能享受到计划经济体制下体制内成员的一些特权，也很难转化为体制内成员，其只能在当时的体制外另觅他径，通过自主创业，从事体制内成员不愿、不屑或不便从事的体制外经济活动来获取收入。一旦政策有所松动，由生存的危机感与脱贫致富欲望所带来的创业冲动就会迸发，形成体制外经济活动热潮；二是地方政府特别是基层政府官员缺乏发展地方经济、改善民众生活状况的资源，面对民众为了谋生所采取的一些自主的体制外的经济活动，只能采取默许、掩护等态度。

因而可以说，浙江民营经济在全国率先启动，是当地民众和基层政府面对当时的环境生存压力迫不得已的选择。

（二）传统重商文化与工商习俗——民营经济启动的内在动力

自古以来，浙江就有经商的传统，并在此基础上产生了不同于中原地区主流文化的区域性文化——重商文化。如：浙东学派提出的"工商皆本"、"经世致用"观点，"永嘉学派"提出的"功利与仁义并存"思想，"东瓯三先生"的"重商思想"等。这种重商观念孕育了浙江的工商传统，塑造了历史上浙江繁荣的商业文明，并逐渐沉淀成为人们的基本价值观念和行为模式。根植于人们的思想深处的经商思维即使在计划经济时期也没有断绝，"投机倒把"活动还一直断断续续存在。随着政策松动，在当时短缺经济下，非农经济的高收益有效激活了其经商传统。

相比其他地区，浙江民营经济之所以能够快速启动并得以发展的原因在于，第一，浙江民众对商业活动有特殊偏好，工商素质特别见长，利用财富衡量人生价值和社会地位的职业观构成了浙江人的效用函数。

第二，在长期的社会生活实践过程中，浙江民众确立了交易生财、商游四海的谋生传统，这种长期的经商传统形成路径依赖，一直延续至今。

第三，浙江人习惯于以经济效益为核心而不讲究形式主义，这种务实而精明的文化个性使人们自觉追求资源的有效利用和最佳配置。

第四，外出经商的行为模式造就了浙江商人顺应环境、随机应变的柔性心理，形成了一种适应性极强的软文化，它可以走向任何一种文化，与之共存共融，同时又能保持自身的文化个性。

第五，经商传统锻炼了浙江商人在市场营销方面的杰出才能，形成了其对于市场机会、客户需求的高度敏感性，他们通过关注各种信息以便迅速抓住各种有利的商业机会。

第六，长期的外出经商谋生方式培养了浙江人吃苦耐劳、坚韧不拔的创业精神和勇于创新、讲求实效的企业家精神。

这种商业文化传统与习俗，造就了浙江数以百万计的销售大军和成千上万的小生意人，促成了一大批个体和私营企业的诞生，为浙江民营经济的起飞和长期快速增长提供了强大的人力资本支撑。这也解释了改革开放初期，虽然有许多地区的自然条件和经济基础比温州等地更弱，人们的生存压力更大，但这些地区并未成为民营经济发源地的原因。

（三）民间融资——民营经济启动的重要支撑

浙江民营经济之所以能够快速启动，还与本地发达的民间融资机制有重要关系。浙江浓厚的商业传统使得民间融资活动在历史上就非常发达，并且自发形成了相应的融资机制和社会规范，对外部投资者形成了有力的保护。

民间借贷也称为非正式金融，它是资金借贷行为发生在居民与居民、居民与企业、企业与企业之间的金融交易。这种金融交易游离于国家正式的金融体系之外，具有极强的自主性、效益性。

在当时国家金融管理体制下，民营经济特别是个体、私营经济根本无法获得生存发展所需要的资金，而民间这种游离于正规金融之外的社会闲散资金就成为民营经济建立、发展的至关重要的资金来源，这些民间资金在亲情或高收益的追求下，流向了具有较高效率的民营企业，由此催生了第一批企业家，为浙江民营经济的启动和发展提供了重要保障。

据人民银行温州市中心支行对五个地区 224 家中小企业、119 位个体工商业者的调查，他们的融资中 46% 来自非正规金融途径，包括地下金融机构、企业相互拆借、商业信用、内部集资等。

民间金融在我国长期得不到法律的认可，一直受到政策的打压和抑制，但民间借贷具有极强的生命力。对此，一些专家从理论上给出了解释，如：麦金农和肖提出金融抑制和金融深化理论，揭示了民间金融产生的体制性根源，即非正规金融市场是金融抑制和金融约束的产物；温铁军（2001）、王晓霞（2008）等分析指出，民间金融是一种由市场主体自发形成的内生性的金融制度安排，是市场选择的结果。

从市场供求关系角度来看，民间金融产生和发展壮大的原因在于其广泛的市场需求。这种需求表现为：大量的民营中小企业出于自身生存和发展的要求，迫切需要资金支持，但在正规融资渠道又长期受到排斥，资金需求难以满足。同时，民间有大量的游资找不到好的投资渠道。正是这样的资金供求关系催生了民间借贷，并使之愈演愈烈。

（四）地方政府"无为而治"的管理模式——民营经济启动的重要前提

民营经济是在计划经济的"夹缝"中孕育和启动的，在成长伊始就遇到了政策允许不允许的问题，在成长的过程中一再出现许多政策"禁区"。而浙江省各级政府在当时的内外部形势下所采取的"无为而治"的管理模式，为民营经济启动提供了宽松的政策和舆论环境。

改革开放之初，浙江省各级政府面临着困难的选择，一方面，广大群众急需解决温饱问题，改善民生的压力巨大，而国有经济薄弱，政府缺乏可用资源；另一方面，经济改革初期，许多政策"禁区"还没有被打破，地方政府的制度创新具有较大的政治风险，同时还会面临自上而下的行政压力。于是，只有放手让农民自行探索，"无为而治"就成了浙江地方政府的必然选择。

首先，对于民营经济活动及其相应的制度机制创新活动，特别是那些一时看不准、当时政策不允许而广大老百姓又愿意干的事，各级地方政府大多采取默认、允许的态度。当时，省委省政府提出了"三个允许"、"五个不"的领导方法，即允许试、允许闯、甚至允许犯错误，不争论、不攀比、不张扬、不气馁、不动摇。"老百姓愿意干的不阻挡，老百姓不愿干的不强迫"，从而为起步时脆弱的民营经济赢得了喘息、存活的空间，使民营经济发展获得了相对较好的社会和宏观政策环境。

其次，各级政府适度地介入民间创新，善于寻找、发现民营经济制度创新与原有体制相容的方面，将游离于体制之外不具有合法地位的创新成果纳入体制之内，赋予其合法性，为其发展赢得更大的政策制度空间。

以民营经济的发祥地温州为例，针对当时家庭企业为解决银行无户头、产品无牌号等问题所采取的"挂户经营"方式，温州市政府1985年颁布了若干关于挂户经营的规章，明确挂户经营的法律地位，为家庭企业戴上"公有制经济"的"红帽子"；针对民间自发形成的股份合作制企业，温州市政府颁布了一系列规章，并将其界定为"一种新型的合作经济组织"，是"集体经济的组成部分"，这些务实的政策有效地保护了私有产权，促进了温州私营经济的快速发展。

最后，当民间自发的创新被证明可行，又得到上下认可时，政府就予以大力提倡和推广。如20世纪80年代初期，温州市政府针对个体私营业主的担忧，下发了文件，制定了扶持"两户"发展的10条规定，鼓励和支持家庭工业的发展，消除个体私营业主的疑虑；1987年，温州政府颁布了我国第一个有关私营企业的地方行政性规定——《温州私人企业管理暂行办法》，使温州私人企业有了合法地位。

实际上，义乌小商品市场的建立，"温州模式"的形成，个体私营等非公有制经济的孕育和发展，龙港第一个农民城的兴起，第一家股份合作制企业的建立等一系列民间自发的创新活动，无不与各级政府的默许、支持和引导紧密联系。

可见，这一阶段采取"无为而治"的管理模式或许是政府的无奈选择，但正是这种定位和管理模式为民营经济启动创造了宽松的政策环境，成为浙江市场体系发育最重要的支撑力量，同时也为后期的政府职能转型奠定了良好基础。

二、浙江民营经济持续增长的关键因素分析

（一）"浙式企业家"和浙商精神——民营经济持续增长的动力源泉

基于区域环境和历史文化传统，加之政府的默许、保护，浙江民营经济在全国率先启动，赢得了市场经济的先发优势。随着国家对于民营经济的地位、作用的认识不断深化，各项法律制度逐步建立和完善，浙江民营经济在前期发展中初步建立的体制、机制优势得以充分发挥，民间蕴含的创业、创新精神充分释放，催生出具有地方特点的"浙式企业家"和浙商精神，为民营经济的机制、体制持续创新提供了不竭的动力。

"浙式企业家"和浙商精神是在浙江传统的重商文化基础上，由首先闯入市场经济大潮中的大量创业者不断实践所形成的。浙江浓郁的重商文化造就了成千上万的工商经营者，其中涌现出大批以制度创新为特征的企业家，他们在实践中逐渐掌握了转型经济的先期知识和经验，取得成功之后，后续的企业家群体沿着既定路径生成和繁衍，最终形成独特的浙商精神和文化。

关于浙商精神已有许多总结，如：创业初期的四千精神——走遍千山万水，吃尽千辛万苦，说尽千言万语，想尽千方百计；新时期的创新精神——敢为天下先的勇气、敢为弄潮儿的胆量、不断开拓进取的精神；创业精神——白手起家，自立自强，不等不靠等。可见，它是一种内涵不断丰富、外延不断拓展的意识和精神。

实际上，企业家精神的本质就是市场经济的意识和能力。"浙式企业家"或浙商精神的特点主要体现在下述几个方面：

1. 吃苦耐劳、顽强执着的创业精神。浙江民营经济被人们称为"草根经济"，他们一没有靠山，二没有银行贷款，全靠白手起家，靠的是勤劳和智慧，"白天当老板，晚上睡地板"反映了浙商吃苦耐劳的精神。

2. 务实精神。"浙式企业家"脚踏实地、实事求是、不好高骛远。他们相信，产业层次、企业规模、组织形式无所谓优劣，关键是能带来更好的效益。务实精神铸就了浙江富有特色的产业模式——专业市场和专业化产业区。浙江企业的产品、产业和组织形式，规模、管理等制度安排，都是浙江民营企业家以其特有的理性，在立足于现有条件的基础上，在特定的市场环境下务实的选择。

3. 创新精神。浙江民营经济的启动和发展过程就是浙江企业家不断进行制度创新的历史。从家庭工业、挂户经营、股份合作制到股份制，从集贸市场到专业市场再到专业化产业区等，浙江在全国创造的无数个首次，无不是浙式

65

企业家永不满足、不断进取、勇于开拓的创新精神的体现。正是凭着这种创业创新精神，才使得不出羊毛的桐乡有全国最大的羊毛衫市场，不产塑料的余姚有全国最大的塑料市场，不产皮革的海宁有全国最大的皮革市场。

4. 开放意识，以及不断学习、善于适应环境的精神。由于环境限制，浙江民众很早就走上了外向型生存之路，形成了较强的开放意识。伴随这种开放意识，浙江商人形成了善于适应环境、随机应变的柔性心理；博采众长、善于学习的开放心态；重视信誉、互助合作的协作精神。这种强烈的开放意识使浙江商人在改革开放后，率先走向全国开拓市场，并纷纷走出国门，向世界市场进军，编织了一张遍及全球的浙江产品销售版图。正是这种强烈的开放意识使浙江商人不断超越自己，使浙江民营经济保持了强劲活力和后劲。

5. 对于商业机会的高度敏感，这是浙式企业家有别于传统企业家的重要区别。浙江民营经济的起步正是浙江商人及时抓住了转型期市场需求的商业机会，从最简单的小商品经营、专业市场起步，进而利用企业间的专业化分工进入低资本和低技术壁垒的制造业，在各地形成特色鲜明的产业集群，从而取得先发优势的。

转型经济时期，商业机会更多来自于政策制度机会。浙江民营经济发展主要就是抓住了几次大的机会，一是个体私有经济发展机会，二是城市化机会，三是信息网络化机会。所以浙式企业家对于市场、国家的宏观政策都十分关注。

对此，金祥荣（2008）的研究将企业家分为三类，一是寻找市场利润机会的企业家，二是承担风险获取利润的企业家，三是创新产品获取垄断收入的企业家。他分析认为，温州的企业家不属于熊彼特式的第三类企业家，这种非熊彼特式企业家主要是利用其超强的市场发现和利用现有技术的能力来进行市场制度创新，这种创新对于转型时期寻求体制外的发展机会更为重要，更有利于经济的发展。

浙式企业家，特别是创业期的企业家，普遍受教育程度不高，但正是他们创造了浙江民营经济的奇迹。对此，张佑林（2005）分析认为，人力资本可分为知识人力资本和观念人力资本，前者指的是个人拥有的局部或系统知识构成，它提供正确的手段、方法、工具、途径，解决"怎么做"的问题；后者，即观念人力资本，由信仰、习惯、价值观等非知识因素构成，决定行为与需求的偏好、方向、特征与风格，解决"做什么"及"用多大努力做"的问题。浙江的知识人力资本与其他省市相比，不占优势，但观念人力资本具有明显优势。

正是这种富有浙江特色的企业家群体，在民营经济的发展中，不断探索，持续进行各种制度创新，推动着浙江民营经济的持续快速增长，并为这种增长提供强大的内部动力源泉。

（二）政府的政策引导支持与管理——民营经济持续增长的核心推动力

在改革开放初期，浙江各级政府对民营经济采取了许多保护政策，如支持个体私营企业挂户经营，将股份合作制定性为集体经济等，减轻了所有制的歧视压力，有效保护了私有产权，促进了民营经济的迅速发展。

1992年以后，随着中央宏观政策的明朗，国家意识形态的转化及区域经济竞争的加剧，浙江地方政府积极调整角色，转换政府职能，主动介入区域市场体系发育和经济发展过程，为民营经济提供更加强大的激励和有利的政策支持，从"无为而治"到"有所作为"，行使规范的"规划、引导、监督、服务"等现代政府职能，成为民营经济发展的强有力推动者。

1. 为民营经济发展提供有力的政策支持

（1）消除对民营经济的所有制歧视。1993年和1998年，省委、省政府两次出台促进和扶持的个体私营经济的重大政策，大胆消除各类偏见和政策歧视，让个体私营企业经营者"经济上有优惠，社会上有地位，政治上有荣誉，事业上有作为"的政策性号召得到各地广泛响应，各地政府主动为个体私营企业松绑放权，在注册、用地、部门服务方面与公有制一视同仁。

（2）不断放宽市场准入门槛，扩展民营经济投资经营领域。20世纪90年代初，浙江省委、省政府就提出，凡是适合家庭分散经营的行业、产品，均允许个体私营企业经营，对其速度、资产比例、经营方式、规模不加限制。2005年国务院"非公经济36条"发布后，浙江省政府2006年1号文件颁布了相应的实施细节，确定了"非禁即入"的原则，对浙江民营企业进入一些垄断行业放宽门槛，使民营企业拥有了更加广阔的发展空间。

（3）改革财税投融资制度，加大对民营经济的政策支持。早在20世纪末，浙江就开始进行投融资体制改革的探索，并取得了成功。如1992年，浙江出现全国首个"四自公路"模式，以"地方自行贷款、自行建设、自行收费、自行还贷"这一新的公路建设和管理体制，解决了政府的财政资金不足，为民营经济投资提供了政策条件，加快了浙江的基础设施建设步伐。

（4）建立完善民营中小企业融资支持和服务体系。针对民营中小企业融资难问题，政府以建立金融强省为目标，以打造"中小企业金融服务中心"和"民间财富管理中心"为重点，推动金融创新。一方面积极引进各类总部金融机构，发展壮大地方金融机构，大力发展新型金融组织和股权投资机构，加强资本市场体系建设，促进民间融资阳光化和规范化；另一方面，加快地方金融管理体制改革，支持各商业银行有效运用贷款利率浮动政策，建立和完善风险定价机制，开展信贷产品创新，提高对民营企业的贷款比重。

浙江省政府根据中小企业促进法要求，在省财政设立了中小企业专项扶持资金，各市、县（市、区）政府积极安排中小企业专项扶持资金；各级政府组建了许多中小企业信用担保机构，为中小企业融资提供信用担保、融资咨询等服务。浙江省政府还积极支持成立了全国第一家民营银行——浙商银行。

（5）改革要素市场相关制度，为民营经济提供充分的生产要素支持。早在20世纪90年代，浙江一些地市就开始探索土地流转机制，积极稳妥地推行土地适度规模经营，引导和鼓励农民发展效益农业，兴办龙头企业，开展产业化经营，出现了农户接公司、公司接市场的农业经营新形式，加快了农村工业化的进程。2009年首批12家由土地承包经营权出资设立的农民专业合作社成立，标志着土地承包制度迈出了重大一步。

1998年省政府出台了技术要素参与分配的政策，2002年网上技术市场投入运行。为促进高新技术产业的发展，杭州市采取"一个帽子大家戴，一个政策大家用"做法，在国家级高新技术开发区的大框架下，设立了几个分区，使这些分区也享受到了国家级开发区的政策。

（6）支持块状经济，发挥产业集群优势。90年代以来，各级政府纷纷实施二次创业，新世纪初，县级以上政府批准建设各类园区748个，总投资600多亿元，其中省级重点建设特色工业园、乡镇工业专业区各100个，吸引了上万家企业，促进了空间集聚，基础设施共建共享，土地集约使用，污染集中治理，促进了经济由粗放式向集约式转变。

（7）培育市场中介组织，理顺政府与企业的关系。政府通过转变职能，把原来由政府承担的部分管理和服务职能让渡给各类行业中介组织，从而充分发挥行业组织的作用。如早在1999年，温州市政府就在全国率先发布了《温州市行业协会管理办法》，并赋予行业协会16项具体职能。在政府的积极支持和引导下，这些行业组织在推进产业发展规划、行业自律、维护行业权益、推进协税护税、参政议政，协调企业间、行业间、企业与政府间的关系，协助政府进行监督管理等方面发挥了重要作用。

（8）提升对民营经济的社会服务水平。建立完善的人才服务体系，整合社会资源，创新培训方式，形成政府引导、社会参与和企业自主相结合的培训机制。

2. 引导区域经济、民营经济发展方向

政府转型使得其将主要精力集中于社会经济发展的战略性、长远性、方向性问题上。近年来，浙江省各级政府提出了一系列引导区域经济发展方向的战略，明确了推进结构调整，改善投资环境，吸引人才、技术和资本，鼓励创新和创业，分阶段提前实现现代化和加快城市化进程等方向。

其中，最主要的是 2003 年省委提出的"八八战略"。浙江省委通过大量的研究，提出进一步发挥体制机制、区位、块状特色产业、城乡协调发展、生态、山海资源、环境、人文 8 个方面优势，实施"八八战略"的决定；2005年又提出"两创之路"，建立惠及全省人民的小康社会；近年又提出"海洋战略"，并成为国家级战略，从而为浙江的经济社会发展指明了方向。

在上述总体战略、目标基础上，浙江省还就民营经济健康持续发展问题提出了许多指导性政策。

一是实施品牌战略。省政府 1992 年提出宣传和发展名牌产品的战略部署，围绕重塑浙江产品质量新形象和提高市场竞争力的基本目标，突出重点，择优扶强，推动经济持续健康发展，从财税、信贷、土地、价格方面完善支持政策，奖励名牌。

二是培育优势产业、特色产业，推进民营经济加快结构调整，转变经济增长方式，鼓励民营企业做大做强。浙江省政府提出，要重点建设环杭州湾产业带、温台沿海产业带、金衢丽高速公路沿线产业带，强化优势产业，突出特色产业，积极培育发展新兴产业和高新技术产业；以国内市场占有率居前两位的产品为基础，培育一批产业集群区；积极支持有条件的民营企业扩大规模、壮大实力，发展成为主业突出、竞争力强的大企业大集团。

三是加快技术创新、调整经济结构和增长方式。实施科教兴省战略，积极发展效益农业，创建科技工作先进县市。据浙江 2009 年研发资源清查数据，全省有研发人员 23.91 万人，总经费达 398.84 亿元，是第一次普查（2000年）的 10.9 倍，支出总量和占当年 GDP 的比重均排名全国第六。

四是积极引导民营企业实施股份制改革，加快现代企业制度的探索，推动企业做大、做强、做精。浙江许多民营企业经历了家庭作坊、联户企业、乡镇企业等改革初期的企业形式后，相继进行了股份制改造，实现了投资主体多元化，建立了比较规范的公司制度，甚至还产生了企业财团进行资本运作。有些企业还采取了"虚拟经营"等现代组织形式和管理方式。

在具体措施上，近年来浙江省在全国做到了数个率先：率先对传统产业之一的水泥行业提前进行结构调整，于 2002 年就开始实施淘汰落后的机立窑、发展新型干法水泥的产业投资政策；率先制定实施《先进制造业基地规划纲要》，促进工业结构调整和产业升级；率先制定实施《统筹城乡发展推进城乡一体化纲要》，为进一步消除城乡二元结构、实现城乡一体化打下坚实的基础；率先实施《浙江生态省建设规划纲要》，全面推进生态省建设。

这些政策措施，为加快浙江省的产业结构调整、推动科技进步和技术创新、发展循环经济和建设节约型社会、推进经济增长方式转变，从而促进经济可持续健康协调发展打下了良好的基础。

3. 规范市场经济秩序，打击假冒伪劣，强化质量监督和管理

维护公平的市场秩序，防止市场失灵是市场经济条件下政府的重要职能。为防止无序发展可能对社会产生的危害，浙江各级政府不断加强社会性监管，制定了大量的政策，比如产品质量、劳动者权益保护、安全生产、资源环境、信用制度等，为民营经济的长期健康可持续发展奠定了良好的制度和市场基础。

首先，着力整顿市场经济秩序，强化质量监督和管理，制止违法经营和无序竞争，依法打击假冒伪劣行为，开展知识产权保护活动。浙江省人大常委会于1995年12月就颁布实施了《浙江省产品质量监督管理条例》、《浙江省标准化管理条例》、《浙江省检验机构管理办法》、《浙江省特种设备安全管理条例》、《浙江省合同行为管理监督规定》等7个质量技术监督地方法规和政府规章，为质监部门的综合质量管理和行政执法提供了有效的法律依据。

其次，积极维护劳动者权益。包括：实施积极的就业政策，促进就业再就业；健全劳动保障体制，不断完善失业保险制度和基本医疗保险制度；协调劳资关系，坚持工资集体协商制度，积极开展清理拖欠农民工工资和工程款行动；建立劳动争议调解机制，完善调解网络体系；开展民工维权行动，加强劳动保护，建立和落实安全生产责任制；加强企业职工民主管理，全面推行职工代表大会制度，并积极探索多种形式的民主管理模式。

最后，建立信用制度。2001年浙江省委提出建设"信用浙江"的决定并迅速在全省实施，旨在通过信用法规、诚信道德、信用监管三大体系建设，提升政府、企业、个人信用水平；之后，浙江建成了全国率先开通、数据容量最大的省域企业信用数据库，建立了全国首个省级企业信用评价标准体系，颁布并实施了企业信用信息征集和发布管理办法，为"信用浙江"建设奠定了良好的制度基础。

4. 建设区域基础设施，改善民营经济发展环境

针对浙江区域基础设施建设的现状，浙江省政府提出并圆满完成了"六个一千"工程，初步改变了区域的能源、水利、通信等基础设施和城市基础设施建设相对滞后的局面，为民营经济发展创造了良好的环境。

（三）金融体制改革与产品、服务创新—民营经济持续增长的重要保障

如果说在民营经济启动期，由于当时的制度环境限制，个体私营企业主要是依赖于各种民间非正规金融所提供的创业资金的话，到了民营经济获得合法地位的快速发展阶段，则主要是政府层面所主导的金融体制改革和创新，将体制内和体制外的各种资金配置到民营经济之中，保障了其快速持续发展。

国家层面的金融体制改革包括：改善金融机构的股权结构和治理模式，推动金融机构的商业化、市场化经营，建立各类中小型、地方性、民营金融机构，引进国外战略投资者，推进贷款利率的市场化改革和金融监管模式的创新等。金融体制的改革创新促使浙江金融市场金融机构大量出现，金融机构之间的竞争加剧，迫使各家金融机构不断更新经营理念和管理模式，强化对民营经济的金融服务。具体包括：

1. 为具有成长潜力的民营企业提供资金支持，有效缓解民营企业的融资难题

吸收社会资金将其转化为投资是金融系统的最基本功能。由于资金的稀缺性，民营企业在成长发展过程中，资金不足始终是困扰其成长壮大的主要瓶颈之一。

民营中小企业融资难的原因既有民营中小企业自身的问题，也有国家层面的金融体制问题（如：金融抑制、金融体系垄断），更有银行的所有制、规模歧视问题，信贷机制问题，产品和服务问题，等等。

在国家整体金融体制机制改革的框架下，在浙江丰富的民间资金供给和民营经济高效益的刺激下，浙江金融业锐意改革，不断创新，金融机构、业务、市场得到了迅猛发展，已建立起包括政策性银行、国有商业银行、股份制商业银行、外资银行、城市商业银行、农村金融合作机构以及财务公司、邮政储蓄、农村新型金融机构等在内的银行类金融机构体系和以保险公司、证券公司、基金公司、期货公司、产权交易机构等为主的非银行类金融机构体系。

这些金融机构通过商业化改造以及与民间融资机构的竞争以及相互之间的激烈竞争，逐步形成了服务中小民营企业的理念、机制，建立起民营中小企业的信贷管理机制，并针对民营中小企业的融资需求，推出了各种类型的融资产品和服务，为民营经济提供了大量的资金支持，缓解了民营企业融资困难的局面，促进了民营经济的创新和发展。

其中，各类中小型、地方性、民营金融机构在服务民营经济方面成为主体力量。如各类城市商业银行、村镇银行、农村商业银行、农村合作银行等，这些机构在为民营中小企业提供资金支持时具有一定的竞争优势。由于中小企业

资金需求具有短、频、快的特点，规模较大的商业银行一般难以适应。而这些中小型地方性银行作为一级法人，具有较强的独立性和快速的决策能力，能灵活地、近距离地收集并高效处理小企业的相关信息，对所在区域的市场需求信息能更准确地把握，向中小企业提供资金成本较低，服务较为便利，更容易集中优势资源向小企业提供有针对性的产品与服务。

在国家政策引导下，以及在中小银行的竞争压力下，浙江区域内各家国有大型商业银行和股份制商业银行也纷纷成立专门的小微企业业务部门，将注意力投向民营企业，针对不同地区小微企业的需求提供个性化的信贷产品。

据《浙江金融年鉴2013》资料，根据银监会进一步做好小微企业金融服务的政策精神，浙江在全国率先制定了批量化设立小微企业贷款专营机构的政策，目前全省专营类机构已经超过1000家，其中2012年新设立60家。

浙江辖区内银行业主动对接小微企业，根据客户属性，在机构体系、产品服务、风险控制方面进行了系列创新，小微企业金融创新水平全国领先。涌现出了年审制、无还款续贷等5大类50多项还款方式创新产品和6大类20多种信用贷款创新产品。

截至2012年12月末，全省小微企业贷款余额22014亿元，比年初增加2867亿元，当年累计投放27797亿元，小微企业贷款（含个人经营性贷款）余额、增量、累放量、户数均居全国各省（市、自治区）首位。

2. 为民营企业的直接融资和资本运营提供强有力的支持，促进了资源的优化配置

经济增长的过程实质上就是社会资源不断由低效益的企业、部门、行业向高效益的企业、部门、行业的流动过程。作为市场经济的典型，民营企业在成长发展及市场竞争过程中，通过产权交易、企业间的兼并、收购、投资入股等资本运营行为实现资金的流动和优化配置是其快速做大做强、获取竞争优势的客观要求和必然途径。

在这方面，浙江发达的金融体系和金融市场为其提供了充分的资金支持和相关技术服务，包括商业银行、券商、各级产权交易市场和机构，以及相关的会计师、律师、资产评估机构、融资顾问机构等发挥着至关重要的支持作用，推动了民营经济的高效运行，并对经济结构调整优化、转型升级具有重要意义。

从资本市场来看，浙江资本市场体系的场内和场外市场协同发展，多层次资本市场建设不断取得进展。众多优质企业IPO上市，仅2012年浙江新增20家境内上市公司，占全国新增IPO公司总数的12.34%。截至2012年底，全省

有境内上市公司 246 家，累计募集资金 2786.23 亿元。同时，区域性场外市场和债券市场建设顺利起步，2012 年 10 月，浙江股权交易中心正式挂牌成立，成为清理整顿交易场所后成立的第一家有券商参与的区域性非上市公司股权交易市场。截至 2012 年底，浙江股权交易中心挂牌企业 167 家，总股本 54 亿股，总市值 182 亿元；托管企业 167 家，托管股本 168 亿股。此外，各类高新科技园区也积极准备加入"新三板"试点。仅 2012 年，浙江省就有 15 家上市公司发行了公司债，17 家中小企业发行了中小企业私募债，还有近百家企业发行了 179 只包括短期融资券、中期票据、企业债等在内的各类债券。

从融资规模来看，浙江省 2012 年实际发行债务融资工具 836.2 亿元，全省直接融资规模达到 1605.1 亿元（债券和股票），直接融资比重达 20.4%，比 2010 年的 12.4% 和 2011 年的 16.7% 又分别增加 8 个和 3.7 个百分点。

表 3－5　　　　　　　　2010—2012 年浙江省融资结构

年份	融资合计（亿元人民币）	比重（%）			直接融资比重（%）	银行间市场工具占直接融资比重（%）
		贷款	债券	股票		
2010	8801.50	87.6	4.3	8.1	12.4	25.22
2011	7778.16	83.3	9.5	7.2	16.7	32.98
2012	7872.06	79.6	17.4	3.0	20.4	52.10

3. 为民营企业提供了高效的支付结算和理财服务，拓宽了民营企业的经营范围和领域，推动其国际化经营

随着民营企业成长壮大，其经营范围逐步由本地向外地、外省乃至国外扩展，经营领域也不断向相关产品、技术、市场延伸。在跨区、跨省、跨国经营中，资金支付、结算的安全性、及时性对于企业的经营效益具有重大影响。

随着浙江金融业的发展，银行间跨省、跨国支付结算网络逐步建立完善，支付结算效率不断提高，为企业的跨省、跨国拓展市场，发展业务提供了良好的安全和效率保证，促进了企业扩大规模，走出国门，在全国和全球范围内配置资源，组织生产经营活动，获取更高效益。同时金融机构理财服务的开展，也提高了企业资金的收益率，有利于企业财务管理水平的提升。

据《浙江金融年鉴 2013》，2012 年，浙江省跨境人民币实际收付结算量 4765 亿元，是 2011 年的 2.2 倍。截至 12 月末，已累计有 7614 家企业使用了跨境人民币结算，比 2012 年初增加了 3992 家；办理跨境业务的银行达 43 家，涵盖了所有类型的金融机构；与境外 165 个国家和地区办理了跨境人民币结算业务，比 2012 年初增加了 52 个。

2012 年末，全省理财产品存续 31375 只，本外币资金余额达到 5005.9 亿

元，同比增长 52.0%。其中，单位理财资金余额 1389 亿元，余额同比增长 61.6%。

4. 为民营企业提供保险和风险管理服务，降低企业风险，增强企业凝聚力

作为一种风险管理的专门机构，保险公司在民营经济成长中起着"保驾护航"作用。由于各种自然和人为的偶然因素影响，民营企业在经营过程中，风险始终伴随左右，时刻威胁着企业的生存和发展，包括：企业的各种财产损失风险、产品和经营场所第三者责任风险、管理和技术骨干的离职风险、员工的死亡、伤残、疾病风险等。这些偶发的任一风险事件都可能对企业的正常生产经营造成影响，轻则造成经济收益损失，重则甚至使企业走向末路。

浙江保险业经过 35 年发展，创新了大量的保险产品和业务，为众多民营企业提供了有效的保障服务，同时也增强了企业的风险管理意识和能力，大大降低了企业损失概率，保障了企业的正常经营。与此同时，保险业为企业提供的员工年金、人身意外伤害保险、健康保险等业务也增强了企业对员工的吸引力和凝聚力，有利于企业吸引人才、留住人才，增强企业的人力资本积累，为企业赢得竞争优势。

据《浙江金融年鉴 2013》资料，浙江省平均每个家庭拥有寿险保单 1.7 张，平均每 10 家企业拥有财产保单 1.8 张。健康保险服务人次达到 5616 万，养老保险服务人次达 48.5 万，企业年金服务人次达 497.6 万，积累的养老医疗基金已达近 2000 亿元。2012 年全省保险业共支付赔款和给付 342.2 亿元，仅在抗击"海葵"台风中，全省就支付赔款 8 亿多元。保险对于民营经济和社会生活的经济补偿和风险保障功能得到有效发挥。

5. 消费信贷业务创新扩大了消费需求，为企业产品服务的销售创造了信用

信用创造是金融业的重要功能。随着浙江社会信用体系的逐步建立完善以及金融业的竞争加剧，浙江以银行为主体的各类消费业务创新速度不断加快，加之浙江经济增长，社会财富增加，居民消费水平不断提高，促进了居民消费结构的转变，住房、旅游、休闲、汽车、文化等成为消费热点，消费快速增长，从而为民营企业的产品和服务创造了新的需求，也加速了民营企业的产品、服务创新，促进了民营经济的可持续增长。

据《浙江金融年鉴 2013》，浙江省金融机构（含外资）短期贷款中，2012 年个人消费性贷款 2471.33 亿元，中长期贷款中，个人消费贷款为 6697.29 亿元，分别占短期贷款和中长期贷款的 7.1% 和 3.3%，近年来的比例基本相同。

6. 以风险投资为主体的金融发展促进了高科技企业的建立和成长，加大了企业的技术创新步伐

随着社会经济的不断发展，消费水平不断提高，浙江民营经济面临着严峻的挑战，开展技术产品创新，提高产品服务的技术含量，不断向价值链的上游进军成为浙江民营企业持续增长的必由之路。而进行技术产品的研发是一项投入巨大、风险重重的工作，许多民营企业在资金、技术、管理方面都难以满足。为此，除了银行类机构开展技术创新贷款、风险租赁之外，风险投资得到了迅速发展。

风险投资公司对于企业的经营时间、资产、规模、抵押、担保等要求很少或很低，侧重于评估企业的技术、产品、市场的盈利前景，更适合高科技企业融资需求。而且，由于风险投资多采用股权投资形式，投资后要进入企业董事会，参与企业重大问题的经营决策，这一方面可大大改善企业的股权结构和治理模式，有利于企业建立规范的治理结构和管理制度；另一方面，风险投资公司均具有专业化的投资领域，对相关领域的技术、产品、市场动态比较了解，又长期为高科技企业提供相关服务，因而积累了大量宝贵经验。从投资项目审查开始直到投资谈判、投资后管理，风险投资项目经理会持续对企业提供相关的技术研发、产品、市场相关信息，并会针对企业存在的具体问题，为企业提供帮助和指导，如介绍引进相关领域的技术专家、市场营销专家、管理专家、财务专家，帮助企业改进治理和管理，减少高科技企业的经营风险，提高技术创新成功率，推动民营高科技企业建立和成长，并促进传统企业的技术创新，加速经济结构转型升级。

据浙江省创业风险投资行业协会 2009 年对 78 家创投机构的调查，截至2009 年底，浙江省风险投资机构注册（实收）资本达 70.55 亿元，管理资本规模已达 249.19 亿元，全省 78 家创投机构累计投资创业企业 751 家，累计投资金额 76.42 亿元；其中累计投资高新技术企业 279 家，累计投资金额 43.45亿元，分别占累计投资项目的 37.2% 和累计投资金额的 56.86%。目前投资创业企业中已经上市的有 42 家，其余各创业企业均运行良好。

三、浙江民营经济增长的机理模型

在上述分析的基础上，本书总结出浙江民营经济启动和持续增长的机理模型，见图 3-1。

在民营经济的启动阶段，自然条件和经济基础压力、重商文化和工商习俗、民间融资基础和政府"无为而治"的管理模式是最主要的因素。其中，

政府"无为而治"的管理模式与浙江省自然条件和经济基础有关。

在民营的快速增长阶段，主要推动因素包括：体制机制的先发优势、浙式企业家和浙商精神、金融体制改革和金融产品服务创新、政府的职能转换和政策引导支持等。其中，政府的职能转换和政策引导支持既与中央政府的制度创新有关，又与浙江地方政府在前一阶段针对民营经济发展的要求而作出的努力有关。

政府在这一阶段的努力主要包括：政府准确定位和政府改革，政府的制度建设与政策支持（产权保护、消除歧视、放宽市场准入、财税投融资制度改革、建立融资支持和服务体系、改革要素市场制度、支持块状经济发展）、引导民营经济发展（品牌战略、培育优势产业和特色产业、技术创新与经济调整、企业制度改革、培育中介组织等）、建设基础设施、加强社会监管等。

而金融系统在国家金融体制改革背景下，通过提供信贷支持、资本运营支持、支付结算和理财服务、保险和风险管理服务、消费信贷、企业上市和股权类风险投资等活动，支持了民营经济的发展。

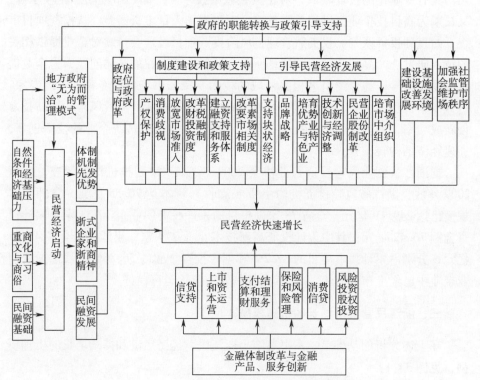

图 3 – 1　浙江民营经济增长影响因素示意图

第四章 浙江金融发展的经验与关键要素

第一节 浙江省金融业发展现状分析

改革开放以来，浙江金融业发展迅猛。银行业不仅存贷款增速、增量连续保持全国前列，而且资产质量和经营效益也稳居全国前列；同时证券期货业、保险业也获得了迅猛发展，证券交易量、期货代理交易额、保费收入等连续多年位居全国前列。

浙江已经成为全国金融机构最齐全、金融规模增长最快、金融资产质量最好、金融市场发展最快、风险最小、回报最高、机构和投资者最活跃的省份之一，是一个名副其实的"金融大省"。

一、各类金融机构齐全，多元化组织体系渐趋完善

浙江金融业经过30余年的改革发展，已形成了银行、证券、期货、保险、信托、租赁、财务公司、农村信用社等多种金融机构并存，全国性、区域性、地方性机构协调发展的多元化金融组织体系。

据《2013浙江省金融发展报告》显示，截至2012年末，全省共有银行类法人金融机构165家，全部银行类金融机构网点11259个。包括：大型商业银行营业网点3866个，政策性银行网点60个，股份制商业银行网点623个，城市商业银行网点727个，小型农村金融机构（包括农村商业银行、农村合作银行和农村信用社）网点4179个，新型农村金融机构（包括村镇银行、贷款公司和农村资金互助社）网点43个，财务公司、信托公司网点各5个，邮政储蓄银行网点1645个，外资银行网点33个，其他金融机构（包括金融租赁公司、汽车租赁公司、货币金融公司、消费金融公司）网点3个。银行类金融机构从业人员21.02万人（参见表4－1）。

浙江省的银行类法人金融机构数量一直保持逐年增加，仅 2012 年就新增加中小法人金融机构 8 家。

表 4 - 1   浙江省 2012 年银行类金融机构情况

机构类别	营业网点			法人机构（个）
	机构个数（个）	从业人员（人）	资产总额（亿元）	
一、大型商业银行	3866	91029	34632.8	0
二、国家开发银行和政策性银行	60	2097	3765.4	0
三、股份制商业银行	623	27289	18578.7	1
四、城市商业银行	727	30006	11627.6	13
五、小型农村金融机构	4179	47750	12554.6	82
六、财务公司	5	164	288.2	4
七、信托公司	5	398	113.2	5
八、邮政储蓄银行	1645	7454	2122.4	0
九、外资银行	33	1180	308.2	2
十、新型农村金融机构	113	2687	445.9	57
十一、其他	3	166	531.6	1
合计	11259	210220	84968.6	165

资料来源：章华、汪炜主编《2013 浙江省金融发展报告》。

2012 年末，全省各类保险机构达到 3669 家，其中，总公司 3 家，分公司 112 家，中心支公司 337 家，支公司 1043 家；共有保险代理公司 86 家，经纪公司 34 家，公估公司 17 家，从业人员 18.7 万人。

2012 年底，浙江有证券公司总部 3 家，证券公司分公司 15 家，证券营业部 385 家。基金公司 1 家，基金分公司 4 家。期货公司 11 家，期货营业部 131 家。

清理整顿交易市场后，全国第一家有券商参与的区域性非上市公司股权交易市场——浙江股权交易中心于 2012 年 10 月正式挂牌成立。

此外，浙江省还有小额贷款公司 277 家，比 2011 年增加 91 家；融资性担保公司 589 家；典当公司 449 家，比 2011 年增加 68 家。

二、金融机构业务规模逐年增加，经营效益全国领先

2000 年以来，全省各银行、证券公司和保险公司的业务规模和经营效益均在各自系统中保持领先水平，上市公司的平均赢利水平连续多年居全国前列。

"十五"期间,全省人民币存、贷款年均增速分别达到 22.93%、25.01%。到 2012 年末,金融机构本外币存款 66679.08 亿元,贷款 59509.22 亿元。在全国主要省市中,浙江省存款余额数据居第 4 位,贷款余额居第 2 位。

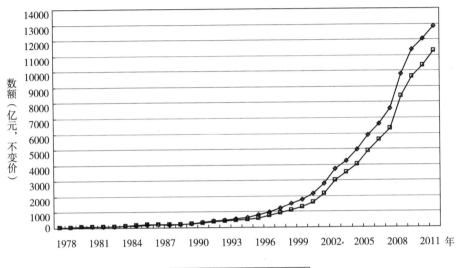

图 4-1　浙江省金融机构存贷款余额历年变化表

截至 2012 年末,全省银行业资产总额 84968.76 亿元,同比增长 12.47%;负债总额达到 81900.83 亿元,同比增长 12.72%。全年累计实现税后利润 1193.08 亿元。金融业增加值达到 2965.5 亿元,占 GDP8.6%,占第三产业比重达到 19%。

全省银行业机构连续多年实现不良贷款余额和比例的"双下降"。2005 年,主要银行机构不良贷款率下降到 2.38%,2009 年,不良贷款率进一步下降到 1.3%,全省法人金融机构资本充足率和拨备覆盖率分别比年初提高 0.7 个和 55.5 个百分点。虽然自 2011 年 9 月份开始,受温州等地民间借贷危机、企业资金链断裂及国内宏观经济形势等多方面因素的影响,不良贷款有所反弹,2012 年不良贷款率达到 1.6%,但总体资产质量保持优良。其中,中小法人机构较为稳健,2012 年不良贷款率 1.29%,低于全部银行机构平均水平,加权核心资本充足率和加权资本充足率分别为 11.61% 和 13.57%,贷款损失专项准备和拨备覆盖率分别高达 360.19% 和 262.50%,抗风险能力较强。

在人民银行杭州中心支行区域金融稳定定量评估模型的评估中，2012 年浙江省金融总分较上年增加 3.66 分，区域金融稳定状况总体较好。其中，虽然金融机构部分指标有所下降，但仍大幅好于最低监管标准，因此得分继续保持满分，金融总体运行质量和效益保持平稳，金融生态环境保持良好，金融活动发展基础持续改善。

证券市场规模长期保持全国领先。仅 2012 年，浙江就新增证券营业部 12 家，证券公司分公司 5 家。全年省内证券经营机构累计代理 A 股、基金交易额 6.26 万亿元，全国占比 12.4%，位居全国第三。证券经营机构托管市值 6580.46 亿元，客户保证金余额 122.25 亿元。

期货交易长期领先。2012 年全年期货经营机构代理交易金额 39.22 万亿元，占全国交易总额的 11.47%，居全国第三。客户保证金余额 214.31 亿元，占全国总额的 12.08%。期货经营机构累计实现手续费收入 20.02 亿元，净利润 5.79 亿元，分别占全国总额的 16.25% 和 16.19%。

2012 年末，浙江省共有保险市场主体 73 家，保险公司资产总额 1998.1 亿元。全年保险业共实现保费收入 984.6 亿元，排名全国第四位；全年保险业共为经济社会提供风险保障 31.4 万亿元，风险保障覆盖水平居于全国第 4 位。

三、区域性资本市场建设突破，企业融资结构不断改善

根据国家建设多层次资本市场的统一部署，浙江省一方面继续大力推进企业上市，另一方面积极推动市场主体参与区域性场外市场和债券市场，多层次资本市场建设取得了积极进展。

浙江省于 2009 年在全国率先出台了促进股权投资基金发展的政策意见，目前已形成全省上下合力推动股权投资行业发展的良好氛围。据初步统计，全省共有股权投资机构 700 多家，形成了包括政府性引导基金、成长型企业股权投资基金、创业投资基金等在内的多元化股权投资基金体系，管理基金规模已达到 1000 多亿元。备案创业投资和股权投资机构数量、管理资本量和投资项目数均跻身全国前列。全省近两年新上市公司中，有私募股权投资的比重明显升高，企业接受股权投资后，股东结构明显优化，治理结构开始健全，投资决策科学性明显提高，投资效益和管理效率明显提升。

截至 2013 年 10 月，浙江股权交易中心共有挂牌企业 591 家，其中，股份有限公司 116 家，有限责任公司 475 家，总股本 107 亿股，市值近 200 亿元；托管企业 201 家，托管股数 209 亿股；24 单私募债备案，金额 24.8 亿元，9 单完成发行，募集资金 11.85 亿元；各类会员 191 家，投资者 6700 余户，成交金额 5100 余万元（不含非交易过户）。作为多层次资本市场体系的重要组成部分，浙江股权交易中心在完善市场结构、提供综合服务平台及提升证券公司服务小微企业能力等方面都发挥了一定的积极作用。此外，杭州、宁波等高新科技园区也积极加入"新三板"试点扩容。

与此同时，浙江债券市场取得大发展。2009 年，全省有 13 家企业共发行 155 亿元短期融资券和中期票据，实现浙江省中期票据发行零的突破。2012 年，浙江的债券市场发债企业家数及募集资金额进一步大幅增长。15 家上市公司发行了公司债，募集资金 97.8 亿元，分别同比增长 114.29% 和 57.74%；17 家中小企业在沪深交易所发行了中小企业私募债，募集资金 19.8 亿元。此外，还有近百家企业发行了 179 只包括短期融资券、中期票据、企业债等在内的各类债券，募集资金 1314.14 亿元。

票据业务平稳发展，票据电子化进程加快。2012 年，全省累计签发银行承兑汇票 2.4 万亿元，贴现票据 1.8 万亿元，票据利率回落。

直接融资的发展，使得非金融机构融资结构不断改善。2009 年，全省非金融机构融资总量首次突破万亿元，增长 98.8%。全年以贷款、债券、股票（包括境内和境外）三种方式融入资金总额的占比为 92.6:4.6:2.8。2012 年，全省发行债务融资工具 836.2 亿元，发行额同比增加近 1 倍。全省直接融资规模达到 1605.1 亿元，直接融资比重达 20.4%（参见图 4-2）。

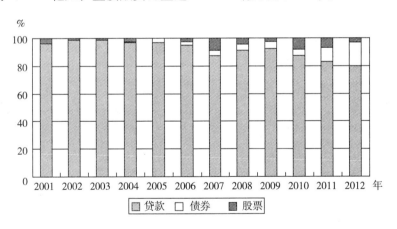

图 4-2 浙江省非金融机构部门融资结构图

四、金融改革持续推进，对经济支持力度加大

金融机构改革不断深化，金融组织体系建设进一步加强。工商银行、中国银行、建设银行、中国银行在浙分支机构进一步深化改革，建立三农事业部及

小微企业信贷部。邮储银行改革不断推进,2012 年二类支行共启动改革 36 家。

地方法人银行机构改革稳步推进,城市商业银行跨区域发展迅速。辖区内 10 家城市商业银行坚持定位、强化管理、发挥特色,稳步实施跨区域发展,已成为浙江银行业的特色板块,通过在辖外设立的 18 家分行,把一些经验复制推广到了当地,受到当地政府社会的好评。如台州银行和泰隆商业银行等专注小微金融,实践社区化经营,走出一条特色经营之路;杭州银行、温州银行等培育细分市场,立足小微企业,创新探索科技金融、投行业务等特色服务。

农村金融机构改革创新成效显著。截至 2012 年年底,全省法人新型农村金融机构达 57 家,营业网点 113 个,其中村镇银行家 41 家,资金互助社 7 家,贷款公司 1 家。村镇银行经营业绩稳居全国首位,初步形成浙江村镇银行的品牌效应。

小微金融专营体系不断完善,服务水平稳步提升。浙江在全国率先制定了批量化设立小微企业贷款专营机构的政策,截至 2012 年年底,全省专营类机构已经超过 1000 家。

近年来,浙江金融业重点抓住义乌市国际贸易综合改革试点、海洋经济发展示范区、舟山群岛新区、温州市综合改革试验区、丽水市农村金融改革试点等重大历史机遇和浙江经济寻求转型突破的关键节点,统筹各方面力量深入推进金融改革。温州金融改革在引导民间融资规范化和阳光化、推进金融机构和产品服务创新方面,丽水金融改革在林权抵押贷款、农村信用体系建设、便农取款等方面形成特色。

在金融机构改革创新引领下,银行业金融机构主动对接小微企业,根据小微企业客户属性,在机构体系、产品服务、风险控制方面推出了系列创新,在小微企业还款方式和信用贷款方面,创新推出了年审制、无还款续贷等 5 大类 50 多项还款方式创新产品以及 6 大类 20 多种信用贷款创新产品。

截至 2012 年年底,全省小微企业贷款余额 22014 亿元,占全部企业贷款余额的比重达到 80.4%,小微企业贷款(含个人经营性贷款)余额、增量、累放额、户数均居全国各省(市、自治区)首位。

金融支农服务向下向小延伸。截至 2012 年年末,全辖布设 2.4 万个农信村级便民服务点,覆盖面达 99% 以上。全省金融机构涉农贷款余额 25010.8 亿元,占各项贷款余额的 42.03%,涉农贷款余额、增量均位居全国第一位。

此外,非银行类金融机构改革创新稳步推进。区域性股权交易取得突破,法人证券公司融资融券业务顺利开展,资产管理业务规模扩大,投资银行业务快速发展，业务结构得到优化。政策性农业保险、政策性农村住房保险、出口信用保险、小额贷款保证保险覆盖面继续扩大，服务领域稳步拓宽。

五、信用环境持续改善

浙江省早在2001年就提出"信用浙江"建设的总体目标和要求，并先后出台了许多政策和指导意见。多年来，浙江省各部门围绕政府、企业、个人三大信用主体和法规、道德、监管三大体系建设做了大量工作，取得了良好的成效。作为信用系统的先导性、基础性工作，企业和个人信用信息管理体系已初步建立，其中企业信用发布查询系统覆盖了全省所有工商注册企业，全面反映企业产品质量、纳税、信贷、合同履约等34项信用信息。

人民银行的征信系统建设不断完善，系统覆盖面继续扩大，服务对象日益广泛，已成为金融机构风险管理的重要工具，并为法院、政府部门等提供有效服务。截至2012年底，人民银行征信系统覆盖面已覆盖全省3436.3万自然人和56.7万户企业，数据来源涵盖全省所有银行业金融机构、部分微型金融机构、地方政府部门、公用事业单位等。征信系统服务对象日趋广泛，已开通系统查询用户3.5万个，金融机构月均查询量376.4万次，征信系统成为金融机构风险管理的重要基础设施。

近年来，金融系统以机构信用代码推广应用为重点，完善征信系统建设和管理，深化中小企业和农村信用体系建设。全省依托征信系统为153.6万个有经济活动的组织配发了机构信用代码，发放量居全国第二。村镇银行和小贷公司等机构陆续接入征信系统，法院、环保、社保、公积金等各类非银行信息相继采集入库，征信系统信息增量扩面，服务范围不断扩大，服务功能有效提升。

全省中小企业信用体系试验区建设取得成效。结合中小微企业信用评价、征信宣传等措施促进银企对接。全省累计为18.5万家中小企业建立了信用档案，其中约4.3万家企业获得了银行贷款。

农村"信用户、信用村、信用乡镇"创建活动卓有成效，在"丽水模式"的带动下，完成了农户信息系统的升级，累计为682万户农户建立了信用档案，共有355万农户获得银行贷款10185亿元。

同时，浙江证券期货行业中通过"诚信建设年"等活动，使上市公司对于信息披露、公司治理、并购重组、现金分红和投资者关系管理等工作不断加强，证券期货行业的合规风控能力和诚信经营水平不断提升，上市公司规范运作基础进一步夯实。

第二节 浙江金融发展历程与特点分析

浙江金融业的改革发展是在国家统一的金融体制改革框架下进行的。

关于我国金融体制的改革，不同专家学者进行了许多研究，如刘明康主编的《中国银行业改革开放 30 年》将其分为起步（1978—1993），探索（1994—2002 年），奋进（2003 年之后）三个阶段。

李扬、王国刚等著的《中国金融改革开放 30 年研究》划分为恢复金融体系（1978—1984 年）、形成现代金融体系的雏形（1984—1991 年）、引入资本市场（1991—1993 年）、治理整顿和全面配套改革（1994—2001 年）、历史性转变（2001 年以来）五个阶段。

吴晓灵主编的《中国金融体制改革 30 年回顾与展望》分别按照金融宏观调控、外汇管理体制、国有商业银行、农村信用社、中小型商业银行和非银行金融机构、货币市场和金融衍生品市场、资本市场、保险机构、监管协调机构、金融法制等基础设施建设等分别进行了不同的阶段划分。

浙江省的金融发展主要体现在除工商银行、农业银行、建设银行和中国银行之外的股份制商业银行和中小金融机构的快速发展及其在金融机构存贷款市场的比重不断加大。

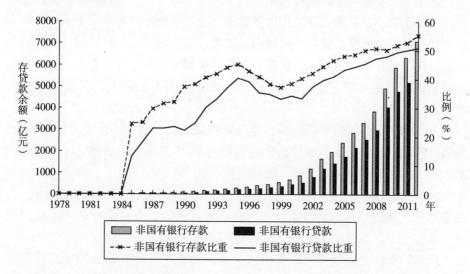

图 4-3 浙江省非国有银行历年存贷款余额及占金融机构总存贷款余额的比例

据此，笔者将浙江金融的发展划分为 1978—1993 年的初步发展阶段，

1993—2003 年的高速发展阶段和 2003 年之后的全面发展阶段。

一、浙江金融的初步发展阶段（1978—1993 年）

这一阶段，国家层面主要是恢复和建立现代金融体系。1978 年，中国人民银行总行从财政部中独立划出，标志着金融体系开始恢复。1979 年中国农业银行恢复，中国银行从中国人民银行分离；1983 年中国建设银行重建；1984 年中国人民银行专门行使中央银行职能，同年，中国工商银行从中国人民银行分离。与此同时，股份制商业银行得到迅速发展。1986 年交通银行重新营业，1987 年中信实业银行、深圳发展银行宣告成立。与银行类金融机构飞速发展相适应，信托投资公司、财务公司和投资基金、租赁公司等非银行金融机构也开始出现。城市和农村信用社数目迅速增长，最多的年份，城市信用社总数超过 5 万家，农村信用社总数曾高达 5000 余家。

资本市场从无到有。1981 年恢复发行国库券；1983 年开始，一些国有银行发行金融债券，中国人民银行推行"三票一卡"正式票据市场；1990 年设立上海证券交易所，1991 年深圳证券交易所挂牌，全国证券交易自动报价系统（STAQ 系统）以及跨地区的柜台证券交易启动；证券公司和证券投资基金相继设立。1992 年国务院证券委和中国证监会成立，开始对证券业实行专业化监管。

在全国统一金融体系恢复和改革的框架下，浙江省在这一时期先后组建了中国农业银行、中国银行、中国建设银行和中国工商银行的各级分支机构；交通银行、城市信用社在全省各地相继设立，农村信用社进行了县级联社改革和全面整顿。金融市场建设也有了实质性进展，先后建立了同业拆借、证券交易、外汇调剂市场。

1978 年时，浙江省全部金融机构存贷款为 84.69 亿元，到 1993 年时达到 2564.29 亿元，年平均递增速度 25.53%。其中，非国有商业银行存贷款从 0 到 995.14 亿元，1985—1993 年平均递增速度为 38.71%，非国有银行存贷款在金融机构存贷款中的占比从 0 增加到 38.81%。金融相关比率（存贷款总额与 GDP 的比例）从 1978 年的 0.68 增加到 1.33。

但总体上，浙江金融发展在全国并不突出，金融发展与民营经济之间还缺乏有机的联系，两者之间尚未建立起良好的互动关系。表现在：

1. 金融机构数量不多，全省只有国有四大专业银行和交通银行在浙江设立了分支机构，省内只有一家于 1988 年成立的集体性质的股份合作制金融机构——银座信用社。

2. 国家正式的金融机构以服务国有企业的改革为主要目的，对于民营经济的支持非常有限，仅限于对具有集体性质的乡镇企业提供了一定的资金支持。

3. 证券业获得初步发展，1993 年底，全省共有上市公司 7 家，占全国 2.35%。

4. 民间金融开始发展，包括"地下"的民间资金拆借活动、农村和城市信用社等，为个体私有企业提供了最为宝贵的资金支持。

二、浙江金融的快速发展阶段（1993—2003 年）

1993 年开始，国家金融体制改革主要是规范发展和全面配套。

首先，用于规范中国金融机构行为和金融活动的基本法规——《中国人民银行法》、《商业银行法》、《票据法》、《保险法》等相继颁行，使金融发展进入法治轨道。

其次，从 1994 年开始，国务院集中推出了一系列金融改革措施，对中央银行体系、金融宏观调控体系、金融组织体系、金融市场体系以及外汇管理体系进行了全面改革，确立了政策性业务和商业性业务相分离，银行业、信托业和证券业分业经营和分业监管的原则。包括：前期改革残留的一般工商信贷业务彻底从人民银行分离；包含在国有专业银行之中的政策性贷款业务被分离出来，交给了新成立的三家政策性银行；国有专业银行明确了按照商业银行的规范进行改革的方向；在治理整顿的基础上，将一些有条件的城市信用社改造为城市合作银行（后更名为城市商业银行）；农村信用社与农业银行脱钩，建立民主管理制度，调整发展方向。

同时，从 1994 年起，中国正式实行有管理的浮动汇率制度。

浙江金融业在这一时期，无论从数量还是质量上都得到了快速发展。

1. 银行类金融机构迅速增加。国家专业银行开始向国有商业银行转轨，两家政策性银行——中国农业发展银行和国家开发银行在浙江设立了分支机构，并实现了农业银行与农村信用社的顺利脱轨以及各类信用合作社的合作制规范。中信实业银行、上海浦东发展银行、华夏银行、招商银行、广东发展银行、深圳发展银行、光大银行等各类股份制银行相继在省内设立了分支机构，使浙江省成为拥有全国性商业银行最多、最全的省份之一。

1993 年浙江泰隆商业银行成立，1996 年杭州市商业银行、宁波市商业银行成立，随后金华市商业银行、绍兴市商业银行、嘉兴市商业银行、湖州市商业银行、温州市商业银行、台州市商业银行相继成立。截至 2002 年，全省有各类金融机构约 1.2 万个，信托投资公司 4 家，金融租赁公司 1 家，风险投资公司 20 家。

2. 全部金融机构，特别是非国有商业银行存贷款额保持高速增长势头，金融相关比率进一步上升。1993—2003 年全部金融机构存贷款额由 2564.29 亿元增加到 26772.43 亿元，年平均递增速度达到 22.7%，非国有商业银行存贷款年平均递增速度 24.18%，比全部金融机构增长速度高出 1.48 个百分比，非国有商业银行在金融机构存贷款总额中的比例由 37.58% 增加到 42.22%，金融相关比率（存贷款总额与 GDP 的比例）由 1993 年的 1.33 增加到 2003 年的 2.76。

3. 企业融资渠道逐步增加。沪、深两个证券交易所的建立，为浙江企业提供了一条有效的融资渠道。浙江上市企业从 1993 年的 6 家增加到 2003 年的 66 家，增加了 10 倍，上市融资额由 18.4 亿元增加到 289.67 亿元，增加了 14.7 倍。全省共有证券公司 4 家，证券营业部 156 家，证券服务部 88 家，证券投资咨询机构 4 家，证券交易量达 5300 亿元以上。

4. 大量金融机构的建立，强化了金融市场的竞争，加之国有银行的商业化改革，使民营经济发展获得了较大的资金支持，金融发展与经济增长之间良性互动关系初步形成。

三、浙江金融的全面发展阶段（2003 年至今）

2003 年之后，全国金融体制改革进一步深化，金融业进入了"制度性对外开放"阶段。

第一，金融相关法律体系、金融监管体制、理念、制度进一步完善。

第二，金融机构改革迈出关键步伐，国有商业银行和政策性银行、保险、证券等若干金融机构获得政府注资，完成了"再资本化"，先后在香港和国内上市。与此同时，邮政储蓄银行于 2007 年成立，城市信用社改革整顿之后向城市商业银行转变，农村信用社改革进一步深化，新型农村金融机构（村镇银行、贷款公司、农村基金互助社）不断涌现。非银行类金融机构进一步发展。

第三，资本市场开始新的改革，包括："股权分置"改革；证券经营机构注资、重组、上市等；中小企业板、创业板设立，为中小企业、高科技企业上市提供服务；区域性资本市场整顿重建；资产证券化业务试点取得成效。

第四，利率市场化稳步推进。金融机构人民币贷款利率已经基本过渡到上限放开，下限管理的阶段，存款利率市场化也正在加快推进。

第五，金融业全面对外开放。外资银行经营性机构、合资基金管理公司在国内设立分支机构，对境外合格投资者（QFII）开放中国证券市场，国内商业银行在国外设立分支机构，对境内合格投资者（QDII）开放直接投资于境外证券市场的渠道等。

第六，人民币汇率制度进一步完善。

第七，征信体系建设取得成效。2004年起开始建立全国统一的企业和个人征信体系，其中，个人信用信息基础数据库已于2006年运行并全国联网。

与全国金融发展趋势类似，浙江金融业在这一时期继续保持高质量的快速发展格局。2004年，浙江设立了第一家民营股份制商业银行——浙商银行；2005年，杭州商业银行等8家城市商业银行引进外资和战略投资者，基本完成了增资扩股和股份制改造；2006年，全省城市信用社在进行股份制改造的同时，组建了浙江泰隆商业银行、浙江稠州商业银行、民泰商业银行；外资银行开始进入浙江，2006年全球最大的金融机构之一——汇丰银行在杭州设立了分行；小微金融体系不断完善，服务水平提升。

浙江金融在这一时期的特点表现在：

1. 金融规模进一步快速增加，金融深化进一步增强。按不变价格计算，全部金融机构人民币存款额在2003—2012年年平均递增14.8%，贷款额年平均递增15.7%，金融相关比率（存贷款总额与GDP的比例）进一步增加到3.52。

2. 银行市场格局进一步转变。非国有商业银行存贷款由2003年的11303.57亿元增加到2012年的64879.75亿元，年平均递增速度18.2%，市场份额由2003年的42.22%增加到2012年的53.24%。

3. 民营中小企业金融服务不断加强。随着金融市场竞争进一步加剧，银行的经营理念和方式不断革新，金融服务能力和水平不断提高。

4. 金融生态环境持续改善，金融发展与民营经济增长之间良性互动关系进一步得到加强。2005年，省政府成立了省金融工作领导小组及办公室，在原职能基础上，增加了协调全省金融工作、推进银企合作等职能。在国家信用体系建设的大背景下，浙江省积极打造"信用浙江"建设，建立并完善信用体系建设，调整经济结构，为金融发展创造了良好条件，形成了民营经济增长与金融发展相互促进、协调发展的良性格局。

5. 自2010年以来，我国经济发展进入新常态时代，随着经济转型升级，行业、企业、产品、技术的更新升级和淘汰速度加快，互联网金融快速兴起，金融发展面临许多新的挑战，银行业盈利水平有所下降，信贷资产质量有所降低，不良资产数量和比例有所增加。如，2012 年银行业金融机构实现利润 1193.08 亿元，比 2011 年减少 184.5 亿元；不良贷款余额 951.51 亿元，比年初增加 460.1 亿元，不良率由 2011 年末的 0.92% 上升到 1.6%。虽然各项指标仍远远高于监管标准，但指标趋势需要多加关注。

第三节　浙江金融发展的经验与关键要素

金融业的快速持续发展，被人们称为"浙江金融现象"，那么，浙江金融持续快速发展的原因和经验有哪些？

金融发展涉及政治、社会、经济、文化的方方面面，浙江金融现象离不开金融所处的社会经济环境和金融市场的各类行为主体的共同努力，包括中央和地方政府、中央银行、监管机构、金融机构、金融市场中介服务机构、企事业单位和居民个人等。从不同视角可以得出不同的结论。

以下，笔者结合研究目的，通过区域比较方法，分析相对于国内其他省区，有哪些要素促进了浙江金融业的快速持续发展。

一、民营经济的强劲增长为浙江金融发展奠定了坚实基础

金融是实体经济的媒介，经济的发展情况决定了金融的发展空间和机会。可以说，一个地区经济的状况，在很大程度上决定了该地区金融业的发展状况。而民营经济是浙江经济的主体，是浙江经济增长的动力源泉。正是民营经济的强劲增长才为浙江经济强省和金融强省地位的建立奠定了坚实的基础。

民营经济增长对金融发展的促进作用体现在许多方面，以下仅就浙江民营经济增长对金融机构最为突出 5 个方面的促进作用进行分析。

（一）民营经济发展增加了社会财富，为金融提供了充分的资金来源

金融特别是银行业的基本功能是吸收社会公众储蓄，然后将其转化为投资。丰富的民间资金自然成为吸引各类金融机构的磁石，使得各类金融机构在本地区大量聚集开展业务。

从企业方面来看，浙江既有阿里巴巴、东方通信、娃哈哈这样的绩优大中型企业，又有义乌小商品市场、中国轻纺城这样活跃的基地型专业市场和小企业集群，每年向浙江金融行业注入大量的资金。

从个人方面来看，浙江人均国民收入高居全国各省首位，人均金融资产持有量占收入的比重大大高于全国水平，个人向金融业提供的资金也相当可观。

据浙江省统计年鉴，浙江省乡镇企业总产值由 1978 的 55.13 亿元增加到

89

1999 年的 11547. 12 亿元，21 年间增加了 208 倍，非国有工业总产值由 1978 年的 51. 05 亿元增加到 1997 年的 9402. 79 亿元，20 年间增长了 183 倍，规模以上非国有工业总产值由 1999 年的 4008 亿元增加到 2012 年的 50739. 68 亿元，13 年间增加了近 12 倍，非国有建筑业总产值由 1983 年的 12. 2 亿元增长到 2012 年的 17290 亿元，29 年间增加了 1416 倍。人均 GDP 由 1978 年的 331 元增加到 2012 年的 63374 元，增加了 190 倍，按不变价格计算，年平均递增 11. 4%。居民总消费水平由 1978 年的 193 元/人增加到 2012 年的 22845 元/人，增加了 117 倍以上，按不变价格计算，年平均递增 9. 34%。

大量的社会财富带来银行存款的高速增长，全部金融机构人民币存款余额由 1978 年的 35. 79 亿元增加到 2012 年的 64886. 28 亿元，34 年间增加了 1800 多倍，按不变价格计算，年平均递增速度达 18. 89%。

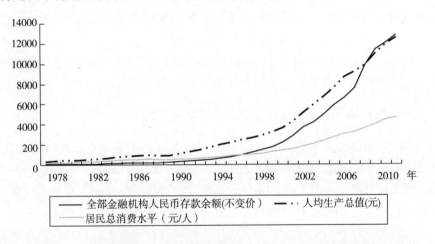

图 4 - 4　浙江省历年金融机构存款余额（不变价）与社会财富变化

可以说，正是民营经济的增长带来的社会财富迅速增加促成了金融机构的存款飞速增长，吸引了大量金融机构进入浙江，促进了各类储蓄存款业务、理财业务、保险业务、经纪业务等的迅速发展。这是民营经济增长初期对金融发展的主要吸引力所在，也是浙江吸引大量金融机构的重要原因之一。

（二）为金融发展提出了有效市场需求，促进了金融服务的快速发展

金融业作为配置社会资源的一种最为有效的市场化方式，其作用发挥主要依赖于市场对于金融服务的需求，经济规模大小直接决定了其发挥作用的空间大小，进而决定了金融的规模大小。具体来说，表现为：

1. 大量的个体、私营企业在发展中，会产生大量的资金融通需求，并且随着民营经济快速发展，这种融资需求日益迫切，从而为银行的信贷业务、证

券公司的上市融通、资产管理公司、金融租赁公司、财务公司发展提供广阔的市场机会。

2. 民营经济发展中风险管理、人员激励等的需求为保险业务发展提供了良好的条件。

就浙江来说，随着民营经济的快速发展，全部金融机构人民币贷款余额从1978年的48.9亿元增加到2012年的56982.64亿元，34年间增加了1164倍多，按不变价格计算，平均年递增17.36%；境内上市公司由1993年的6家增加到2012年的246家，上市融资额由18.4亿元增加到3031亿元，保险公司保费收入由1990年的7.55亿元增加到2012年的984.58亿元。

（三）为金融机构提供了高质量的投资企业、项目和大量中间业务客户

诺贝尔经济学奖获得者诺思教授曾经指出："有效率的经济组织是经济增长的关键。"民营经济作为一种自发形成的市场化经济组织形式，高效率、高效益正是其生命力所在。

金融业面临的最大问题是缺少好的投资项目，国有企业经济效益、偿债能力低下造成的银行贷款回收困难，不良资产比率偏高，一直是阻碍我国金融业正常健康发展的一大障碍。而快速增长的民营经济则为金融机构提供了高质量的项目。

一方面，民营企业的所有制结构、产权结构特征保证了其经营者具有强大的经济利益驱动，其在生产经营、投资项目选择、企业经营运作、员工激励等方面必须紧紧抓住获取经济效益这一根本目标，其生产经营活动普遍具有较高的经济效益，保证了金融机构的投资收益。

另一方面，国内民营经济是在体制夹缝中成长发展的，相对于国有企业而言，严峻的市场竞争环境和社会制度环境对其产生了提高经营效益的硬约束，效益差的企业会很快被市场淘汰，只有那些能够抓住市场机会、将有限资源投入到最有效益的领域或项目的企业才能逐步发展壮大。因而存活的民营企业为金融机构的信贷发放和相关的投资提供了充足的、高质量的对象和项目，提高了金融机构的资产质量，降低了信贷和投资风险。这也是浙江民营经济对金融机构的主要吸引力所在，是浙江区域金融资产质量的重要保证。

在为金融机构提供了大量优质企业和贷款项目，促进金融机构资产结构改善的同时，活跃的民营经济也产生了大量的金融中间服务需求，促进了金融业的持续发展和效益提高。

正是浙江强大的民营经济奠定了浙江金融资产的高质量。以经济增长同样处于全国前列的江苏和浙江比较而言，2008年时，浙江省的信贷资产不良率

为 1.48%，而江苏省则为 2.54%，浙江比江苏低 1.06 个百分点，其重要原因就是两省的经济结构截然不同，体现为两省的非公经济发展存在较大差距（李扬等，2005）。

（四）对金融服务质量、业务领域和范围提出更高要求，促进了金融创新

根据制度经济学及交易成本理论，金融作为一项制度安排，其创新存在着制度成本，经济规模决定了其制度创新的效率和进度。即：由于金融市场和金融交易存在固定的进入费用，在人均收入和人均财富较低时，多数经济主体往往无力支付固定的进入费，金融市场和相关金融交易业务就比较简单，金融创新就比较缓慢。随着经济不断发展，能够支付固定进入费的主体不断增加，金融中介机构和金融市场的利用率就越来越高，金融创新的单位交易成本随之下降，市场主体不仅会扩大对原有金融服务的需求，而且会产生更高层次的金融服务需求。作为对金融服务需求的回应，区域金融机构、金融资产品种和金融市场都会随之扩张和发展，金融创新活动规模不断增加。

浙江金融发展不仅表现在金融机构的大量聚集和金融业务量的迅速增加方面，更表现在金融机制、金融体制、金融业务和金融产品的不断创新，而这些创新的源泉主要是民营经济增长对金融服务所提出的新要求。

具体来说，首先，浙江民营经济增长形成了强大的经济规模，降低了金融创新的单位制度交易成本，为金融创新提供了规模经济基础。

其次，民营经济的市场化经营机制对金融机构的经营理念、经营机制和体制创新提出了明确要求和经验借鉴。

最后，民营经济的发展壮大对金融机构的金融产品和业务创新提出了迫切要求。民营经济经营范围不断向省外、国外拓展，客观要求金融机构不断提高服务效率，扩展服务领域和地理范围，这在为金融机构带来显著收益的同时，促使其不断在金融服务的机制、制度、业务、产品、服务领域和范围方面创新和拓展，使其不断向区域外、省外、国际间延伸，加大现代信息通讯网络等技术成果的运用，建立跨区域、跨省、国际间的快速支付和结算通道和方式，拓展网络银行、手机银行等新兴业务领域，从而推动金融业的做大做强。

（五）浙江块状经济进一步降低了金融机构的交易成本和风险，提高了其经营效益

专业化市场、专业化产业区是浙江民营经济的重大创新，它是民营经济增长的重要载体。专业化市场、专业化产业区这种空间组织形式，为金融机构提供相关服务创造了非常良好的条件。表现在：

1. 区域内部的中小企业离不开这个产业环境，迁移的机会成本高，从而

减少了民营企业的机会主义倾向，增大了企业的守信度。

2. 专业化区域形成的声誉效应使企业逃废债务的可能性大大减少。

3. 专业化区域降低了银行的交易成本。一方面，区域内的企业从事同种行业，银行容易通过行业协会、地方政府获得较为完备的信息；另一方面，银行通过对专业区内的许多企业发放贷款，可以获得规模经济效益。

4. 专业化区域降低了银行的信贷风险。专业化区域的产业发展方向明确，产业风险具有一定的可预测性，而且银行向区域内众多企业贷款，坏账比率相对固定，且低于一般水平。

可见，浙江金融现象的形成，民营经济的强劲发展是最主要也是最直接的原因，浙江金融现象中的各个特点，几乎都可以从中找到解释，包括：金融业务量多质优，全国各个商业银行在浙江设立分支机构开展业务，证券市场发展较快，民营金融、农村金融的发展快速，民间借贷基础雄厚，金融生态环境良好等。

二、金融系统的制度和业务创新是浙江金融发展的不竭动力

国家宏观层面的金融体制改革和制度创新是浙江金融发展的根本原因。在此背景下，浙江金融系统在人民银行杭州市中心支行、浙江银监局、证监局、保监局及浙江省政府的领导和推动下，进行了卓有成效的制度和业务创新，保证了浙江金融的快速发展。具体表现在下述几个方面：

（一）推动金融机构的商业化、市场化改革

改革开放以来，浙江金融机构改革迈出实质性步伐。近年来，国有四大商业银行在浙分支机构改革工作有序推进，银行的股权结构、治理结构和管理模式不断改善，商业化、市场化目标进一步明确，金融服务和金融创新动力不断增强，现代支付和结算系统建设快速推进，金融信息化、网络化建设取得较快进展，中间业务推陈出新，银行、银保业务合作不断加强，对地方经济增长贡献不断提高。

作为地方金融体系主体的城市商业银行、农村信用社改革取得了实质性进展。经过清理整顿，浙江将泰隆等三家城市信用社进行股份制改造，组建了股份有限公司，建立了浙江泰隆商业银行、浙江民泰商业银行和浙江稠州商业银行。各家城市商业银行经过置换不良资产，并通过引进境外机构投资者，优化了资本结构，提高了资本充足率，法人治理结构基本形成。

作为全国农村信用社改革第一批 8 个试点地区之一，经过几年的改革，浙江省农村信用社分别按照各自实际情况，改组成为农村合作银行或农村信用联社。2004年，在81个县（市、区）农村合作银行、农村信用社联合社和农村信用联社入股的基础上，浙江组建了具有独立法人资格的地方性金融机构——浙江省农村信用社联社。

金融机构的股份制改造，从根本上改善了其治理结构、战略目标和管理模式，强化了经营者的激励和约束机制，为金融机构的市场化、商业化运作奠定了良好的制度框架。

（二）激活民间资本，培植中小金融机构，强化对民营中小企业金融支持

针对浙江民间资本充裕，中小民营企业融资难的现状，浙江积极引导民间资本参与国有商业银行、地方股份制商业银行和农村信用社的改制，让民间资本进入合法的经营渠道，既充实了金融机构的资本，完善了治理结构，又加强了对民营中小企业的支持。

如温州市商业银行在改革中，选择吸收了7家著名民营企业的股本2.6亿元，使其总股本由原来的2亿多元扩大到5亿元。来自民营企业的外部董事和股东为银行带进了新的管理理念、模式和有效信息，提高了银行的决策水平，优化了业务发展条件，降低了风险。

与此同时，随着农村金融体制改革的进展，浙江不断探索适合农村特点的金融组织，改善农村金融服务。村镇银行、小额贷款公司等新兴的金融机构大量涌现，金融机构网点迅速向县以下乡镇机构延伸，乡镇金融服务网点空白问题得以解决，使得浙江金融机构类型不断丰富，体系更加完善。

如，在2012年以民间融资规范化和阳光化为主要特色的温州市金融综合改革中，温州通过建立民间融资登记服务平台、开展民间资本管理公司试点及定期发布民间融资综合利率指数等措施探索民间融资的阳光化和规范化；通过深化农村合作金融机构改革，发展新型金融组织，推出小额贷款公司主发起人招投标制度，培育发展村镇银行；设立小微企业融资综合服务中心，发展设备融资租赁，深化小额贷款保证保险试点，推出科技保险、国内贸易信用险、环境污染责任险；建立知识产权交易中心、股权运营中心、大宗商品电子交易中心、文化金融交易中心等平台，打造综合型金融服务平台。

中小金融机构的建立，既强化了金融市场的竞争，对国有商业银行的改革形成压力，又有效支持了中小民营企业的发展。

（三）利率市场化改革，调动金融机构支持民营经济、中小企业的积极性

利率市场化改革是银行业迈向市场化的重要一步，它对改善商业银行的贷款风险与收益平衡，激励商业银行积极开拓民营中小企业信贷市场，实施差异化竞争战略具有重要的推动意义。

某种意义上，中央银行的利率管制政策是造成中小企业融资难的制度障碍之一。作为一个独立的市场主体，金融机构面对民营中小企业提供金融服务时，不同企业的金融需求千差万别，企业信用状况各不相同，银行经营的成本必然大不一样，而且面临的风险差异悬殊，如果不能根据市场情况决定服务价格，必然会造成金融机构从节约经营成本和监督费用的"经济性"出发，对小规模、分散化、高风险的民营中小企业缺乏服务热情。诚然，由于信息不对称、逆向选择和道德风险，采取市场均衡高利率未必会使得银行收益达到最大化，但没有价格的自由决定权，是难以激发其主动服务民营中小企业的积极性的。

可见，解决商业银行对中小企业信贷的收益与风险平衡问题是调动商业银行积极性的基本条件。首先，国内银行对中小企业的贷款利率根本不足以补偿银行的高风险和成本；其次，利率市场化后，银行可根据企业的风险高低确定利率水平，优质中小企业将有更多机会选择银行，以较低利率获得贷款；风险较高的企业，也可以较高利率获贷，告别超高的地下、民间借贷，总体获贷机会大大增加；再次，利率市场化后，银行竞争将更为激烈，为金融创新提供机会；最后，利率市场化可使中小企业的各种成本账面化，有利于规范中小企业财务行为，改善管理，也有利于消除银行的道德风险。

随着国家对于利率市场化的逐步推进，浙江金融业争取到了许多改革试点的先行权，成为中央银行利率市场化改革的排头兵。

浙江温州一直是利率市场化改革的先锋。早在20世纪80年代，温州就开始了存贷款利率浮动改革，取得了明显成效。2003年开始的新一轮利率市场化阶段中，温州350家农信社又开始进行存款利率上浮50%，贷款利率上浮100%的试点。2005年农业银行温州市分行被农总行确定为全国农业银行利率市场化改革试点行，这是国有商业银行利率市场化的一大步，同年，中央银行将温州民间利率作为中国市场化利率改革的一个参照系。

利率的市场化改革，激发了浙江银行业支持民营中小企业的动力，促进了金融的快速发展。

（四）打破垄断，建立和引进多种类型的金融机构

1. 浙江大量民营金融机构为民营经济提供有力资金支持，同时加剧了市场竞争

浙江金融体系最大特点就是民营金融机构多，增长速度快。首先，这些大量建立的民营金融机构为民营经济增长提供了有力的资金支持。相对于国有银行的经营体制，这些民营金融机构与民营经济有着天然联系，这些机构规模

小，组织结构较为简单，代理成本较低，所有制歧视少，经营机制灵活，市场化导向明确，更适合于对中小企业的关系型贷款。其次，由于这些金融机构在服务大型企业方面没有大银行的资金规模、硬信息生产和市场地位优势，而在服务中小企业方面则具有软信息生产和成本优势，因此理性的经营者必然会专注于中小企业的信贷服务。

民营金融机构的发展促进了银行信贷市场供应方之间的竞争，迫使各家金融机构在竞争中细分市场，根据内外部环境和自身的优劣势形成各具特色的目标市场，形成专业化分工，有利于银行提高和创新经营管理水平、客户服务水平和意识、手段和方法，有利于金融产品和金融制度的创新。

民营金融机构完全以追求经营效益为目标的理念，对国有商业银行改革经营机制起到良好的借鉴作用，促使其建立以经营效益为目标的经营战略，改革其信贷管理机制和经营管理方式，建立起相应的激励约束机制，适应与外资银行竞争的需要。

2. 金融市场竞争是促使各类金融机构支持民营中小企业的基本条件

市场竞争是保证资源优化配置、提高市场效率的基础，也是提高消费者福利的基本途径。实际上，我国金融机制改革就是不断逐步打破市场垄断，培育金融市场竞争主体，加强金融市场竞争的过程。

市场经济环境下，任何一家以追求经济效益最大化为目标的商业性金融机构，当存在几种可供选择的贷款机会时，都会选择低风险、高收益的项目。由于投资大企业的风险要远远低于中小企业，因而任何一家的理性的商业银行，不论是大银行还是小银行，是民营银行还是国有银行，都会选择对大企业投资，只要他们有这样的投资机会。

长期以来，无论国有商业银行或股份制商业在支持民营经济、中小企业融资都存在诸如积极性不高、动力不足、支持效率低等问题，而缺乏有效竞争正是这些问题的重要原因之一。

虽然民营金融机构在服务民营中小企业方面存在较强的优势和有利条件，但这些机构是否会主动积极为民营经济服务，还需要一系列外部环境条件的约束和激励。其中最为关键的因素有两个，一是银行业市场竞争的加剧，使得中小金融机构失去对低风险的大中型企业贷款的机会，或者贷款成本过高，这样它就会在竞争压力下寻找新的市场机会，增加对中小企业的贷款支持；二是金融服务价格管制的放开，使得对中小企业贷款的高风险可以通过高收益得到补偿，从而激励其支持中小企业贷款的动力。

其实，民营金融机构以中小企业为目标客户的定位是其在激烈的市场竞争环境下发挥比较优势的最优战略选择。中小金融机构在服务大型企业方面没有大银行的资金规模、机构网点和市场地位优势，而在服务中小企业方面则具有熟悉情况、信息成本低、决策链条短等优势，大企业信贷竞争异常激烈，而中小企业信贷市场则相对机会更多，虽然风险较高，但也有较高的收益，因此理性的经营者必然会专注于中小企业的信贷服务。

可见，提高金融市场竞争程度是改善金融效率，缓解民营中小企业融资难问题的关键。在这方面，浙江省一方面通过对原有金融机构的股份制改造，增强其市场竞争能力，并鼓励其跨区域设立分支机构；另一方面建立了许多民营、中小金融机构；同时还通过政策鼓励，大量吸引外资银行、股份制商业银行进入浙江。形成了以银行类金融机构为主体的众多的金融机构的格局。

浙江金融机构经营效率、效益的提高和金融创新的不断涌现，正是由于浙江省内存在着众多的金融机构，形成了市场的有效竞争，从而驱使各家金融机构根据自身优劣势，准确定位目标市场，以其专业化技能提高服务质量，形成了金融业蓬勃发展的局面。

（五）监管理念、方式的创新，防范风险

金融监管是金融业健康持续发展的重要保障。近年来，人民银行杭州中心支行和浙江银监局、证监局、保监局等部门在浙江各级政府大力支持下，不断更新监管理念，创新监管方式，确保了金融和社会稳定。

浙江建立了地方政府与中央金融管理部门沟通协调合作机制，加强对金融监管工作的协调服务，积极推进"信用浙江"建设，建立和完善银行信贷登记咨询系统，严厉打击逃、废银行债务等行为；建立畅通、对称、高效的信息交流平台，深化银企合作，努力构建"诚信、合作、发展、共赢"的新型银企关系，进一步优化金融生态环境。

银监局以资本监管和风险监管为核心，循着贷款分类、充足拨备、做实利润、资本充足率达标重整的"四环节"，促使银行业的资本监管和风险管理不断接近国际标准。在此基础上，创建了不良贷款重点联系行工作机制，强化应急机制建设，特别是对不良贷款反映较突出的支行级机构，进行重点监测、考核，深入分析大额不良贷款的个案情况，提出处置意见，监督落实处置方案。持续跟进不良贷款月度监测与分析考核工作，及时通过非现场监管手段，掌握不良贷款动态及处置工作进展。

同时，不断加强金融债权"执行难"的综合治理、企业改制金融债权的保全认可、违规贷款和大额关联交易的跟踪监测、民间金融监测和引导、信用激励与约束和银行间防范信贷风险协调机制等的建设，重点防范信贷集中度风险，配合政府推动市场经济中的信用再造。

证券业监管逐步建立了以保护投资者利益、提高透明度和完善上市公司治理结构为核心的监管框架。为此，证监局联合开展上市公司合作监管，共同推进提高上市公司质量工作。同时，浙江省还致力于加强上市公司内控制度建设和诚信建设，防范和化解上市公司风险，提升"浙江板块"的整体市场形象。

保险监管也逐步建立了以偿付能力、公司治理结构和市场行为监管为核心的监管框架，不断探索具有浙江特色的保险监管之路。

（六）金融机构的经营理念、战略目标和市场定位的转变

金融机构的股份制改造及其市场竞争的加剧，使各个金融机构逐步找准了各自的职能定位，更新了经营理念，调整了经营战略。

各家金融机构在此基础上，主动调查和分析区域经济发展对金融的需求，在分析自己特点和优劣势的基础上，确定正确合理的市场定位和经营策略。在明确定位的前提下，各家金融机构坚持"放弃、剔除、拓展、培植"八字方针，不断细分市场和目标客户群，向目标客户提供有针对性的金融服务。

浙江各家商业银行通过市场竞争，逐步认识到民营企业对于其利润增长的重要作用，从经营理念上辩证处理做大与做强、业务发展与资金安全运行、追求效益与防范风险、贷款增量与存量、追求利润与降低成本、中间业务与信贷业务的关系，把拓展民营经济、中小企业、个人客户作为新的利润增长点。

地方中小金融机构逐步树立了立足地方个体民营经济，以服务地方经济、中小企业和社区居民为目标的市场定位。通过机构网络化、结算手段自由化、资产业务集中化、服务质量最优化提高服务质量。

农村金融机构充分发挥农信社的农村金融主力军作用。不断调整战略和定位，经营上实行一行一策，一行多制。通过支持新农村基础设施建设，围绕生产发展的主线，提供生产型的金融服务；围绕富裕起来的农户，提供消费型、投资型的金融服务。争取将农村信用社办成扶贫帮困的乡村银行，致富奔小康的农民银行，支持块状经济的区域银行。

（七）信贷管理机制及金融业务、产品、服务的创新

在明确服务民营经济、中小企业、新农村建设的基础上，各家金融机构对于信贷管理机制进行了大量卓有成效的探索。

针对服务对象的特点，各家金融机构在机构设置、授权授信制度、贷款流程、信用评级等方面进行了制度和流程改造，建立起适合中小企业、三农贷款、个人贷款的授信管理制度。如：设立中小企业信贷部，赋予其独立运作，制定相应信贷管理机制的权力；组织机构扁平化，改革授权授信制度，完善信

贷人员激励约束机制，推行信贷风险责任制；建立适合于中小企业的信用评级标准，将企业主的品行、行为、企业的市场、发展前景等非格式化信息纳入评级标准中，降低企业规模、财务指标等因素的权重；简化信贷流程，提高服务效率，建立小企业贷款高效审批机制、科学有效的激励约束机制和风险定价机制等。

在贷款营销机制上，温州商业银行实行了包贷款营销、包贷款回收和包营业收入，并与个人利益挂钩的"三包一挂"营销机制改革，并将营销范围逐步扩大到发放信用贷款领域。

在城镇金融服务中，台州市商业银行自2005年开始在下辖的十家支行开办微小贷款业务，针对个体工商户、家庭作坊和微小企业，注重对借款人的调查，弱化对保证担保的要求，还款采取按月等额分期方式。

温州工商银行和农业银行在信用贷款中推出金名片信用贷款，对效益突出、董事长信用度极高的民营企业上浮信用等级，加大信用贷款额度；在保证贷款中推出担保金融隔离保证贷款，鼓励设立民企会员制商业性担保公司；在抵押贷款中推出自然人抵押连接贷款；在质押贷款中推出中小企业专利权质押贷款，自然人质押连接贷款等。

随着小微企业信贷产品的不断创新，杭州银行通过对原有的快速融资、简便融资、灵活融资、便宜融资、特色融资及创新融资六个系列产品进行整合创新，形成了以小微企业为信贷主体的百业系列和以个体工商户、居民个人为信贷主体的易贷系列，此外，还针对小企业推出了综合营销系列产品。

宁波银行推出了"金色池塘"金融服务系列产品，包含"透易融"、"便捷融"、"押余融"、"友保融"、"诚信融"、"贷易融"和"专保融"七款产品，"即、时、灵"账户结算类产品以及特色积分增值服务类产品。

为了不断拓展中小企业的直接融资渠道，工商银行温州分行等机构还开展了小企业集合发债、小企业信贷资产证券化以及小企业短期融资券业务的试点工作，对中小企业金融服务的水平和能力不断提升。

在农村金融服务中，农村金融机构充分利用当地制度资源，采用非正规与正规相结合的方式，在评定信用农户的基础上，实行了一次核定、随用随贷、余额控制、周转使用的办法，全面推广小额信贷。如：

温岭农村合作银行以农民专业合作社为授信单位，社员为贷款主体，对社员根据信用等级发放支农贷款，一年一定、分户管理。萧山农村合作银行建立了适合三农特点的安全线额度管理、贷款责任追究制等新型信贷体制。

义乌农村合作银行推出"旧村改造配套贷款"，贷款发放采用一次核定，根据施工进度分次发放的方式。德清县建立农业发展担保有限公司，对种养企业以其承包或租赁的生产经营项目的期权作质押反担保，推进以专业合作社为龙头的反担保基金的建立，并采取动产质押加承诺的反担保形式，实行担保企业的授信额度管理。

温州瓯海农村合作银行推出"新温州人创业贷款"，放宽了户籍限制，有一定经济基础的可通过房产等固定资产抵押获得利率较低的抵押贷款，能提供有一定经济基础的担保人的申请人也能享受担保贷款。永嘉县信用联社联合共青团组织，打造"农村青年诚信创业贷款工程"。

嵊州市在农村金融服务综合试点中，推出了"创业乐"、"安贷保"系列金融新产品和相应的财政支持政策，在增加信贷担保方式、放宽贷款条件、优惠利率和保费、简化办贷手续和防范信贷风险方面做了有益探索，为微型企业的再次创业、农户的初次创业以及低收入户的帮扶创业提供金融服务，较好地满足了试点村农民的创业资金需求。

与此同时，浙江金融业还根据民营经济的发展要求，不断跟进民营企业跨国经营，积极开办国际结算、信用证开立兑付、跨国托收承付、买方和卖方信贷等业务。

在 2012 年开始的丽水农村金融改革中，金融机构通过林权抵押贷款实现扩面增量，累计发放林权抵押贷款 14 亿元。创新推出以茶园、生态公益林等为抵押担保的支农产品，深化支付便农工程，在 2114 个行政村设立了助农取款服务点。各金融机构还创新推出石雕抵押贷款、农副产品仓单质押贷款及农民工创业扶持贷款，探索开展小额农贷"整村批发、集中授信"试点工作。推出银保合作金融产品"易保贷"，累计发放小额保证保险贷款 6407 万元。采取银政保合作模式开展低收入农户扶贫贷款项目试点。推进开展农民担保公司建设，已有 9 家农民担保公司开展业务，累计为 600 余户农民担保贷款 3 亿元。

（八）内控机制的建立完善

内控机制直接影响金融机构经营目标的实现，甚至影响其生存。随着金融机构的商业化、市场化改革，在金融监管部门的指导和监督下，各家金融机构对内控的内容和要求不断明确，内控机制不断建立完善，防范和化解金融风险的意识和能力也不断增强。

地方金融机构通过思想教育和法律培训工作，利用典型案例，树立起干部职工遵纪守法、敬业爱岗、恪尽职守的精神，增强遵纪守法和合规经营的意识。

在此基础上，严格按照《金融机构内控指引》以及相关的规章制度要求，积极清理整顿现有的内控制度，对各项内控制度和业务规章、机构和岗位设置、决策和管理议事规则及操作程序全面检查，修补机制漏洞，改变过去"重事后、轻事前、事中"的内控做法，重新构建全方位的内控机制。并通过强化管理，建立健全案件责任追究制度，保证内控制度贯彻落实。包括：禁止业务操作人员违反程序操作，避免一个人独立完成一个交易活动的全过程而不受到监控和制约；充分发挥审计、纪检、监察等职能部门防范风险的效能；确立科学严格的业务考核制度，制定合理可行的考核办法，完善奖优罚劣的激励机制等。

三、信用环境改善是浙江金融发展的基本前提

信用是现代经济生活的核心，市场经济的本质是信用经济。信用环境好转是金融发展的基本前提。从世界各国的情况看，经济金融越发达的国家，信用制度就越完备。

浙江民营经济在发展过程中也曾经出现了严重的信用危机。但随着市场经济的发展和各级政府信用体系的建立和完善，浙江的信用环境正在不断好转，从而为金融业的快速可持续发展提供了基本保障。促使浙江信用环境不断好转的原因大致包括以下几个方面：

（一）民营企业在反复的市场实践中做出的理性选择

民营企业在社会经济中处于"强位弱势"地位，融资难始终是困扰其生存和发展的主要问题。在大量的市场实践过程中，越来越多的企业认识到，制售"假冒伪劣"产品、骗取银行信贷资金可能会获得短期利益，但绝对难以为继；信用是企业最为珍贵的资源，企业要想持续发展并做大做强，就必须树立长远眼光，建立企业良好的信用形象，不断提高融资能力。包括：

1. 强化信用建设对企业发展的生死攸关作用的认识，不断树立以信用为本的经营理念，切实在经营管理活动过程中限制自己的各种机会主义行为，树立信用观念，珍惜企业信用，不断加强企业信用文化建设，建立企业良好的信用形象。

2. 规范财务管理，提高信息透明度。包括：建立和完善企业的财务管理制度，依法建账；提高财务管理水平，加强财务控制，提高财务信息的准确性；强化企业经营管理，保证产品质量、服务质量；加强合同管理，杜绝违约、侵权及欺诈失信行为；建立企业内部的信用资料库。

3. 采取各种方法，进行信用增级。包括：积极主动通过重组、挂靠联合、

配套服务等与大企业对接，参与产业链分工，增强技术创新、盈利能力，利用大企业信用推动生产要素重组和流动，以及组织结构调整和融资结构优化；走产权主体多元化道路，构建法人治理结构；积极参加资信评估，加入担保联盟；加强企业营销意识，不断提高企业和产品知名度，树立品牌形象。

（二）民间金融的信用与风险管理机制促使民营企业信用意识逐步提高

民营企业在创业初期，由于缺乏充分的信用和抵押担保等手段，难以从正规金融机构获得资金支持，许多企业借助于民间借贷来缓解资金紧张问题。作为一种体制外产物，民间借贷具有不同于正规金融的信用与风险管理机制，一定程度上促进了民营企业信用意识的提升。民间金融机构能够充分利用人缘与地缘优势，充分了解贷款者所从事的经营活动、财富状况、社会关系甚至人品等，民间金融机构的代理链短，产权明晰，机制灵活，具有更强的风险控制能力；民间金融具有强化信用的效应，有利于降低融资成本。

以银企之间的博弈模型分析，当银企之间信息不对称、且交易行为是一次性时，企业的最优选择是采取机会主义行为，而银行的最优选择是不提供信贷；但当在银企之间要进行无数次重复博弈时，企业的机会主义行为会在今后的交易中遭受到银行的严厉制裁，因而企业的最优选择就是诚信，银行最优选择是提供贷款，双方从而由不合作走向合作。这里，无数次的重复博弈是关键，而民间借贷相互之间比较熟悉，既减少了信息不对称，更加大了重复交易的可能性，从而使企业逐步建立起信用意识，强化了其诚实守信行为。

（三）民营企业的块状聚集特征有助于提升企业信用形象

中小企业在空间集聚形成的专业化市场和专业化产业区形成了强烈的集群信用效应，一方面可有效促使集群内的中小企业不断提高信用意识，加强信用管理，另一方面也可从整体上提升集群的信用形象。因为，集群所形成的规模经济、专业化分工、低交易成本等优势使中小企业离不开集群这个环境，而企业在集群内的信用、声誉效应对于企业的交易具有至关重要的影响，没有良好信用的企业就会失去大量有利的交易机会，损失重大，因而企业会自觉地建立和维护自己的信用。

而且，集群对外作为一个整体，其信用要远远高于单个企业的信用，银行对集群内行业、企业进行信息搜寻和处理，发放贷款的成本低、风险易控制，因而集群内的企业都可间接提升信用等级，信贷可能性大大增加。

（四）区域信用体系建设是信用环境改善的根本保证

信用体系建设是建立良好信用环境的根本保证。以银企博弈来说，当银行不知道博弈能否持续进行时，其最佳策略是不贷款。但如果存在一种强制的外在制度安排，使企业所受到的惩罚成本大于不归还贷款的成本，从而企业的最佳策略是归还贷款时，银行的最佳策略也就改变为发放贷款了。这种外在制度就是信用制度和信用体系，它是为了防止经济主体的非理性行为或机会主义行为而建立的一种至关重要的制度。

随着浙江民营经济的发展，浙江各级政府不断加强信用制度建设，把建立良好的信用环境作为政府维护市场正常秩序、吸引金融机构和投资的重点工作。

在国家信用制度和信用体系建设的宏观背景下，早在 1994 年，温州市就召开万人大会，决定"质量立市"。

2001 年浙江省委提出建设"信用浙江"的战略部署，旨在通过信用法规、诚信道德、信用监管三大体系建设，提升政府、企业、个人信用水平。紧接着，2002 年，浙江省政府出台《关于建设"信用浙江"的若干意见》，明确了建设"信用浙江"的目标和基本内容，并开通全省企业信用发布查询系统，建成全国率先开通、数据容量最大的省域企业信用数据库。

政府在推动区域信用体系建设方面的努力从制度上保证了信用环境的不断改善，成为吸引金融机构聚集，促进金融发展的坚强后盾。

四、地方政府的转型、引导与支持是浙江金融发展的重要保证

地方政府引导与支持是浙江金融发展的体制性原因。各地区的金融发展与政府行为密切相关，政府的区域金融政策不同，各地区的金融发展就存在差异。

在中央政府金融体制改革和相关法律制度建设的宏观框架下，浙江地方政府对金融发展的作用主要体现在为金融发展创造了一种良好的体制机制、政策和社会环境。具体表现在下述几个方面：

（一）通过政府转型，建立了一种市场化的执政理念和行为模式

随着浙江成为民营经济、中小企业王国，客观上对浙江政府管理经济的模式提出要求，同时，基于对于民营经济发展过程中各地政府成功经验的总结，浙江省各级政府积极进行政府职能转换，逐步建立起一种市场化的执政理念和行为模式。

首先，正确定位政府职能和责任，将政府为社会提供以制度为主体的公共产品作为其首要职能。浙江各级政府均将主要精力集中于法规制度的建设。通过对于现行各种金融法规的"废、改、立"，为金融市场上的各种主体的行为提供制度规范和支撑。

其次，不断加强政府自身的改革和效能革命，包括：精简政府机构，控制政府规模；开展行政审批改革，建立行政服务中心、招投标中心、会计核算中心、经济发展环境投诉中心，不断规范地方政府的事权和财权等，规范政府的执政行为。

最后，转变政府管理经济和金融活动的方式，由微观经济活动的管理转向宏观经济活动的调控，由以直接管理为主转向以间接管理为主，由以行政管理为主转向以经济管理为主，由实物控制转向价值控制，由静态控制转向动态控制，由主要着眼于全民所有制经济活动转向引导和调控包括集体经济和民营经济在内的全社会经济活动。

浙江地方政府执政理念和行为模式的转变，对金融发展的最直接效应就是减少了行政干预，为金融机构按照市场原则经营创造了良好的条件，而政府干预正是国内金融发展的主要问题之一。

（二）加强对金融发展的规划、引导和支持

建设金融强省是浙江省政府的一个重要工作。为此，各级政府通过引导、规划和支持，不断促进金融业的健康发展。

第一，成立地方金融管理机构，并积极与人民银行、银行监督管理委员会、证券业监督管理委员会、保险业监督管理委员会在浙江的分支机构紧密合作，研究制定浙江省金融发展的规划、监督和管理。2005 年，浙江省政府就成立了省金融工作领导小组及其办公室，先后制定出台了"关于我省地方金融业改革发展的若干意见""关于促进我省保险业加快发展的意见"。并制定了《浙江省"十二五"金融业发展规划》，为金融发展提出了总体目标，引导了金融业的有序发展。

2012 年 6 月 22 日，浙江省委、省政府再次就地方金融业发展提出指导意见《关于加快金融改革发展的若干意见》，进一步明确了围绕省委"八八战略"和"创业富民、创新强省"总战略，以建设金融强省为目标，以打造"中小企业金融服务中心"和"民间财富管理中心"为重点，加快推动地方金融改革创新，着力破解中小企业多、融资难和民间资金多、投资难的问题的原则。并就加快造大做强地方金融机构、加强地方资本市场体系建设、加快区域金融创新发展、促进民间融资阳光化、规范化、加快地方金融管理体制改革、营造良好金融发展环境、加强组织和协调等方面提出具体指导意见。省政府办公厅并就相关问题进一步发文提出明确要求，使浙江金融发展具备了良好的政策指导和环境。

第二，在国家金融体制改革相对滞后的情况下，浙江各级政府积极支持广大群众探索以民间资金为主的融资体制改革，建立了众多的农村合作银行、村镇银行、城市商业银行、社区银行、小额信贷公司及农村基金会、农村金融服务社等，为缓解民营中小企业融资难发挥了作用。

第三，各级政府积极争取国家金融改革的试点，1980 年平阳一家信用社首先实行利率浮动，1986 年，第一家民间金融企业——鹿城信用社开业，1993 年台州率先建立了纯民营金融组织——泰隆城市信用社，2002 年温州成为全国性的金融改革综合实验区。近年来，浙江又有"海洋经济发展示范区"、"舟山群岛新区"、"义乌市国际贸易综合改革试点"、"温州市金融综合改革试验区"等列入国家战略。此外，人民银行和省政府还联合发文，决定在丽水市开展农村金融改革试点。

第四，浙江省积极建立全国性金融机构，2004 年，在原"浙江商业银行"的基础上，成立了全国第一家民营银行——浙商银行。

第五，针对金融机构经营管理和金融市场发展问题，浙江省政府采取各种优惠政策，吸引各家商业银行在浙江设立分支机构，鼓励地方金融机构与国内外金融机构开展各种形式的合作，支持城市商业银行引入境外战略投资者，并有效实施农村信用社的改革试点，营造了竞争性的金融资源集聚平台与市场环境。如浙江省政府在香港组织举办了 2005 年"香港·浙江周"，浙港两地共签订金融业合作协议 19 项。2006 年 7 月，杭州联合银行与荷兰合作银行、国际金融公司在杭州正式签订了战略合作协议，成为国内第一家引进外资股东的农村合作金融机构。2012 年，澳新、华侨两家外资银行分别在杭州、绍兴设立分行。

第六，浙江省通过完善房地产抵押登记政策，在林权、农村住房、土地承包经营权抵押方面取得突破，积极发展中小企业担保体系。并在全国首创了由政府出资建立的小企业贷款风险补偿机制，仅 2012 年，全省财政就为小微企业贷款提供风险补偿资金 6700 多万元，为金融机构积极创新信贷模式、加大对中小企业的支持力度创造了良好的条件。

第七，对民间非正规金融，采取"变堵为疏"的政策，对其进行规范管理。在 2012 年 3 月国务院决定设立温州市金融综合改革试验区后，温州重点就民间融资规范化和阳光化改制进行了探索。包括：建立民间融资登记服务平台，目前已开业运营 4 家民间借贷服务中心，借贷总成交金额 3.57 亿元；开展民间资本管理公司试点，已开业 6 家民间资本管理公司；定期（按周）发布民间融资综合利率指数，即"温州指数"。为民间融资的阳光化和规范化提供了宝贵经验。

第八，针对中小企业融资难问题，2006年浙江省颁布了《促进中小企业发展条例》，从创业扶持、资金支持、信用担保、社会服务、权益保护等九个方面力促中小企业发展。省财政预算安排专项资金，其他资金项目向中小企业倾斜，鼓励各类金融机构与中小企业开展各种形式的融资合作。金融监管机构加强信贷政策指导，制定了批量化设立小微企业贷款专营机构的政策，完善差别化的监管措施，实施弹性存贷比管理，促进金融服务向下、向小延伸。通过开展金融支持实体经济服务年活动，浙江省小微企业贷款、支农贷款均居全国第一。

第九，发展直接融资，建立多层次资本市场体系。加强地方资本市场体系建设，发展直接融资是浙江省"十二五"金融业发展规划和省委、省政府《关于加快金融改革发展的若干意见》中的重要内容。近年来，金融监管部门大力推动浙江企业在银行间市场发行债务融资工具，推动企业债务融资发行规模迅速扩大，直接融资渠道不断拓宽。同时，积极建设区域性股权交易市场，优化了资本市场结构，满足了浙江经济转型升级对资本市场的需求，为浙江非上市企业的集聚、各类信息的发布、投融资双方的汇集以及企业品牌的营销提供平台。

（三）积极打造良好的金融生态环境

保护金融债权、建立良好的信用环境是金融发展的根本所在。在这方面，自2002年浙江省委、省政府提出建设"信用浙江"以来，浙江制定了有关信用管理、房产抵押登记、金融债权保护、地方国有金融资产管理等方面的地方法规，有效保护金融资源产权所有者的合法权益。并在政府信用、企业信用、个人信用建设、信用担保体系、中介机构发展方面取得了巨大成就，创造了良好的金融生态环境。

（四）建立金融监管联动机制，防范金融风险

浙江省政府在积极发展地方性金融机构的基础上，十分重视地方性金融机构的风险防范问题。在2005年成立的金融工作办公室基础上，2009年省政府进一步对其职能进行了调整，赋予其十二项职能，包括：贯彻执行国家金融工作方针政策，配合国家金融管理（监管）部门做好货币政策落实及金融监管工作，协调拟定并组织实施本省金融产业发展规划和政策措施，研究金融发展重大问题，建立全省金融工作沟通协调机制，建立"一行三局一办"（人民银行杭州中心支行、浙江银监局、浙江证监局、浙江保监局、省金融办）的沟通协调机制，加强对全省金融办系统的业务指导和协调，加强与在浙金融机构的沟通联系，协调金融机构和重点企业在改革发展中遇到的问题，组织搭建政

银企沟通合作平台，负责金融保障情况的汇总分析、督促落实、考核评价，引导金融机构运用各种金融创新工具和融资平台为经济建设提供金融支持，指导和推动地方银行业金融机构改革与创新工作，参与推动融资性担保机构规范管理工作，指导协调企业上市工作及证券、保险业等非银机构的改革创新工作，指导和推动金融市场体系和金融集聚区建设，研究制定金融市场发展布局规划，推进多层次资本市场发展，推进地方金融发展环境建设，配合金融监管部门加强金融监管，督促落实地方金融业风险防范和处置责任等。其核心是配合和协调各金融监管部门建立联动机制，防范和化解金融风险，促进金融业健康发展。

在人民银行杭州中心支行与浙江省银监局、证监局、保监局在各自范围内做好金融相关风险分析预测和防范措施的基础上，通过与省政府金融工作办公室的共同努力，使浙江金融发展在制度建设、金融稳定协调机制、金融风险预警机制和金融风险处置机制、金融机构改革发展与创新方面取得了骄人的成绩。

五、发达的信用担保等中介服务是金融发展的重要支撑

（一）区域信用担保体系不断改善

建立中小企业信用担保体系是我国在借鉴国外中小企业融资制度基础上制定的解决中小企业融资难的重要制度之一。

经过近十年的发展，浙江担保行业在担保机构数量、资本金实力、担保业务能力、经营管理水平、规章制度完善和行业自律建设等方面健康发展，行业基础日臻成熟。据《浙江省融资性担保行业 2012 年度发展与监管情况报告》，从 2011 年开始，按照"三年计划、有序推进、减量提质"的工作部署，将机构数量、发展质量和地区经济情况综合考虑，稳步推进全省行业发展。截至 2012 年 12 月底，浙江省共有融资性担保公司 619 家；其中，1 亿元以上规模的达到 118 家，2000 万～1 亿元的 471 家，500 万～2000 万元的 30 家，机构平均注册资本提高 4.71%。2012 年新增担保户数 51181 户，年末担保户数 17.12 万户。全年累计新增担保额 985.39 亿元，占全省银行业新增企业贷款的 23.3%，中小企业户均贷款担保金额 161.03 万元，充分体现了担保机构支持小微企业融资的特性。据不完全统计，2012 年受保中小企业新增就业 19.54 万人，新增利税 57.23 亿元。

在担保规模迅速扩张的同时，信用担保机构风险控制总体良好。2009 年，全省担保机构担保代偿率为 0.64%，累计实际损失率仅为 0.035%，风险控制水平处于全国前列。受外部环境影响，2012 年全省担保机构新增担保代偿额大幅增加，达到 18.08 亿元，担保代偿率也上升到 1.73%。但经过规范整顿后，担保行业货币资金等风险小、流动性大的资产占自有资金的 70% 以上，风险拨备覆盖率仍在可覆盖范围内，担保行业总体风险仍然可控。

（二）金融服务中介机构发达

在信用担保大力发展和规范提高的基础上，民营经济的快速增长所带来的金融服务需求还催生了为民营企业和金融机构提供信息服务、信用评级、技术和政策服务的金融中介机构的发展。在浙江省政府的引导、规范和支持下，这种发达的社会中介组织为金融的发展提供了重要的支撑。

金融中介机构，特别是信用信息的搜集处理、信用等级评价、资信评估等机构的作用突出表现在：可有效消除银企之间的信息不对称，降低银行的信贷风险和信息处理成本，提高借贷企业的信用等级，增强银行信贷服务的动力和意愿。

浙江省金融中介服务机构数量多、种类全，如会计师、律师、资产评估师、证券商、融资顾问、信用评价、信用担保和行业协会等。近年来，浙江中介机构发展迅速、服务规范。据统计，营利性的中介机构家数居全国之首，非营利性的如行业协会有近 3000 家，并率先在全国制定颁布了《浙江省社会中介机构管理办法》，中介服务机构有序发展，服务质量不断提高，为金融发展提供了充分的支持。

六、浙江金融发展机理模型

基于上述分析，得出浙江金融发展机理模型如图 4-5 所示。

促进金融发展的基本因素包括民营经济的强劲增长、金融制度和业务创新、良好的信用环境、发达的中介服务机构、政府的引导和支持五个大的方面。其中，民营经济的强劲增长所带来的金融服务需求促使金融业务规模扩大、金融机构资产质量提高、金融机构增多；金融制度和业务创新促使金融机构经营理念和定位转变、信贷管理机制和流程不断创新、金融业务和产品及服务创新、内控机制建立和完善，进而促使各金融机构市场竞争力不断提升，金融市场竞争加强，进一步促使金融机构的服务意识、机制、能力、质量和效益提升；良好的信用环境以及发达的中介服务业一方面促使企业信用意识增强、信用管理能力提高，金融生态环境改善；政府的引导支持进一步促进金融生态环境改善，推动金融发展。

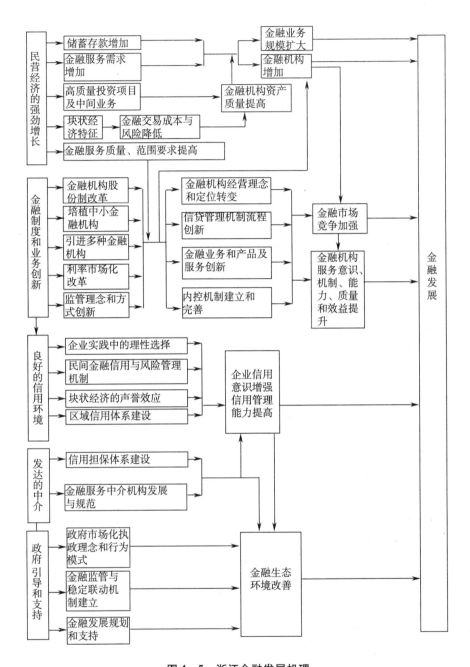

图 4-5　浙江金融发展机理

第五章　民营经济与金融良性互动机制及金融生态环境

第一节　浙江经济增长与金融发展相互促进机理

浙江民营经济增长与金融发展之间双向促进的良性机制是"浙江现象"的生动写照，也是浙江金融生态环境建设的基本目标。但民营经济增长与金融发展的形成是一个逐步循环、不断积累和强化的过程。本章将在前述分析基础上，对其产生机理进行分析和总结。

一、浙江民营经济增长对于金融发展的促进作用

经济增长对金融发展的作用包括对金融机构的直接促进作用，以及对金融体系改革、金融生态环境（特别是社会信用环境）的间接推动作用等。

第四章中已就民营经济对金融发展所起的最为突出的5个方面的直接作用进行了分析，包括：民营经济增长显著增加了社会财富，促进了各类储蓄存款业务、理财业务、保险业务、经纪业务的迅速发展；不断增长的金融服务需求增加了金融服务业务规模和机构数量、种类；为金融机构的信贷发放和相关的投资提供了充足的、高质量的对象和项目，提高了金融机构的资产质量，降低了信贷和投资风险；促使金融机构不断在金融服务的机制、业务、产品、服务领域和范围方面创新和拓展；民营经济的专业化市场、专业化产业区这种空间组织结构降低了金融机构的交易成本和风险，提高了其经营效益。

在上述5个主要作用基础上，民营经济增长还对金融体系改革创新、信用环境、政府管理模式改革具有重要的间接推动作用。

（一）民营经济催生了民间金融，推动了金融改革和金融企业家的培养

得益于浙江传统的经商文化和借贷习俗，以及民营经济增长带来的社会财富增加，民营经济催生了民间金融的兴起和发展。民间金融在为民营经济直接

提供资金支持（包括民间借贷、民间投资等）的同时，推动了金融体制的改革进程，其在经营中的信息机制、定价机制和风险管理机制既为正规金融机构的改革创新提供了有益借鉴和竞争压力，同时也强化了民营经济的信用意识，提高了其信用管理能力。

民间金融是属于正式金融体制之外的，没有纳入中国人民银行等管理机构常规管理系统的金融活动或组织。民间融资具有下述几方面的特性：相关融资活动或机构未在国家工商管理部门注册登记；融资活动为非官方性质，包括资金融通的目的、资金的所有权，资金的运动范围多为非公有经济；游离于正规金融体系之外，不受国家信用控制和中央银行管制，具有内生性和非正式性、不合法性等特质；融资活动具有民间性、地方性、自发性和隐蔽性，运作主要以国家法律之外的一些机制为基础；融资活动不规范，利率可无息，也可能非常高。

民间金融游离于官方金融监管范围之外，在不具备外部审计和相应外部风险分担机制的环境下，虽然没有正规金融机构的专业化信贷审查管理机构和流程，但在其长期的经营实践中，形成了三个重要的机制，有效解决了信息不对称、风险控制和收益问题。

首先，民间金融，特别是民间借贷具有解决借贷双方信息不对称的独特机制。民间金融，特别是个人与个人、企业与企业之间的借贷，虽然手续简单，既不用抵押也不用担保，但借款多是在亲戚、朋友当中进行，资金出借方不仅对借款人（企业）的经营状况、还款能力有清楚的了解，而且对借款人的道德品格、资信情况也有深入了解。这种信息是在双方长期的生产生活过程中积累的，不需要花费专门的时间和人力去调查了解，快速便捷，既提高了借贷行为的效率，便于借款人抓住商机，又节约了借贷双方的成本。民间金融的这种信息和信用评价机制，使得借款人的日常行为、品行等软信息成为最重要的因素，其平时的信用行为直接决定了借款的成功与否。

其次，民间借贷是有关主体对自己所拥有或控制的资金进行借贷的资金授受行为，在借款、还款等多个环节中的行动具有高度的自发性。比如，出借人可随时观察监督借款人的行为和资金使用情况，一旦出现风险，便会立即采取相关风险控制手段。而且由于民间借贷发生在相互熟悉的人群之中，借款人一旦发生失信行为，一方面会受到放贷人严厉追索，另一方面，更重要的是，这种失信行为会被广泛传播，失信者不但会失去将来的各种融资机会，还要承受街坊邻居的强大舆论和社会压力。失信将会对借款人以及亲朋好友的生活质量带来严重影响。

最后，民间借贷的利率定价采取风险加成机制。由于民间借贷多是在无法从正规金融机构获得借款的情况下发生的，通常民间金融利率都以官方利率为基准，实行风险和交易费用加成定价法，即根据借款的主体、借款的用途、借款的缓急程度、借款的时间长短而定，大部分在国家规定的银行同期利率4倍以内。借款人的诚信度及所从事项目的风险高低决定了利率的高低。当然，在农村，亲友之间的借贷也可能无息，或参照银行存款利率。

民间融资是正规金融的替代，虽然其曾经长期受到打压和取缔，但仍旧能够顽强生存，一旦政策环境宽松，便会立即爆发出强大活力，其原因就在于这三种机制，这是正规金融机构所不具备的。

正规金融机构的信贷体制机制改革，正是从民间融资中获得借鉴和启发的。如，当前以中小企业为对象的泰隆银行等小型金融机构通过建立强大的客户经理队伍，通过早期对社区居民的了解来快速决定信贷发放和贷款的监控管理。我国的利率市场化改革也在一定程度上借鉴了民间融资的风险加成定价机制。

此外，民营经济的市场理念、竞争机制及民间融资的信用评价机制、定价机制、效益机制也培养了一批从事金融业的实用人才，经过理论学习和提高后，成为具有现代金融经营理念和管理技能的金融企业家，进一步加快了金融业的改革和创新。

（二）民营经济的增长促进了民营企业信用意识的提高

随着我国市场经济体系的建立完善，民营企业获得了合法的地位和较完善的产权制度保护，激发了其长期可持续经营的理念，经营行为更趋科学理性，而良好的信用正是其做大做强、持续发展的最为珍贵的竞争资源之一。

部分民营企业在市场经济发展初期的失信行为已对其正常经营产生了灾难性后果，长期的银企博弈使越来越多的企业认识到，企业在经营过程中的机会主义短期行为与失信虽然可能获得少许的眼前利益，但企业必将为此付出惨重的长远代价，如，丧失融资机会，失去潜在合作伙伴，减少市场交易机会，增加交易成本，受到债权人、社会及法律的严厉惩罚，直至被市场、被消费者、被同行所淘汰，因而守法诚信逐步成为众多民营企业的选择。

同时，浙江民营经济的空间组织形式进一步强化了民营企业的信用文化建设。大量中小民营企业、个体工商户集聚形成的专业化市场和专业化产业区是浙江民营经济快速成长壮大的重要竞争力来源，这种企业集群对区内企业具有强大吸引力，各个企业的经营行为很容易在集群内传播，产生更强大的声誉效应。在这样一种环境下，诚实守信的企业很容易获得上下游供货商、客户的支持，与之建立紧密的合作关系，从中获取各种有利的信用支持条件，并可降低交易成本，而且容易获得管理部门的政策支持和宣传表彰，从而更容易获取金融机构的青睐，能够快速发展壮大。而不讲信用的企业则会面临日益严峻的市场环境和政策制度、信贷环境。

（三）民营经济对政府管理体制和模式乃至市场运行等制度改革提出了更高的要求

以民营经济为代表的中小企业为我国的改革开放和社会主义市场经济建设发挥了巨大作用，在社会经济中的地位日益突出。他们支撑了中国经济的半壁江山，显著增加了财政收入，解决了我国数以千万计人口的就业问题，并通过市场竞争，推动了国有、集体企业的改革深化，中小企业还是技术创新、制度创新的重要促进力量，是国际贸易的生力军。亚洲金融危机以后，以大企业模式为主的日本、韩国经济纷纷倒下，经济学界和各国政府对中小企业的认识不断深化。重视、支持民营经济发展已成为上至党和国家最高领导人、下至一般社会公众的共识。

而基于市场经济运行规则基础上成长起来的民营经济，对政府管理体制和模式、经济体制和市场运行规则、制度改革和建立提出了更高的要求。包括：规则和法律制度管理理念，公开公平公正理念，政府诚信理念、公共服务意识、公平竞争意识、市场监管理念等。

为此，我国上至中央政府下至各级地方政府都开始了政府行政体制改革，对于政府在市场经济中的定位、职能、作用进行了大量探索和实践，逐步形成了市场化的执政理念和行为模式，为民营经济与金融发展创造了良好的行政制度环境。

（四）民营经济的增长推动了金融体制的改革

民营经济的快速持续增长产生了巨大的经济、政治和社会效应，其在社会经济中的地位和作用不断为各级政府和公众所认识，重视、支持民营经济发展逐步成为共识。然而，由于民营中小企业本身是在我国转型时期计划经济与市场经济的夹缝中成长起来的，随着经济体制改革的不断深化，原有经济、金融体制内部隐含的一些深层次问题和矛盾逐步暴露，国内民营中小企业的生存和发展还面临严峻的形势，突出表现为融资困难。

在解决民营中小企业融资难问题上，金融业首当其冲。民营中小企业融资难的原因包括许多方面，但相对于国外而言，我国民营中小企业融资难的根源在于金融体系方面，包括：金融抑制，对民营经济的所有制和规模歧视；直接融资不发达，资本市场缺乏多种层次；银行未形成专业化分工；利率和收费管

113

制；信用制度不完善，抵押担保制度落实困难等方面。从而要求对金融体系和管理机制进行改革和创新。包括：

间接融资方面，打破国有商业银行的垄断格局，建立包括政策性银行、国有商业银行、地方性、中小型、民营金融机构在内的银行体系；对国有商业银行进行商业化、市场化、股份制改革，改造农村信用社、城市信用社等中小金融机构；放宽金融行业准入，建立多种类型的金融机构，培育和支持各类新型中小型、地方性、民营金融机构；放松金融市场价格管制，加快利率市场化步伐；建立征信体系和信用制度，严厉打击失信行为；建立和完善中小企业信用担保体系；鼓励商业银行不断开展业务、产品创新，为中小企业提供多样化的综合服务。

直接融资方面，培育资本市场的社会投资群体，建立包括风险投资、产业投资和其他投资机构在内的投资主体，引导民间资本和商业机构通过组建投资公司等形式对中小企业进行直接投资，放开中小企业私募权益资本、在非公开资本市场发行股票、债券融资的限制；建立完善包括主板市场、创业板市场、场外交易市场、柜台交易市场、地方产权交易市场等在内的资本市场体系，特别是低层次的资本市场，为直接融资提供交易平台。

可以说，我国金融体制改革在很大程度上是为了解决民营经济发展中出现的融资难问题而开始和不断深化的。

（五）民营经济增长推动了金融服务等中介行业的发展

民营经济的繁荣及其融资难问题被重视，刺激了区域金融服务中介业的发展。由于民营企业数量众多，地域分布广泛，遍布国民经济各个行业领域，为了解决中小企业在融资过程中的信息搜集、甄别、分析处理，信用评价、资产评估、财务报表规范和完善、融资渠道和方式选择等问题，各类金融服务中介机构蓬勃发展。如，信用征集、信用评估、资产评估、不动产评估、信用担保、融资顾问、产权交易等机构及会计师事务所、律师事务所等，这些机构为金融机构的信贷、投资或中小企业的融资提供了各种专业化的服务，有效降低了信息不对称和投融资风险，提高了企业融资成功率，降低了融资成本。

此外，民营企业在市场竞争中，为了克服竞争的盲目性和恶性竞争，也要求建立各类以信息交流共享、自主管理为目的的行业协会或商会，他们为民营中小企业在企业之间、企业与政府之间搭建了交流平台，维护了行业的健康发展。

图5-1概括了民营经济增长对浙江金融发展的推动机理。主要分为民营经济增长对金融机构、金融产品和服务创新的直接促进力，和对金融发展的生

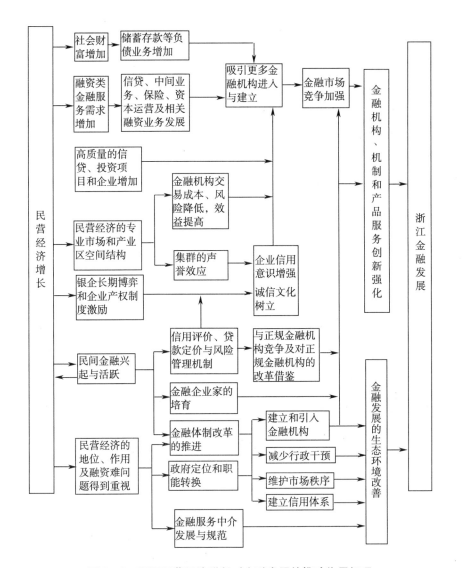

图 5 - 1　浙江民营经济增长对金融发展的推动作用机理

态环境改善的间接推动力两个大的方面。

二、浙江金融发展对于民营经济增长的促进作用

从发展历程来看，在改革开放的前期，浙江金融发展不足，阻碍了民营经济的成长。随着国家金融体制改革的逐步深化，浙江金融业在民营经济需求引导下获得了迅猛发展，对民营经济支持力度不断加大，金融服务效率、质量不

断提高，服务领域不断扩展，有力地支撑了民营经济的快速增长。

第三章重点就浙江金融发展对民营经济增长的推动作用进行了分析。包括：金融发展为具有成长潜力的民营企业提供资金支持，有效缓解民营企业的融资难题；为民营企业的资本运营提供强有力的支持，促进了资源的优化配置；为民营企业提供了高效的支付结算和理财服务，拓宽了民营企业的经营范围和领域，推动其国际化经营；为民营企业提供保险和风险管理服务，降低企业风险，增强企业凝聚力；消费信贷业务创新扩大了消费需求，为企业产品服务的销售创造了信用；以风险投资为主体的金融发展促进了高科技企业的建立和成长，加速了企业的技术创新步伐。

以下就金融发展对民营经济增长在企业经营管理、企业社会责任和信用意识等方面的间接推动作用进行分析。

（一）金融机构的咨询和顾问等活动，有助于提高企业管理水平，增强其发展能力

金融机构在为客户提供相关的信贷、理财、支付结算、保险与风险管理、上市融资等服务过程中，必然要首先对企业的现状进行调查，分析企业及投资项目的优势劣势和前景，其中风险是金融机构分析的重点内容。这一过程实际就是对企业进行的一种管理诊断和咨询，企业可以直接从这一过程中主动认识到存在的问题和不足，并自觉进行改进。更重要的是，这一诊断结果直接影响着企业能否获得，以及要支付多高的代价才能获得相关的金融服务（特别是贷款、上市、引入股权投资者等），因而金融机构的反馈意见和建议必然受到企业的高度重视。

这就迫使一些股权结构不明晰、治理结构不完善、管理混乱、相关制度不健全，或在市场定位、技术创新、财务管理方面存在问题的企业进行改进。

此外，出于竞争需要，各家金融机构及相关的金融服务中介机构越来越重视对潜在目标客户的培育，为此，金融机构会加强与这些企业的联系和沟通，及时向企业提供相关金融、产业政策、市场竞争等最新信息，帮助企业分析其在战略目标、市场定位、目标客户选择、新技术产品研发、管理制度以及企业治理结构方面存在的不足和缺陷，向企业提供改进意见和建议，并利用金融机构的社会网络资源为相关企业提供信息、技术和人才方面的帮助。

这种管理支持和帮助在券商对拟上市公司的辅导，风险投资公司对投资企业的管理参与，银行对贷款企业的审查反馈、潜在客户的培育，保险公司对于受保企业的风险诊断和风险管理机制改进中都非常突出。它对于民营企业改善股权结构、完善治理机制、改进管理模式、强化财务管理、树立企业信用形

116

象、加强新技术、新产品开发都具有重要意义，为民营企业的成长壮大奠定了坚实的基础。

（二）金融机构的选择评价强化了企业的信用和社会责任意识，有助于企业可持续发展

随着浙江金融的发展，各金融机构的信贷、投资决策理念日趋成熟，行为更加科学理性。对于那些逃废银行债务、偷税漏税、制售假冒伪劣产品、拖欠供货商货款、赖账不还、拖欠员工工资等不讲信用、缺乏社会责任意识的企业，没有任何一家金融机构会为其提供金融支持和服务。

随着以金融业为主体推动的信用体系建设的进展，原有的银行信贷登记咨询系统已扩展到个人、企业信用征集和分析评价，企业或个人的信用行为被全面记录，失信行为无所遁形，同时，失信惩罚机制的建立完善，使得市场主体要为其失信行为付出长期的巨大的代价，企业信用意识和社会责任意识得以不断强化，诚实守信已成为越来越多企业的经营准则，履行企业社会责任正成为企业可持续成长的竞争利器。

（三）金融发展促进了浙江块状经济的发展

专业化市场和专业化产业区是浙江民营经济增长的主要载体。正是依靠了金融部门的支持，才有了浙江富有特色的块状经济的不断成长和壮大。从专业化产业区的征地、拆迁、水、电、路、气等工程基础设施建设到区内的公共设施建设，直至企业的经营资金，处处都离不开浙江金融系统的高效资金融通服务。

117

此外，浙江金融通过支持民营工业发展及"三农"，促进了区域工业化、城市化的进展。金融发展还通过国际支付结算、国际汇兑、国际贸易融资、国际间资本运营等业务支持了民营企业的国际贸易和国际投资等活动，促进了区域国际贸易的发展壮大。

最后，金融发展有利于降低企业的融资风险和融资成本，从而压缩了地下金融的活动空间。

图 5-2 归纳了金融发展对于民营经济增长的促进作用机理。从中可见，金融发展的直接作用是为民营企业融通资金，降低融资的风险和成本，支持企业在更大范围内配置资源并参与国际化经营，扩大企业的产品服务市场需求，促进企业技术创新活动。间接的宏观作用体现在提高企业的治理结构和经营管理水平和素质，促进国际贸易开展，加快工业化和城市化，提升产业结构和经济转型升级，支持产业化市场和产业区发展，促进社会信用体系的建立完善，强化企业的社会责任等。

118

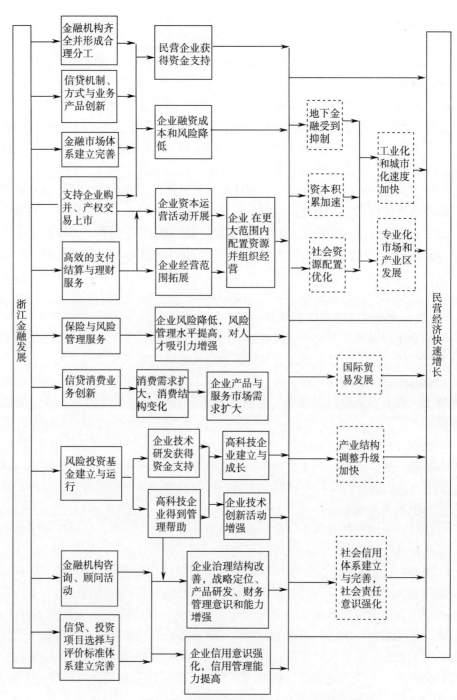

图 5-2　浙江金融发展对民营经济增长的促进作用机理

三、民营经济增长与金融发展良性互动机制形成机理框架

浙江民营经济增长与金融发展良性互动机制的形成是在国家推进宏观经济体制改革、建立社会主义市场经济体系的背景下，在浙江基层民众自下而上的制度创新与浙江地方政府自上而下的制度创新的有机互动基础上形成的。

这种良性互动机制的形成，是中央政府与浙江省地方各级政府、人民银行与金融监管部门及其浙江分支机构、浙江基层民众、各类金融机构、中介机构等共同努力的结果，是一项巨大而庞杂的系统工程，涉及社会经济的方方面面，包括政治、经济、法律法规、社会、文化、信息等要素。

为了清楚表达这种关系，笔者通过对各种要素进行归纳，建立了下面的浙江民营经济增长与金融发展良性互动机制形成机理的框架模型（见图5－3）。

119

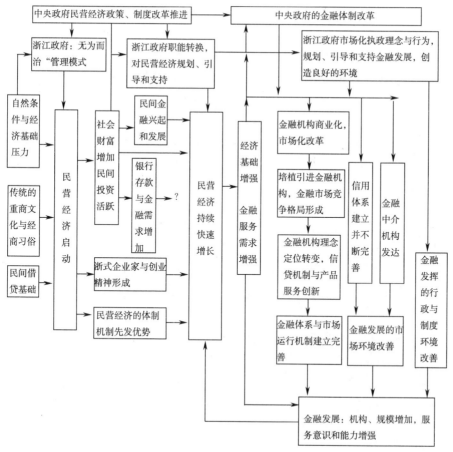

图5－3 浙江民营经济增长与金融发展间的良性互动机制形成机理框架模型

上述模型中，横向大致体现了一种时间的演进关系，由最初的改革开放开始，民营经济启动到民营经济快速增长再到金融体制改革进入突破性阶段，直至最后经济增长与金融发展进入良性互动阶段。纵向大致体现了从政府到民间的社会管理层级关系，即：中央政府的体制改革框架，地方政府的执政理念与行为，金融体系的改革，金融机构内部的经营理念、信贷管理机制直至产品服务创新等。

从中可以看出，民营经济增长更多是一种来自民众层次的制度创新，金融发展更多是一种自上而下的垂直层次的制度创新。

从上述模型中，可以发现下述几方面的规律：

1. 浙江民营经济增长与金融发展之间良性互动机制形成的最初动因是民营经济的增长所带来的金融服务需求，即民营经济增长是初始动力，金融发展是在民营经济增长推动下的结果，虽然金融发展之后对民营经济的快速持续增长起到了巨大推动作用。

2. 在民营经济成长的初期，正规金融体系对其增长的作用非常有限。此时，起作用的是民间金融，这些在当时处于非法地位、民间自发形成的借贷和投资活动为民营经济的启动和发展注入了宝贵的创业资金，促使民营经济逐步发展壮大。而正规金融机构限于当时的金融体制和政策制度环境，并未为蓬勃发展的个体、私有企业提供支持。虽然民营经济初步发展后，使得社会财富迅速增加，银行存款资金来源日益丰富，金融服务需求不断高涨，但民营经济以融资为主的金融服务需求并未获得金融机构的响应，正规金融系统只是吸储了民间资金而将其投向了当时的国有和集体企业，因而此时的金融体系起到的是一种民营经济的"抽血机"功能，对民营经济增长起着阻碍作用。

3. 在民营经济的快速发展阶段（大约在1993年之后），民营经济增长与金融发展之间逐步形成了一种良性互动关系。其中，雄厚的民营经济基础为金融发展提供了坚实的市场基础，但这只是一个非常重要的必要条件，决定这种良性关系建立的关键因素在于这一时期国家大力推进金融体制改革以及金融生态环境的改善。

首先，在中央政府推进金融体制改革，对国有商业银行进行商业化、市场化和股份制改革的大背景下，人民银行与监管部门在浙江的分支机构在浙江省政府的支持和配合下，对区域内金融机构进行了市场化、股份制改造，大量引进并利用当地丰富的民间资本培植地方性、民营、中小型金融机构，从而初步形成了一种金融市场的竞争格局。各家金融机构通过股权结构、治理机制的改革完善，并在市场竞争压力下，逐步转变了经营理念、战略目标和市场定位，确立了以服务民营经济赢取经营利润、控制风险这一基本目标。在利率市场化改革推动下，各家金融机构纷纷根据民营经济的需求特点，改革信贷管理体制，创新金融产品和服务，形成了较完整的金融体系，建立了市场化运行机制。

其次，随着浙江各级政府执政理念的更新和职能转换，政府对于金融经济运行的行政干预不断减少，地方政府一方面通过市场化手段对于金融发展提供指导和支持，另一方面通过改善金融生态环境为金融发展提供良好的发展环境。前一方面如，浙江政府为地方金融发展提供规划、引导和支持，领导和支持地方金融机构进行股份制改革，引进省外金融机构在区域内设立分支机构，组建全国性股份制商业银行、保险公司和证券公司，建立和发展中小型金融机构，确立并保护各类金融机构独立的市场主体地位，配合监管部门对金融机构进行监管，建立区域金融安全联动机制等，使得金融发展的行政、制度环境不断改善。后一方面主要表现在：推行"依法治省"战略，建立并不断完善信用制度和信用体系，严厉打击失信行为，发展并规范金融中介机构等，使得金融信贷、投资等业务的交易成本和信用风险大大降低，进一步增强了民营经济的金融服务需求对于金融服务机构的吸引力和盈利前景。

金融机构的商业化改造和金融生态环境的改善，直接带来了浙江金融业的大发展。表现在：金融机构不断增加，种类日益丰富，金融业务量（包括存款、贷款、中间业务、保险业务、证券业务等）不断扩大，金融市场竞争格局逐步形成，金融机构根据各自优劣势逐步建立起差异化的目标市场定位和专业化、个性化的市场分工格局，金融机构对于民营经济、中小企业、"三农"、创业等方面的金融服务兴趣和意愿逐步增强，服务水平和能力不断提升，金融支持民营经济力度不断加大，促使民营经济快速增长。

而民营经济的快速增长又反过来对金融发展提供了更加雄厚的资金资源，对金融服务提出更多、更高、更加复杂的要求，从而推动了金融体制改革和政府转型的进一步深入，促使金融系统进一步深化金融体制改革，强化信贷业务和产品服务创新，推动金融进一步发展，从而形成了一种良性互动机制。总之民营经济增长促进金融体制改革和业务产品创新，推动金融发展，金融发展反过来又促进民营经济进一步增长。

4. 从制度经济学的观点来看，这种良性互动关系的形成本质上是一种自下而上的制度创新和自上而下的制度创新的有机结合与良性互动。具体来看，民营经济的启动和增长固然离不开政府特别是地方政府初期的默许和之后的大力支持，但制度创新的主体是基层民众。包括民营经济启动时期，基层民众迫于自然条件和经济基础压力产生了强烈的致富欲望，传统的重商文化与工商习俗造就了创业冲动，及民间借贷所形成的制度创新行为。民营经济增长阶段，"浙式"企业家的形成和创业创新精神的形成和提升，民间金融的兴起和发展所提供的资金支持及前期形成的体制机制先发优势，也是来自民间的自发的制度创新成果。政府的作用主要是对民间自发制度创新的保护、支持和引导，对成功创新经验的制度化确认。

金融发展过程中，来自经济增长所形成的民间制度创新虽然对金融制度创新起着重要的基础作用，如民间金融在借款对象与项目选择、风险防范与控制、利率确定方面对正规金融机构的经营机制转变和经营运作提供有益借鉴，并对正规金融产生竞争压力，同时民营经济增长所产生的政治和社会效应（包括经济增长、社会稳定、吸纳就业、推动国际贸易、技术创新等）使得政府和社会各界对其地位、作用及其融资难问题日益重视，一定程度上对国家的金融体制改革、政府的执政理念和管理模式产生了推动作用，促进了金融机构的商业化、市场化改革，也对社会信用体系建设提出要求，并推动了金融中介服务机构的发展。

但总体上，决定金融发展的关键因素还是政府自上而下的制度创新，虽然这种创新很大程度上是政府对来自经济增长所提出要求的一种回应，如，金融机构的商业化、市场化、股份制改革，利率的市场化改革，金融市场准入的放宽，中小金融机构的培植，区外金融机构的引入，政府职能的转变，信用体系的建立等，政府在其中都起着主导作用，是自上而下制度创新的主体。

浙江民营经济增长与金融发展良性互动机制的形成就是在民营经济增长中以民间自发的制度创新为主导与金融发展中以政府制度创新为主导两种方式的有机融合，民间自发的制度创新由政府支持和确认，政府自上而下的制度创新是对民间制度创新要求的回应，两种创新方式交互进行，形成了良好的互动机制。

5. 按照 Patrick（1966 年）的研究，经济与金融之间关系的性质可分为需求带动型和供给引导型两种模式。需求带动型强调经济增长带动了金融发展，经济主体的金融服务需求促进了金融发展，它体现的是一种市场主导型的金融发展。供给引导型强调金融通过服务促进了需求增长，促进了经济增长，体现了政府主导型的金融发展。

　　浙江民营经济增长与金融发展之间的关系从总体上属于需求带动型和供给引导性模式的结合，两者交替变换。民营经济增长对金融服务的需求推动了金融的初步发展（主要是存款等负债业务扩大，金融机构数量增加），但这时的金融发展不足以支持民营经济的增长，因而政府适应经济增长需要，推动了金融体制机制的改革，推动了金融发展，进而促进了民营经济的增长，在经济、金融的市场化体系逐步建立完善后，民营经济的需求进一步推动着金融的发展。

　　6. 形成这样一种良性互动机制，重要的要素包括外部和内部两大类别。

　　外部因素中，最关键的是中央政府启动的经济金融体制改革的不断推进，它为民营经济的兴起及其快速增长奠定了制度基础。浙江在这一方面争取到了改革试点这一有利的政策资源，从而奠定了改革先行的制度优势，虽然这一制度优势的获取与浙江自身的经济社会文化基础有密切的联系，但它毕竟为浙江的改革提供了良好的契机。

　　其他的外部因素还包括：民营经济启动期浙江自然条件、传统文化习俗，民间金融基础等，它为浙江民营经济的启动提供了充分的激励和促进，同时也在相当程度上影响了改革开放初期浙江地方政府的行为方式。但在当前全国民营经济普遍发展、经济金融体制改革全面普及的情况下，这些外部条件的影响正在逐步减弱。

　　在全国统一的经济金融体制改革的宏观制度背景下，就浙江与国内其他省份的比较而言，其民营经济增长与金融发展良性互动机制形成过程中有四大关键性内部因素发挥着作用：

　　一是民营经济快速持续增长为金融机构经营提供了充裕的资金来源和信贷、投资机会。这是民营经济与金融发展良性互动的重要市场基础。

　　二是浙江地方政府与人民银行、金融监管部门在浙江的分支机构密切协作，紧密配合，共同推进区域内金融体制、机制的改革深化。其核心是对区域内原有的金融机构进行商业化、股份制改革，大力引进省外金融机构，并不断培植地方性金融机构。前一方面使得原有金融机构股权结构、法人治理机制不断改善，经营管理模式市场化目标更加明确，制度激励和约束效应日益强化。后一方面形成了金融市场的竞争格局，打破了市场垄断，对各类金融机构形成较强的市场竞争压力，迫使各类金融机构不断转变经营理念和经营模式，准确定位目标市场，建立适合民营经济金融服务需求的信贷、投资管理机制，不断创新产品和服务，从而更加高效支持民营经济，以此获取竞争优势。

123

三是浙江地方政府在人民银行和金融监管部门配合下，努力改善信用环境。政府、企业、个人信用体系逐步建立并完善，金融中介服务机构良性发展，有效降低了金融市场的信息不对称和信用风险，减少了金融机构的交易成本，提高了金融经营效益和运行质量。这是民营经济增长与金融发展良性互动的前提条件。

四是民间金融的兴起和发展对民营经济增长的支持和对金融机构的推动效应。民间金融为民营经济的启动和增长提供了极其宝贵的资金支持，它是民营经济成长壮大的重要支持因素。同时，民间金融也对原有金融体制带来触动，推动了国家金融体制的改革，民间金融还间接对正规金融机构形成竞争压力和改革借鉴，促进了正规金融机构在经营理念、信贷管理和机制、产品服务方面的转变和创新。最后，民间金融也对民营企业的信用意识起到强化作用，直接推动了信用体系的建立和完善。

这些因素归结起来就是金融生态环境的改善。

第二节　金融生态在互动机制中的关键作用

一、民营经济增长与金融发展良性互动机制形成需要一定条件

民营经济增长与金融发展之间良性互动机制的形成是浙江经济、金融健康快速发展的根本原因，也是"浙江经济现象""浙江金融现象"的灵魂。但是这样一种机制的形成并不是自发的，即浙江民营经济的快速增长虽然为金融发展提供了大量储蓄存款资金来源和强烈而旺盛的金融服务市场需求，但金融发展未必会自动或必然响应这一需求。因为在我国现行机制下，金融系统与民营经济系统分属不同的体制和领域，金融机构的经营行为与信贷、投资决策必然是在既定的法律制度、政治制度、市场环境和金融体制等环境约束条件下，选择最有利于其目标最大化的行为。

这里，目标既可能是盈利目标（如在少量国有银行垄断市场的情况下，为大型项目、企业提供信贷、投资支持就足以满足其盈利和风险控制目标，他们没有必要去开拓民营经济市场），更可能是政策目标（如为国有经济提供信贷和投资支持，以获得政府的重视和地位的提升）或其他目标，而环境约束条件对其行为选择影响更大，如目标约束软化，信用系统不健全，中介服务机构不发达，金融系统对民营经济发放信贷或投资面临严重的信息不对称，交易成本、信贷风险很高，金融产品服务价格管制，对高风险的中小企业发放贷款

规模不经济，相关收益不足以补偿风险与成本，金融体系不健全，企业融资渠道狭窄，融资方式单一，等等。这些都会制约金融系统对于民营经济支持的意愿和动力。

而金融生态系统正是金融系统面临的一系列法律制度、政治制度、市场环境和金融体制等环境约束条件的集合，区域金融生态环境是否良好，金融生态系统是否完善和充满活力是民营经济的金融服务要求能否变为现实有效的市场需求，进而获得金融系统响应的决定性因素。

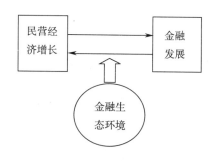

图 5 - 4　金融生态环境在民营经济增长与金融发展关系中的地位

在一个金融生态系统要素不全，缺乏生机与活力，金融生态环境不佳的情况下，金融系统或出于政治考虑，或出于风险担忧，或出于成本考虑，都会缺乏支持民营经济的意愿或动力，此时他们只是发挥充当吸收民营经济和社会储蓄存款资金的功能，而且会将资金投向最有利于其自身目标的领域，从而导致民营经济增长缺乏资金和金融服务支持，反过来影响社会财富积累和资源的优化配置，影响自身的健康可持续发展。浙江民营经济发展初期的情况正是如此。这一阶段，金融机构在吸储了民营经济增长带来的大量资金后将其投向了国有和集体经济，其根源就在于不良的金融生态环境影响着金融机构的决策。包括：对个体、私有企业的所有制歧视；信用环境不良，个别民营企业制售假冒伪劣产品，逃、废银行债务等行为影响了民营企业的整体信用形象；金融服务中介机构不发达，难以为金融机构提供信贷服务对象的信息甄别、信用评价、信用担保等服务，使银行对民营企业贷款存在很高的交易成本和风险隐患；而且由于金融产品服务价格管制，商业银行为民营企业贷款在面临较高风险情况下无法获取相应的风险补偿，进一步制约了金融机构支持民营经济的积极性。

与此同时，更重要的是，在当时的金融体制和相关法律制度框架下，促进国有经济增长是各级政府经济工作的重心和着力点，而金融机构的资本又全部来自政府的财政投入，因而，各级政府争夺有限的金融资源，对金融机构行政干预在所难免；而且政府对于银行系统向国有经济发放贷款提供了充分的政策支持，如，对政府指定贷款项目提供有形或隐性担保，及对呆、坏账的核销政策。而银行如果向民营经济贷款，一旦出现风险则不但得不到政府的担保或呆坏账核销保护，还要承受"受贿"、"国有资产流失"等责难。

更进一步，当时的金融市场上，国有银行占有垄断地位，缺乏竞争压力，金融机构由于股权结构单一，治理机制不完善，经营者既缺乏盈利的动机和压力，也缺乏相应的激励与约束，因而民营经济很难获得金融系统的支持，从而造成社会资源错配，金融发展阻碍了民营经济的增长。金融越发展，正规金融机构从民间吸储的资金越多，民营经济发展的资金越紧张，增长速度越慢。

而浙江民营经济之所以能在这种形势下获得成长，主要源自得益于民间金融的兴起和发展，他们与民营经济之间建立了一种体制之外的良性循环机制，这也是浙江与其他省区在经济增长与金融发展关系方面的主要区别之一。

浙江民营经济与金融发展良性互动机制的建立，主要源自后一阶段国家金融体制改革的深化推进，以及浙江地方政府与人民银行、金融监管部门在浙分支机构共同推进的金融生态环境建设。

在图5－4中，推动金融发展的四大要素（包括金融发展的行政制度环境、金融发展的市场信用环境，金融体系与运行机制及区域经济基础）正是金融生态环境的四大构成要素。正是金融生态环境的持续改善，才使得金融机构业务规模不断增加，服务意识和服务能力不断增强，金融体系和金融市场不断完善，金融发展对民营经济增长的支持力度不断加大，从而形成了民营经济增长与金融发展之间的良性互动机制。

二、金融生态环境发挥着关键性作用

（一）金融生态环境是金融业健康持续发展的基础和源泉

金融业的健康持续发展包括金融生态主体系统和金融生态调节系统的不断完善。前者包括由正规金融组织和非正规金融组织构成的金融中介机构体系与证券交易所、产权交易所、期货交易所等组成的市场组织体系；后者包括金融中介组织体系和金融市场组织体系所产生的盈利动机、竞争压力和自然选择构成的内部调节机制与中央银行、金融监管部门、政府部门所建立的货币政策、法律制度、行政政策等所构成的外部调节机制。金融生态系统为这些金融生态主体系统和调节系统的完善和高效运作提供了基础。

如前所述，来自中央银行、金融监管部门和各级政府部门的金融体制改革，政府职能的转型推动了金融生态主体的不断丰富化、多样化，金融生态调节机制不断完善。金融机构的商业化、市场化、股份制改造使得金融机构的商业化目标更加明确，盈利动机增强；放开金融机构准入，培植新兴金融机构并引入区外金融机构强化了金融机构的竞争压力；地方政府的职能转变使得金融机构摆脱了行政干预，其独立市场主体地位更加明确，经营的目标激励与约束得到强化；金融监管制度和方式的改革创新释放了金融机构微观主体的创新动力，促进形成了资本、利润、风险控制约束；区域信用体系的建立完善及金融中介服务机构的发展规范化降低了金融机构信贷投资风险与成本；利率市场化改革进一步增加了金融机构选择服务于民营经济的利润诱惑，增强了其服务意愿和动力。

没有金融生态环境的改善，金融业要么在行政干预下步入盲目放贷，呆坏账大量增加并积累，加大金融危机隐患，甚至最终导致金融系统崩溃的陷阱；要么出于安全性考虑，不愿或不敢对民营经济发放贷款，使民营经济增长得不到金融支持，最终使金融系统丧失其优化配置资源、加速资本积累的正常功能。

因而金融生态环境改善是金融业健康持续发展、充分发挥其功能的基础和源泉。

（二）良好的金融生态环境是金融支持民营经济增长的前提和保证

资金短缺是民营经济成长和壮大的主要瓶颈之一，而金融系统为民营经济提供资金支持和相关金融服务支持的意愿和动力来自于金融生态环境。具体来说，包括：

1. 金融生态环境中行政干预减少、政策性业务从商业银行分离、市场化监管制度的建立完善为金融机构确立安全性、盈利性和流动性经营目标，消除所有制歧视提供了行政和制度环境。

2. 金融机构的商业化、股份制改造则从金融企业的股权结构、治理机制和管理模式层面为其树立商业化经营目标，建立服务意识、竞争意识和可持续发展意识等市场化经营观念，改革信贷管理流程，建立适合民营中小企业的信用评价标准，创新产品和服务提供了企业基本制度的激励和约束。

3. 以利率市场化改革为主体的金融产品和服务价格的市场化改革直接改善了金融机构服务于民营中小企业的风险和收益分布曲线，增强了其对民营经济的信贷和投资支持意愿。

4. 信用制度、信用体系的建立完善，金融中介服务体系的规范发展显著降低了金融机构在为众多民营中小企业服务中面临的信息不对称及由此引发的信用风险和交易成本过高、规模不经济问题，使金融机构服务于民营经济的意愿和动力进一步增强。

5. 金融准入制度的放宽、新兴中小金融机构的培植、区外金融机构的引入则使金融服务市场竞争得到强化。

在此基础上，民营经济金融服务的基本市场需求及不断增加的金融服务质量、效率和范围需求才会得到金融机构的积极响应，金融机构才会在商业性目标激励下，在市场竞争压力下不断转变经营理念和经营模式，细分目标市场，创新内部信贷和投资管理机制及相应的产品服务，为目标客户提供优质高效全面的金融服务。

没有金融生态环境的改善，金融业既难以获得健康持续发展，也无法或不愿为民营经济增长提供金融服务支持。

（三）良好的金融生态环境是金融发展与民营经济增长良性互动机制形成的基础和保证

金融发展与民营经济良性互动机制的关键点就在于金融的可持续健康发展及金融系统对于民营经济增长的支持，这是金融生态研究的根本目的所在。

如前所述，金融生态环境好坏直接决定着金融业能否良性发展及金融业向具有较高效率的民营经济提供金融支持的意愿和动力，因而良好的金融生态环境是金融发展与民营经济增长良性互动机制形成的基础和保证。

没有良好的金融生态环境作基础，金融业的健康可持续发展难以得到保证，其对民营经济的金融服务支持更加无从谈起。而一个良好的金融生态环境，则从金融系统的外部及内部两个层面保证了金融业的健康可持续发展，也保证了金融系统对于民营经济的强有力服务支持，从而使得金融发展与民营经济增长走上相互支持、相互促进、共同发展的良性循环轨道。

图5-5揭示了金融生态环境在金融发展与民营经济增长良性互动机制形成过程中的基础和保证作用。

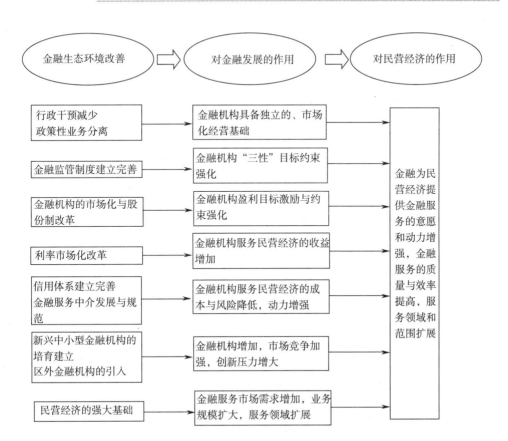

图 5-5　金融生态环境在金融发展与民营经济增长良性互动机制中的作用

第三节　浙江金融生态环境建设的成效与关键因素

一、浙江金融生态建设成效

改革开放以来，浙江省依靠民间自下而上的制度创新以及政府因势而为的制度创新，确立了体制机制的先发优势，使得民营经济迅猛发展，同时带动和促进了地方金融业的迅速发展，形成了民营经济增长与金融发展相互促进、协调发展的良性格局。

从金融业看，银行、证券、保险等机构各项指标长期位居全国前列，"资金洼地"效应明显，是全国金融规模增长最快、机构最齐全、金融资产质量最好的省份之一。

近年来，中国最大的四家商业银行纷纷看好浙江，显示出了向浙江进行倾斜性贷款的共同趋势。四大国有商业银行经营数据统计表中，经营利润、资产质量、存款数量、贷款数量、存贷款比例等指标，浙江分行均在本系统名列前三位。从资产质量看，截至 2003 年底，四大国有商业银行的浙江分行不良资产率都大大低于各家总行的平均不良率。

据 2005 年社会科学院金融研究所发布的中国城市金融生态环境指数排名，在金融资产质量评价中，浙江的杭州、温州、绍兴、金华、宁波、丽水、台州占了前十位中的 7 个，在综合指数前 20 个城市中，浙江占了 6 个。

据社会科学院金融研究所发布《中国地区金融生态环境评价（2008—2009）》，在全国 30 个省份金融生态环境评价结果中，浙江省位列全国第二，仅次于上海，超过北京、江苏、天津、广东等省市。在全国 31 个省市信贷不良资产率和估计损失率指标中，浙江以 0.919 综合评分成为唯一一个信贷资产质量 AAA 级省份，上海、北京依次排位其后（为 AA 级），浙江省继续保持信贷资产质量全国第一的地位。

在全国 100 个大中城市金融生态环境评价结果中，浙江省参加评价的 8 个城市综合排名均在 25 以内，其中杭州、宁波、温州、绍兴分别位列全国 100 个大中城市的第 1、第 4、第 5 和第 8 位。

在全国 338 个城市（地区）信贷资产质量评定中，等级在 AAA 级的 8 个地市中，浙江省占了 7 个，分别是温州、杭州、绍兴、舟山、宁波、台州、丽水，分别位列第 1 和第 2 名，第 4 名到第 8 名，AAA 级地市比 2007 年增加了 3 个地市。其他的四个地市（嘉兴、金华、湖州和衢州）分别位居第 9、第 11、第 12 和第 16 名，等级均在 AA 级。

得益于浙江各级地方政府充分运用市场化手段，着力改善经济金融运行环境，努力提升经济金融发展质量。浙江初步确立了经济、金融大省地位，被誉为"浙江现象"。

二、浙江建立良好金融生态环境的关键因素

浙江良好金融生态环境之所以形成，其影响因素很多，但最为关键的因素有下述几类：

1. 地方政府准确的角色定位和职能转换，建立一种依法行政的制度环境。如树立市场经济意识和理念，尊重市场经济规律，尊重民众自发的制度创新；通过制度建设为市场运行提供制度保障，包括产权制度、市场准入与退出制度、市场监管制度、信用制度等。

2. 社会信用环境不断改善，信用机制建设逐步完善。浙江省以政府信用

建设为先导、以企业信用建设为重点，强化个人信用建设，以法律制度、机制和教育三大机制，促进社会信用体系建立，为金融业发展、市场交易提供良好的市场秩序和机制保障。

3. 民营经济发展迅猛，为金融生态创造了雄厚的经济基础。地方政府尊重民间的制度创新，民营经济发展破除制度障碍，引导和促进民营经济发展。

4. 金融业自身的改革和内部经营理念、经营机制的改革创新。如金融机构的市场化改革，培育和引进金融机构，强化市场竞争，推动利率市场化改革、支持金融机构信贷管理机制和产品服务创新，激发金融机构的动力，创造富有生机活力的金融市场。

5. 培育社会中介机构的发展，规范其行为，为金融市场提供良好的中介服务，降低交易成本，促进金融生态系统的良性循环。

前面第三章和第四章分别就浙江民营经济的发展情况、浙江金融业的改革和创新情况进行了分析，下面各章将从政府的角色定位和职能转换、社会信用环境建设、中介服务机构发展等方面进行分析。

第六章　政府的职能转换与制度创新

　　经济增长和金融发展以及金融生态环境建设实质上就是一种制度的重新构建过程。在这个过程中，社会各个方面都会对制度创新产生需求，并会通过各种渠道和方式去落实这些需求，但其中政府起着关键性的决定作用。

　　在金融生态环境的五大构成因素中，几乎都与政府有关。营造依法行政的制度环境是政府的基本职能；信用环境建设依赖于政府信用制度体系的建设；民营经济的雄厚基础需要政府的引导、支持；金融机构的良性运行依赖中央及地方政府的金融体制改革；中介机构的发展与规范也需要政府的有效作为。因而，政府在金融生态环境建设中起着主导性的关键性作用。可以说，没有政府的积极作为，金融生态环境建设将寸步难行。

第一节　政府的角色与职能定位

　　在区域金融生态环境中，地方政府既是金融产品和服务的消费者，同时又是管理者，政府的行为直接决定着区域经济金融运行质量和法治、信用、社会保障等制度的供给，是构建良好区域金融生态的逻辑起点。

一、政府的角色与和职能定位

（一）市场失灵、政府失灵与政府职能

　　制度经济学家诺思认为，政府是经济增长的关键，但又是人为经济衰退的根源。政府在社会经济发展中的作用是不确定的，具有两面效应，关键是政府对于自身角色的适当而准确的定位。政府角色定位的核心是如何正确处理政府与市场之间的关系。

　　政府的基础是权力，其优势在于其以强制力为后盾。市场的基础是利润，经济利益最大化是它的驱动力，其作用是有效配置资源。因此，政府与市场根据各自优势来划分活动边界，是政府与市场定位的关键。

对此，学术界一直存在两种针锋相对的观点，集中体现为经济自由主义与政府干预主义，两者在经济发展的不同阶段都曾主导过政府的管理活动，但总的趋势是相互补充和融合。

直到20世纪30年代以前，以亚当·斯密为代表的古典经济理论和以马歇尔、瓦尔拉斯为代表的新古典理论一直在西方经济学界占据主导地位，该理论认为市场这只看不见的手可使经济自动达到均衡，政府的职责就是"守夜人"。20世纪30年代的经济大危机使人们认识到市场机制的缺陷，以凯恩斯为代表的政府干预经济理论成为主流并得到广泛的应用。但由于过于注重政府的作用，而忽视了市场经济的行为本质，导致了60~70年代的经济"滞胀"现象，以弗里德曼等为代表的新货币主义、以拉弗尔等为代表的供给学派、以华莱士等为代表的合理预期学派、以科斯为代表的产权学派、以加尔布雷斯为代表的新制度学派、以布坎南为代表的公共选择学派等新自由主义思潮逐渐活跃起来，要求经济体制向自由市场制度"复归"，主张充分发挥市场对经济活动的自动调节与矫正作用。在此基础上，以萨缪尔森、托宾、索格、莫迪利安尼等为代表的新古典综合派提出了在私人经济和政府经济并存的"混合经济"制度下，自由竞争的微观经济理论和政府干预经济的凯恩斯宏观经济理论可以同时发挥作用。

133

凯恩斯主义政府干预经济的理论主要奠基于市场失灵现象，造成市场失灵的原因包括垄断、公共产品、外部效应、不完善的市场、经济周期性、失业、通货膨胀和通货紧缩、收入分配不公和非优效品，其中，前六项影响直接市场经济效率，后两项影响社会成员的利益，对经济效率有间接的影响，而政府在纠正市场失灵时具有征税权、禁止权、处罚权、交易费用等明显优势（Stiglitz，1998）。

而反对政府干预的新自由主义则强调资源的有效配置只能由市场来执行，任何市场以外的力量都会对市场正常发挥功能起破坏作用。他们认为，市场失灵的原因在于政府干预破坏了市场功能的发挥，而不是市场本身的原因，因而克服与纠正市场缺点的唯一方法在于通过产权明晰等措施予以完善，决不能依赖政府干预来解决。对此，萨缪尔森指出：政府干预经济的结果如果不能保障经济效率，纠正不公平的收入分配和促进经济的增长与稳定，就是政府失灵。斯蒂格利兹提出政府失灵的五方面表现，包括政府部门面临的不完全信息和不完全市场，再分配不公平及经济寻租活动，现今政府对未来政府的透支，公共产权及激励问题，公共部门竞争缺乏等。

20世纪70年代兴起的公共选择学派还对政府干预的公共利益理论前提假

设提出质疑，即实施政府干预的部门尤其是管制立法，仅代表了某一特殊利益集团而非一般公众的利益。现实中，提供公共物品的政治家们常常被各种利益群体所"俘虏"，并且被迫采取了有利于这些特定群体的立场和政策。施蒂格勒（1989）发现，作为一种制度，以管制为主的政府干预是为产业利益服务而设计实施的，在许多情况下，美国的政府干预被一些产业所利用，成为特殊利益集团的代言，而与公共利益理论不符。

而新古典综合学派则试图将政府干预与市场机制有机结合起来，主张既要使竞争性市场机制有效发挥作用，又要通过政府干预消除市场失灵和一切阻碍市场发展的限制力量，其中关键是把握政府干预经济的方式、程度与合理界限，尽可能减少"政府失灵"和"市场失灵"，实现经济社会的稳步发展。对此，杜拉克在60年代指出，应该放弃政府大小的争论，而把问题归结为管理手段与方法。青木昌彦等提出了市场增进论，认为现实中政府失灵可能比市场失灵更多，为此除了依靠市场机制以外，还应积极推动民间组织的发展，政府的基本职能是更多地参与促进这些组织的发展和完善，而较少直接干预资源配置。

为促使政府干预与市场机制有机结合，新古典综合学派还提出改革公共决策体制及政治制度，并通过市场力量来改进政府效率的主张。为此，近年来发展起来的新制度经济学认为，国家的两个基本目标是界定产权和制定社会基本规则，主张从成本收益的比较来看待制度及其变迁。其中诺斯提出的制度变迁的"路径依赖"理论和加尔布雷思的"二元体系理论"，对于我国的制度创新具有重要参考价值。

国内学者则更多从体制转轨时期市场机制的缺陷出发论证政府干预的必要性，如尚未形成全国性统一市场（徐滇庆等，1999），市场主体远未发育健全，价格体系混乱等（曹沛霖，1998），需要政府对经济体制转轨发挥推动作用。但我国政府过多的干预又常常扼杀民间非凡的创造力，使得经济缺乏效率和活力。政府失灵包括政府决策失误，国家机构膨胀，政府机构低效，分配不平等（叶劲松等，2002）。政府失灵既表现在政府对经济的干预过度，又表现在干预经济力度不足（吴敬琏，2002）。

还有许多文献分析了当前政府主导型制度创新的优势、内容和途径（冯杏琼，2004；王玉明，2005），从政府主导型向市场主导型制度创新转变及政府在制度创新中的角色转换与定位（马斌等，2003；马宏伟，2004；卢洪友等，2003），并提出大力发展社会公共组织（杨博文等，2004），规范政府规制职能，建立有限政府等建议（潘石等，2004）。

可见，一方面，市场机制并非万能，市场失灵现象广泛存在，这些都需要政府发挥其强制力，为社会经济运行提供包括法律、法规制度、规则秩序、公共产品和服务等手段来矫正市场失灵，本质上，这是市场经济条件下政府最主要的职能。另一方面，政府所拥有的强制力、垄断地位和市场势力、消费能力及政府的多重目标，使得政府具有干预市场运行的能力和偏好，特别是在我国转轨时期，政府干预会严重破坏市场运行秩序，形成政府失灵，其后果可能比市场失灵还要严重。政府干预正是国内金融发展和金融生态环境建设中最主要的问题之一。

因而，市场失灵和政府失灵现象的存在使得新古典综合学派提出的将政府干预与市场有机结合起来的观点更符合现实实际。

（二）政府的角色与职能定位

基于以上分析，政府的角色与职能定位应主要体现在为市场经济发展提供包括法治、产权保护、市场秩序和基础设施等公共产品和服务。就是说，政府在市场经济中只能拾遗补缺，将政府对市场的干预范围限定在市场失灵的领域，以克服或消除市场失灵作为主要定位，同时要防止政府失灵。即：充分发挥市场在资源配置方面的重要作用，尊重民间自发的制度创新。凡是民间力量能做的事，政府放手和发动老百姓去做；凡是依靠市场机制能解决的事情，政府不能越俎代庖；凡是市场失灵的地方，政府才会有所作为。

政府作为市场经济的调控者，是掌舵者而非划桨者，是裁判员而非运动员，政府的重点应集中在制定规则、维护市场秩序、引导经济发展方向、提供公共产品、创造市场环境方面，而不应直接干预市场主体具体经营活动。

具体来说，政府为市场经济提供的公共产品和公共服务包括：

1. 为市场经济各类主体提供权益保护的各类制度，从制度层面消除市场经济的外部不经济造成的不良影响，使经济净福利最大化，并保证经济的可持续发展。如民营企业私有产权的保护，对于金融机构债权债务的保护，对于消费者权益的保护，对于劳动者权益的保护，对于投资者权益的保护，对于生态环境的保护等。

2. 提供维护公平竞争，规范市场经济秩序的各类制度和服务。如商品质量标准及对假冒伪劣商品和行为的惩罚，信用制度的建立及对失信行为的惩罚，对破坏资源、污染环境行为的惩罚，中介机构从业人员资格的规定等。

3. 提供私人部门不愿意提供的公共产品和服务。如水利、道路、电力等设施的供应，环境保护、污染治理设施的建设等，为市场各类主体提供良好的基础设施条件。

4. 运用财政税收等手段调节收入分配，稳定社会发展。包括：实施积极的就业政策，鼓励创业，实施最低工资制度，医疗保险制度，养老制度，城乡一体化与新城镇建设，新农村建设，收入分配制度改革等。

5. 积极引导、协调和支持民营经济和金融发展。如在民营经济发展中实施品牌战略，培育优势产业、特色产业战略，加快企业技术创新，调整经济结构和增长方式，引导民营企业实施股份制改革。在金融发展中，支持探索以民间资金为主的融资体制改革，采取各种优惠政策，吸引各家商业银行在本地设立分支机构，鼓励本地金融机构与国内外金融机构开展合作，发展中小企业担保体系，搭建银企合作交流平台，密切银企信息交流等。

在我国当前的政府改革中，政府在提供以制度为主体的公共产品和服务时，还应不断增强制度建设的公平合理性、系统协调性、可操作性、制度有效性和连续稳定性等问题。包括：

一是增强制度的公平合理性。虽然我国已从法律层面确立了民营经济的地位，但仍旧有许多政策和制度还不同程度地存在对民营经济的种种歧视。对此，要通过对于制度的"废、改、立"，消除现有制度对于民营经济、民营金融的歧视，增强制度的公平合理性，以建立公平竞争的市场环境，保证各种类型的市场主体在一个规范有序的环境下通过自身的努力进行公平竞争，为创造社会财富各尽其能。

二是增强各种制度之间的系统性、协调性，整体推进制度创新。目前我国的法律制度还不完善，既有制度空白，也有制度缺陷。要将现有法律制度的规整工作作为制度建设的重要内容，通过严密科学的分析论证，消除各种法规制度之间的矛盾和不协调之处，修改不适应社会经济发展的过时的条款和内容。在此基础上，根据社会经济发展的形势和出现的新情况和问题，及时建立相关的法律制度，规范各类市场经济主体的行为，为经济社会的顺利发展奠定法律制度基础。

三是提高法规政策制度的可操作性，并加大执法力度，规范市场竞争秩序。我国政府近年来相继出台了一系列扶持和支持民营经济、中小企业发展的法律法规，但这些法律法规和政策操作性不够。为此，各部门和地方政府应针对国家层面的法律制度，制定相关实施操作细则，如与《中小企业促进法》配套的促进法实施细则，关于信用征集与评估的实施办法等等，以保证相关法律法规的贯彻落实。同时，还应通过执法队伍的建设，做到有法必依，执法必严，提高法律制度的权威性。

四是充分运用经济手段，注重市场主体微观行为选择，增强制度的激励效果。市场失灵需要政府的干预，但政府干预市场有着多种多样的方式，不同方式的政策效果完全不同。政府在制定制度规则时，要逐步形成以市场经济的手段干预市场行为的方式。政府的制度设计是要建立和维护一种机制、环境，通过改变或优化经济主体的约束和激励条件（改变其风险—收益分布），使得市场主体经过各方面权衡比较后，会主动、自觉地做出政府所希望的行为选择，使其追求自身利益最大化的努力与社会利益的最大化方向一致。政府要通过改变规则或环境，进而改变各市场主体的目标函数和约束条件，最后从经济利益上影响其行为选择，而不是采取简单的行政命令等方式，这样既不破坏市场经济的秩序，又能有效实现政府的政策目标。

五是增强制度政策的稳定性和连续性。政策制度的连续性和稳定性是政府公信力的重要基础，也是公众形成长期、良好心理预期的必要条件。在我国转型时期，政府行为对社会公众具有强有力的示范带动作用，一个连续稳定的政策会给公众形成一种良好的长期心理预期，极大促进长期性投融资活动的开展。

二、浙江政府的角色定位与职能目标

基于前期政府在市场经济发展过程中成败经验的总结和中央政府的相关理论指导，浙江省各级政府对自己在经济金融发展的中角色定位逐步明晰，确立了建设一个"法治型政府"、"廉洁型政府"、"高效型政府"、"责任型政府"、"服务型政府"、"透明型政府"、"信用型政府"、"民主型政府"的目标，重塑政府行为规范，发挥政府对社会经济的引导服务作用。

在2000年省委、省政府发布的《浙江省人民政府机构改革方案》中，就明确提出省政府的主要职能是：履行区域经济调节和社会管理的职能，根据国家法律、法规和宏观调控政策，制订区域性社会发展战略和国民经济中长期规划，集中精力抓好区域经济调节、政策指导、行政执法和监督、组织协调，保持经济社会有序运行。加强社会主义精神文明和物质文明建设，打破地区、条块分割，维护市场秩序，促进统一市场的形成。

在2011年省政府发布的"浙江省体制改革十二五规划"中，进一步提出，要推进以改善民生为重点的社会体制改革，并提出改革的六大任务。

一是大力推进经济体制改革，包括：深化转变经济发展方式综合配套改革试点，创新海洋经济发展示范区建设体制，建立健全产业结构优化调整机制，推进企业转型发展的体制改革，推进资源要素市场化配置改革，实施有利于自主创新的体制改革，加强地方金融改革创新。

二是加快推进社会领域体制改革，包括：完善就业和社会保障制度，加快推进教育体制改革，深入实施医药卫生体制改革，深化文化体制改革，改革收入分配制度，创新社会管理体制。

三是深入推进统筹城乡发展体制改革，包括：.完善新型城市化发展机制，深化户籍制度改革，深化农村土地制度改革，进一步深化农村改革。

四是积极创新生态文明建设体制，包括：进一步健全生态补偿机制，建立健全多元化的减排机制，完善支持生态产业发展的政策制度。

五是继续推进开放体制改革，包括：推进义乌国际贸易综合改革试点，健全转变外贸发展方式的体制机制，创新利用外资方式，完善有利于"走出去"的体制机制，完善区域合作交流机制。

六是着力深化行政管理体制改革，包括：健全公共财政体制，深化审批制度改革，继续深化扩权改革，创新政府管理方式，推进事业单位和行业协会改革等一系列关于经济发展环境和社会管理方面的公共性机制和制度建设。

2014 年浙江省省长李强在政府工作报告提出政府的工作重点是，加快完善现代市场体系，实行统一的市场准入制度、市场监管制度，大力发展地方资本市场和地方金融，探索建立城乡统一的建设用地市场，推进资源要素配置市场化。加快转变政府职能，优化政府机构设置，进一步简政放权，强化政府公共服务、市场监管、社会管理、环境保护等职责，处理好政府与市场的关系、政府与社会的关系。

这些文件、规划和报告显示出浙江省政府的角色定位与职能目标正在越来越向创造良好环境、提供优质服务、维护公平正义的目标和方向转换。

第二节　浙江法治政府建设与政府职能转换

一、浙江法治政府建设

改革开放以来，法治与改革始终相伴随。在中央层面，从对"有法可依、有法必依、执法必严、违法必究"的反复强调，到党的十八届四中全会部署全面推进依法治国，就是要在法治轨道上推进国家治理体系和治理能力现代化。

1999 年 3 月全国人大九届二次会议把"依法治国，建设社会主义法治国家"这一治国方略正式写入宪法修正案后，2000 年初，中共浙江省委就作出了《关于进一步推进依法治省工作的决定》（浙委〔2000〕1 号），以此统筹浙江省贯彻依法治国方略工作。同年 8 月，浙江省人大常委会作出了《关于认真履行职责推进依法治省工作的决议》。在省人大常委会对全省现行地方性法规进行清理的基础上，将行政执法本身纳入法制化轨道，确保了"十五"时期浙江经济、政治、文化和社会的发展，对浙江向着提前基本实现现代化宏伟目标大步前进产生了极其重要的作用。

随着时代的发展，2000 年的依法治省的决策部署已经不能适应时代发展的要求，基于对改革开放以来浙江法治建设历史经验和教训的总结和提升，中共浙江省委于 2006 年根据浙江实际作出了依法治省的决定，省八届人大常委会也于当年 11 月 2 日作出了《关于实行依法治省的决议》。"法治浙江"战略以从制度上、机制上实现"坚持党的领导、人民当家作主和依法治国的有机统一"为设计理念，将民主执政、科学执政、依法执政制度化、程序化。

"法治浙江"战略立足于地方法治理论，领先于全国其他省份落实依法治国方略，成为鼓励制度创新的典范，是浙江改革开放三十年来在社会主义法治国家建设领域的宝贵经验。"法治浙江"战略的确定和实施，为政府改革和职能转换明确了方向，为深入实施"八八战略"提供了制度前提，为全面建设"平安浙江"提供了可靠保证，为"信用浙江"奠定了良好基础。

"依法治国"首先要建设"法治政府"，"法治"是指以法律统治一切，其中包括政府。"法治政府"包括两个方面，一是以法制约束或限制政府行为，使其合法。二是以法制保障政府行为的权威性，使其更好地为市场经济服务。

为实现法治政府建设目标，浙江省政府于 2013 年以浙政发〔2013〕50 号文件发布了《浙江省法治政府建设实施标准》。要求各级政府、各部门建立健全实施情况分析制度，定期研究解决考核评价反映的问题，逐项抓好工作落实，确保浙江省法治政府建设走在全国前列，到 2020 年实现法治政府基本建成目标。

在《浙江省法治政府建设实施标准》中，省政府从六个方面三十一点对于法治政府建设提出了具体目标和考核指标，六个方面包括：

1. 深化行政管理体制改革，推动政府职能向创造良好发展环境、提供优质公共服务、维护社会公平正义转变。

2. 围绕五位一体总布局，把制度建设摆在突出位置，遵循经济社会发展规律，坚持国家法制统一与地方制度创新相结合，充分发挥制度对改革发展的引领、推动和保障作用。

3. 严格遵循职权法定、程序正当、诚实守信、权责一致原则，依法保障公民、法人和其他组织合法权益，维护经济和社会正常秩序。

4. 按照从严治政、廉洁从政的基本要求，自觉接受外部监督，强化内部监督，做到有权必有责、用权受监督、违法受追究。

5. 坚持公平正义，依法解决社会矛盾纠纷。

6. 立足于人民满意的根本标准，以科学发展为引领，坚持将法治政府建设的理念、原则和要求贯穿于经济社会发展各项工作。

二、简政放权，依法行政

法治政府要求政府及其各级管理人员要牢固树立法治理念，在法律范围内做决策办事情，用法律来约束和限制政府行为，始终把依法行政、防止政府权力滥用以及对市场经济正常运行造成干扰和破坏作为强化政府执政能力的重要手段。

浙江省政府早在 1999 年就开始全面推进省级政府部门审批制度改革工作，到 2000 年年底，50 个省级政府部门共减少审批、审核、核准等事项 1277 项，减少了 50.6%，市、县政府部门审批、审核、核准等事项减少了 1/3 以上。

在 2000 年依法治省战略提出之后，浙江省政府就制定了《浙江省行政审批暂行规定》，以规范行政审批的设定和实施行为。2002 年开始第二轮行政审批制度改革工作，至 2003 年初，省级 50 个部门又取消、下放及调整行政审批项目 843 项，削减幅度为 52.5%，审批时限提速率为 27.8%。

2003 年的第三轮改革，省级审批事项压缩到 630 项。同时，浙江省政府制定出台了《浙江省行政审批制度管理暂行办法》，依法规范审批行为，加大对行政审批的监督（何显明、何建华，2006）。

党的十八大以来，新一届中央政府把加快转变政府职能、简政放权作为重中之重，推出了一系列简政放权的举措。浙江省按照国务院提出的"市场能办的，多放给市场。社会可以做好的，就交给社会。政府管住、管好他该管的事"、"简政放权是反腐良药"、"行政审批制度改革是转变政府职能的突破口，是释放改革红利、打造中国经济升级版的重要一招"等原则、思路和要求，进一步加强了行政审批制度改革力度。

2013 年 3 月，浙江省政府发布了《浙江省深化行政审批制度改革实施方案》和《浙江省政府投资项目省级联合审批实施办法（试行）》，按照"以人为本、执政为民"，"应减必减、能放则放"的要求，以减少审批部门、审批事项、审批环节、审批时间的"四减少"为核心内容，以县乡村联动、前置条件联用、各类证照联办、施工图联审、竣工联合验收等审批方式创新为关键环节，分类推进行政审批制度改革。这一轮行政审批制度改革的主要任务是

"减少、规范、创新、建制",即减少审批事项、减少审批环节、减少前置条件;规范审批事项的名称、规范审批的方式和内容;创新审批方式,全面推进并联审批,规范完善集中审批,加快建立"四联动"的审批机制,创新产业集聚区、开发区前置审批方式,建立联动审批代理服务机制;建立行政许可事项备案公告和非行政许可审批事项准入制度,大力推进社会中介机构改革,建立中介服务公平竞争机制,加大监督管理力度,建立行政审批实时监督制度。

自 2013 年 11 月以来,浙江省启动推行权力清单制度试点,到目前,政府权力清单、责任清单、企业投资负面清单、财政专项资金管理清单、浙江政务服务网"四张清单一张网"已初步建设到位,并向社会公布,成为全国出炉的第一张政府权力和责任清单。

实行权力清单制度是为了实现"法无授权不可为",责任清单制度则要实现"法定职责必须为"。"四张清单一张网"分别从限制政府权力、赋予市场自由、减少微观干预、打造阳光政务、强化政府责任 5 个维度,搭建政府全面履行职能的制度架构,形成推进政府治理现代化的总抓手。

在浙江政务服务网上可以看到,新公布的省级部门责任清单包括 43 个部门的 543 项主要职责,细化具体工作事项 3941 项,涉及部门职责边界划分的事项 165 项,编写案例 165 个,建立健全事中事后监管制度 555 个,公共服务事项 405 项。责任清单对事中事后监管制度做出规定,对部门履行职责的具体方式方法、程序等进行规范,并明确省级部门对市县对口部门行使行政权力,主要通过明确执法标准、规范自由裁量权、推进规范化管理等进行。

此外,责任清单中的公共服务事项板块,提供了省级 43 个部门 405 项不属于法定履行、但能给群众生产生活带来便利的服务项目,其中每一项都写明主要内容、承担单位、联系电话,使群众办事、投诉更加方便。

行政审批制度改革的一个重要目的之一就是用制度来"制权、管人、控钱"。在这一方面浙江省已积累了成功经验。

在"制权"上,围绕规范权力运作,以行政审批制度改革作为重要抓手,在全省各地普遍建立"四个中心",即行政服务中心、会计核算中心、招投标中心和廉政投诉中心。让制度倒逼审批部门,以刚性约束党员干部"吃、拿、卡、要、拖",提高效率。到 2005 年 6 月,全省共调整不称职领导干部 942 名,其中县处级以上干部 200 名。

在"管人"上,通过推进干部人事制度改革规范人权。深化干部人事制度改革,建立健全干部选拔使用各个环节的具体制度,普遍开展公开选拔领导干部和中层干部竞争上岗，不断深化干部人事制度改革。

在"控钱"上，通过推进财政制度改革规范财权。从1995年起在全省范围内实行"收支两条线"管理，之后对预算外资金实行专户管理。在此基础上，建立会计核算中心，对所有财政性资金实行单一账户、集中支付、统一核算和管理；最后对财政资金实行"四统一"管理。

三、改革政府机构，提高效能

"大社会、小政府"是政府改革及市场经济的客观要求和必然趋势，浙江在这方面一直处于前列。

在浙江省政府2000年3月发布的《浙江省政府机构改革方案》中，明确提出改革的原则是：转变政府职能，实行政企分开；精简机构和人员，提高办事效率；合理划分事权，理顺各种关系；坚持依法行政，规范政府行为。加强行政组织立法，逐步实现地方国家机构组织、职能、编制和工作程序的法制化。

据此，浙江省于1999—2000年，进行了大规模的政府机构改革，省政府工作机构从57个减少到46个，减少11个，省政府机关行政编制精简48%，共减编2300多名，实际分流人员1200多名。

从1985年到2003年，全省乡镇总数从3240个减少到1334个，减少了58.8%。2002年，浙江省的政府工作人员（党政机关和社会团体人员）占全省人口7.2‰，低于全国平均水平1.0个千分点，居于全国前列。2004年，浙江地方财政支出占GDP的比例为9.5%，相当于1978年14.1%的2/3。改革开放以来浙江的政府相对规模大致缩小了1/3（何显明、何建华，2006）。

围绕权力下放、减少行政管理层级问题，浙江对行政管理体制进行了大量探索。在财政体制和人事制度上一直坚持了"省管县"的做法，2002年8月17日，浙江实施了大规模的强县扩权改革。其重大效应是权力下放，既激发了基层政府促进地方经济发展、推动区域制度创新的动力，使得县域经济实力不断增强；又促进了政府机构的精简，减少了行政管理环节，降低了行政成本，提高了政府运作的效率（何显明、何建华，2006）。

2008年开始的新一轮政府机构改革，浙江省政府进一步突出了转变职能、理顺关系、强化责任这一重点。一是优化了机构设置，加强了政府职能的转变。加强了综合、调研部门，进一步提高了政府科学决策、统筹协调能力；强化了经济社会发展改革的综合协调和调控机制；加强经济运行的分析、监测和调节；建立健全了从就业到养老的服务和保障体系；加强环境保护和要素保障。二是通过明确各部门职责边界、范围和责任内容，建立健全了部门间协调机制，增强了部门的责任意识，提高了政府的执行力和公信力。三是通过部门"三定"，进一步健全和完善了各项规章制度，强化了部门内部的岗位目标责任制，增强了各部门的服务意识，提高了服务质量。四是通过实施人员定岗，优化人员配置，增强了部门工作人员的竞争意识、责任意识和服务意识，推动了机关效能建设，实现"政府提速"。

提高行政效能、建设人民满意的政府，是机构改革的主要目的。自90年代后期以来，浙江各级地方政府普遍开展了旨在实现"政府提速"的行政管理体制改革。在2003年温州"效能革命"后，全省于2004年开展了一场声势浩大的政府机关效能建设活动。省政府出台了《浙江省影响机关工作效能行为责任追究办法（试行）》，对全省机关工作人员依法行政、提高机关工作效能作出严格规定。在这场政府效能革命中，温州市共有50多名"庸官"下马，杭州市有73名机关人员因工作效率低下、态度生硬、办事不公等原因，受到诫勉谈话、黄牌警告、调离岗位、辞退等严肃处理。

四、政务公开，探索民主决策机制

政务公开、提高政府透明度是建设廉洁政府、责任政府、民主政府的基础。浙江省在这方面也一直走在前列。

早在本世纪初，浙江省就在政府政务公开方面进行了探索。2001年浙江省委就发文，要求深化乡镇政务公开工作，不断扩大乡镇政务公开内容，完善公开形式；加强制度建设，确保乡镇政务公开真实有效；把乡镇政务公开与推进乡镇机构改革和工作职能、工作方法转变有机结合起来；理顺关系，切实加强对乡镇政务公开的组织领导等。

2004年4月浙江省委再次发文，要求在全省县以上行政机关全面推行政务公开制度，提出以依法公开，公平公正；突出重点，循序渐进；简化环节，方便办事；健全机制，常抓不懈；明确责任，强化监督为推行政务公开制度的基本原则。明确提出，凡是依照国家法律、法规和有关政策规定，运用行政权力办理的与人民群众利益相关的各类事项，除涉密事项外，原则上都要公开。并就建立健全监督保障机制进行了规定。

2012年浙江省发布了《浙江省政府信息公开暂行办法》，对本省行政区域内各级人民政府和县级以上人民政府工作部门的信息公开做出规范，进一步就行政机关应当主动公开的政府信息和依申请公开的信息进行了规定。

2013年，浙江省人民政府办公厅发布了政府信息公开指南，分别从主动公开的政府信息的公开的内容、公开的方式、公开的时限和依申请公开政府信息的受理机构、申请方式、受理程序、收费标准向社会公示，接受社会监督。

为此，各级政府和政府管理部门积极推进电子政府建设，普遍建立了政府门户网站，通过政府网及时公布最新政策和地方公共事务的相关信息，在公开政务信息方面取得了重要进展。目前，浙江省政府 41 个部门已经把政务内容、落实措施、监督办法全部向社会公开。

以浙江省发改委 2013 年政府信息公开工作为例。首先，省发改委健全完善了政府信息公开工作机构，并对《浙江省发改委政府信息公开暂行办法》及《浙江省发改委信息公开保密审查工作规则》等制度进行了认真修订、补充完善，进一步明确分工、细化步骤、优化流程，并通过加强教育培训，确保了政府信息公开主动及时，信息公开申请及时办理反馈。其次，强化载体建设，加强门户网站建设，并在显著位置专设了信息公开一栏，制定了门户网站管理规定、公文上网发布程序等相应的管理办法，建立健全网络信息安全的管理制度，加强对上网信息的安全检查，确保门户网站信息的时效性、准确性和安全性。最后，不断强化监督管理，广泛接受社会监督。

省发改委信息公开的内容集中整理归类成 15 类。在推进行政审批信息公开方面，一是大力推进清理规范行政审批事项信息公开，包括建立审批事项清理规范信息公开化机制，分批公开省级审批事项目录，督促各区市加快审批项目库公开。二是积极推进行政审批标准信息公开，包括审批事项编码化和公开化，各市县行政审批领域政策法规和审批标准信息公开。三是着力搭建行政审批公开化、透明化网上平台，包括搭建省级联合审批网络平台，推进各地行政服务机构全面建立网上审批系统，设立电子信息查询平台，编印政务公开手册。

在推进省级审批中介服务项目信息公开方面，重点推进了环评、能评 2 个专家库公开，文物保护与压覆矿产资源 2 项规划及数据库公开，7 项高度垄断审批中介市场准入标准信息公开。

在价格和收费信息公开方面，建立健全行政事业性收费公示制度，全面推行了涉农价格和收费公示制度，扎实推进民生领域价格和政策公开工作，及时发布企业价格信用信息，公开曝光价格违法典型案例，并督促各地公布价格违法典型案例。

2013 年，发改委门户网站上更新信息 43172 条，主动公开信息 7338 条，依申请公开信息 40 项全部予以公开；办理网上信访 101 件，做到了事事有答复、件件有回音。

随着经济民主化推进及政府政务信息的公开，浙江各地在扩大公民参与、创新民主决策机制等方面进行了大量探索，为建立开放性的地方治理结构做出了努力。

浙江各级政府都在政府工作报告中围绕群众普遍关注的生产、生活问题，以政治承诺的方式，明确提出重点要抓好几大实事，并在政府的绩效评价中直接引入公众评价机制，探索建立政府对公众负责的刚性约束机制。如杭州市在"满意不满意机关"评选活动中，大规模地引入公众评价机制，普通老百姓始终占据参评人员的大多数。

温岭市通过"民主恳谈"的形式进行民主决策，这一做法迅速推向全省，到 2002 年，全省已有 77% 的村将"民主恳谈"等活动作为制度固定下来。温岭"民主恳谈"也因此而获得"2003—2004 年度中国地方政府创新奖"优胜奖，在全国产生了重大影响。

2001 年浙江义乌市在外来务工人员中推选人大代表的做法，对于增强外来务工人员对地方政府的信任，维护地方社会和谐都产生了十分重要的意义。

近年来，余杭区创新开展街道民主协商议事会议制度，提高了街道决策与民情民意的对接。这一做法受到来自中央和浙江省专家的肯定，认为余杭区探索推行的街道民主协商议事会议制度，是基层组织建设制度创新的生动实践，为实现科学决策、民主决策、依法决策，加快实现基层社会治理体系和治理能力现代化开辟了有效渠道。

此外，浙江省在立法听证方面也进行了一系列的探索。2001 年，浙江省就《浙江省房屋拆迁管理条例（草案）》举行立法听证会，宁波市还专门制定了《宁波市人大常委会立法听证规则》。

浙江各级地方政府的积极探索，不仅使浙江的公共服务型政府建设和政府管理体制创新走在了全国前列，而且使地方政府的形象有了实质性的改善。

五、强化监督，约束政府行为

强化监督是建设"法治型政府"、"廉洁型政府"、"高效型政府"、"责任型政府"、"服务型政府"、"透明型政府"、"信用型政府"、"民主型政府"的重要保障。

首先，浙江省认真抓好《行政处罚法》的实施工作，全面清理行政执法主体和规范性文件，整顿执法队伍，逐步开展行政执法责任制，将行政执法本身纳入法制化轨道。同时，强化了行政系统内部的执法监督机制，逐步建立了行政执法案件质量检查责任制度、办案规范化制度、重大行政处罚案件备案制度、错案责任追究制度等，促进了行政执法活动的制度化、规范化。

其次，通过政务公开、提高政府透明度，将政府行为置于社会公众的监督之下，如通过政府网站及时公布政府各个部门最新政策和地方公共事务的相关信息；建立政府的公开承诺制度，并在政府的绩效评价中直接引入公众评价机制；设立民主恳谈会制度；开展"满意不满意机关"评选活动等，都对政府的行为产生了较强的制约和监督作用。

再次，推行各级人大及其常委会任命、选举干部的述职评议工作，积极探索地方人大监督工作的新领域、新途径，进一步完善人大的监督机制。

最后，在金华市于 1995 年 10 月推出了《金华市（本级）领导干部调、离任审计实施办法》基础上，全省普遍进行了党政"一把手"经济责任审计。

在我国当前的情况下，开展巡视是强化监督的重要工具。浙江省从 2003 年试点以来，其巡视工作就走在全国前列，2004 年正式建立巡视机构。尤其是十八大以来，通过强化组织领导、加快巡视节奏、改进方式手段等一系列措施，巡视监督持续发力，震慑效果明显。

据统计，2004 年至 2012 年底，浙江省已完成对所有 11 个市及所辖 90 个县（市、区）的巡视，其中对 11 个市和 18 个县（市、区）进行了两轮巡视。同时，完成了对 40 个省直重点部门、24 家企事业单位的巡视，覆盖机关、地方、企业、高校等各领域。

在巡视中，各巡视组通过设立举报信箱、公布举报电话和举报邮箱等，疏通群众参与的渠道；通过深入暗访抽查、下访接访、收集网络舆情信息等，收集群众意见，了解真实情况。2013 年以来，通过边巡边改，浙江省共对 12 名处级干部、5 名科级干部作出党政纪处分和组织处理，对 3 起违规案件予以系统内通报。同时，通过组织开展回访、专项检查等形式，对被巡视地区整改情况进行检查，确保巡视整改到位。

进入 2014 年后，浙江加快了巡视工作的节奏和频率，将常规巡视由每年两轮增加到 3 至 4 轮。在确定巡视任务时，通过征求相关部门意见，将一些问题反映突出、多年未巡视且职责权限大的单位列为巡视首选对象。在对市巡视时，除了突出党政一把手外，紧盯被巡视地区"四套班子"及其成员，重点对主管人、财、物和工程立项、审批、建设等工作以及干部群众有反映的副职领导进行"体检扫描"，确保巡视不散光。并牢牢抓住土地出让、征地拆迁、矿产资源、工程项目、惠民资金、专项资金管理等腐败问题易发多发点，深挖细究，不放过蛛丝马迹。

同时，省纪委还对全省政府机构改革和职能转变情况进行监督检查，督促相关部门继续简政放权、推进机构改革、完善制度机制、提高行政效率，进一步严明政治纪律、组织人事纪律和财经纪律，坚决纠正有令不行、有禁不止、"上有政策、下有对策"的问题，严肃查处违纪违法行为，保证全省政府机构改革和职能转变工作顺利进行。

六、建设服务型政府，增强服务能力

全省各级地方政府通过加快转变政府职能，转变工作作风，创新政府与民众互动沟通的机制和载体，不断强化地方政府的公共服务功能，为老百姓多办实事、办好实事。

首先，浙江普遍建立的"四个中心"在便民服务中发挥了重要作用。在削减审批项目的基础上，浙江把保留的行政审批项目全部"推向"行政服务中心，使行政审批实现集中化、公开化和便捷化。现在"一个门进出，一条龙服务，一站式审批"，已成为县级以上政府服务类行政运作的常规流程。省政府、大多数市、县（市、区）建立了会计核算中心，一些地方还将这一做法逐步向乡镇延伸。浙江的招投标中心主要有工程项目交易中心、采购中心、经营性土地使用权出让招投标中心、国有资产产权交易中心等。在衢州经济发展环境投诉中心和宁波96178廉政投诉中心的探索经验基础上，各个市、县普遍建立了经济发展环境投诉中心或廉政投诉中心。

其次，针对现行政府考核机制片面注重GDP等经济指标考核的弊端，各地市积极探索更能体现公众意愿的政府考核机制。2003年底，湖州市决定从2004年起取消GDP考核指标，强化对经济综合实力增强、群众生活水平提高、经济社会协调发展、政府职能转变等方面的考核，将考核过程和结果向社会公开。

再次，在衢州市和浦江县、诸暨市开展了领导下访试点工作基础上，浙江省委决定在完善每月领导信访接待日制度的基础上，层层建立领导干部下访接待群众的制度，这一制度已经成为实现政府与民众相互沟通，增强政府管理和政府服务回应性的一个有效载体。

最后，各地不断探索便民服务的新机制。1999年9月上虞市建立全国第一个县级便民服务中心；衢州市政府于1998年创办衢州农技110信息服务体系；2001年，玉环县在全省首创全程为民办事代理制；宁波市海曙区自2001年起设立了81890求助服务电话、网站和公共服务中心；金华市在全市155个乡镇全面推行"365服务窗口"；杭州市1999年设立12345市长公开电话受理中心，开展"满意不满意机关"评选活动。

147

浙江各级地方政府的积极探索，使浙江的公共服务型政府建设和政府管理体制创新走在了全国前列，树立了亲民政府的形象，提高了政府的威信。

第三节　浙江政府与民间制度创新的良性互动

浙江民营经济增长与浙江金融发展的良性互动以及浙江良好金融生态环境的建设，从本质上来说，是民众参与经济实践与政府尊重改革创新实践的共同作用的结果。从制度经济学的角度，就是民众自发进行的自下而上的制度创新与政府自上而下推动的制度创新相互促进、相互交织进行的结果。

一、制度、制度变迁及对经济绩效的巨大影响

制度是制约人们行为、调节人们关系的一系列社会认可的规则，它由国家规定的正式制度和社会认可的非正式制度共同构成，其本质是提供相对稳定的预期，加强提供激励约束。

正式制度是人们有意识设计和供给的一系列规则，包括政治制度、经济制度和契约安排，以及由这一系列的制度构成的等级结构，它具有强制力。非正式制度是人们在长期交往中自发形成的，由价值信念、伦理规范、道德观念、风俗习惯和意识形态等因素组成。合适、有效的制度安排必定是正式制度和非正式制度的有机统一。

制度，一方面提供了一套市场游戏规则，降低了市场交易成本，使得交易成本制度化；另一方面，一些制度也可能对交易形成障碍，增加交易成本。因而诺斯指出，制度是决定长期经济绩效的根本因素，制度提供的激励结构影响着经济发展的方向和绩效。

布罗代尔（1997）批评熊彼特将企业家精神奉若神明的做法，认为首先是社会为企业家提供了表演舞台，而后才是企业家个性特征及表现。面对各种机会，一国的法律制度、市场规模等因素变化都会影响企业家的行动意愿。

孙早、刘庆岩（2006）实证分析也得出，20世纪90年代后半期，我国企业家的能力并未成为经济绩效的主要贡献因素，这是因为，转型经济中市场环境的优劣很大程度上决定了企业家施展能力的机会和意愿，并最终表现为企业绩效，而市场环境主要由制度决定。

制度变迁是指当人们发现新的制度可以获得更大的收益或其既得利益在原制度框架下受到威胁时，引起新的制度安排的过程。它可以理解为一种效率更高的目标制度对原有制度的替代过程，或一种更为有效的制度的产生过程。

制度变迁主要有两种方式，一是诱致性制度变迁，指一群（个）人在原有制度安排下由于无法得到获利机会从而引起的自发性制度变迁，主要由潜在利润的诱导而实施，它是一个渐进的制度变迁形式，是获利主体的自发行动。二是强制性制度变迁，它除了受制度变迁主体对预期收益和成本判断的影响外，不同社会集团（组织）之间对现存收入的再分配也会促成政府发动强制性制度变迁。

由于制度是一种公共品，存在着巨大的外部性问题，而且要获得初级行为主体的一致性同意必然造成过高的交易成本，因而仅靠诱致型制度变迁必然会造成制度供给不足；而政府拥有合法使用强制性手段的权力，凭借其垄断性和强制性地位，其进行制度变迁的成本要比竞争性组织低得多。因而，两种制度变迁方式应并存互补。

民营经济的发展就是一部制度的变迁史。制度创新是为生存权而奋斗的民营经济最主要的发展动力：明晰的产权制度推动了民营企业经济的高效发展，土地制度变迁使得受束缚的土地潜力得以释放，金融制度变迁（民间借贷、资本市场、中小企业技术创新基金、风险投资）使得资金得以有效配置，用工、工资制度改革和民营企业一系列用人制度建立改善了民营企业人力资源，一系列促进科技创新的制度（如知识要素参与分配，高新技术企业开发区）促进了科技生产力的发展。

陈斌（2008）实证分析得出，1987—2005年间，制度对浙江经济增长的贡献率达到18.1%。

二、浙江民间诱致型的制度创新及作用

浙江民营经济发展中的各项制度创新起源于民众的社会实践，其进行制度创新的根本目的在于新的制度安排能给他们带来更大的经济利益。

在传统的计划经济体制下，广大农民特别是浙南山区农民，为了解决温饱问题开始在体制外寻求出路，开始了初期的工商业经济活动，但由于受到原有制度的约束，他们被迫采取了许多能够为原有体制所接受的企业制度，如挂户经营、股份合作制等；为了获取更高的经济收益，原有的集贸市场发展为专业市场，再发展为独占式销售网络，分散的工业企业积聚成企业集群以发挥规模优势，增强产品竞争力。

可见，民间诱致型的所有制度创新都是在当时的客观环境下，民众经过实践所选择的一种能最小化交易成本的制度安排，这种交易成本包括政治交易成本、市场交易成本，生产成本、管理成本等。民间诱致型的制度创新的作用体

149

现在：

1. 民间自发形成的制度创新是政府制度创新的源泉和基础，民间的制度创新推动着政府的制度创新。我国改革开放的政策制度变化大多数是民间自发出现一种新的制度安排后，各级政府经过实践检验后才上升到理论、制度层面在全国推开的，如家庭承包责任制、个体户、乡镇企业、承包经营、股份制、私营企业、中外合作合资企业、经济技术开发区等。可以说，没有基层民众的制度创新实践，政府的制度创新就成为无源之水，制度创新也就难以实现预期目标。

2. 民间自发的制度创新对政府工作提出了新的要求，推动了政府改革和职能转型的步伐。浙江政府转型比较快速、有效，很大程度与民营经济的发展有关。民营经济发展带来的社会、经济变革为政府改革提供了动力，增加了压力，迫使政府从发展型的强制政府转向服务型的有限政府。

3. 民间诱致型的制度创新改善了地方政府的治理模式。浙江在发达的民营经济基础上孕育形成了大量自主性的社会中介组织，社会的组织化程度逐步提高。以此为基础，政府通过转型，将一些辅助性、技术性、服务性的职能分离，交由社会中介组织来承担。这些行业组织在推进产业发展规划、行业自律、维护行业权益、参政议政，协调企业间、行业间、企业与政府间的关系，协助政府进行监督管理等方面发挥了重要作用，促进了政府治理机制的完善。

4. 推动了经济民主化、政治民主化进程。经济的市场化改革，客观上要求对政府的权力进行限制，以便为发扬经济民主、追求以契约自由和主体平等的经济秩序赢得制度空间。

三、浙江政府推动的强制型制度创新及作用

（一）政府在制度创新中的地位

1. 政府在制度创新中的地位不可或缺，不同国家、不同时期的经济体制制度，都是市场选择和政府干预的结合体。在我国经济体制转轨中，政府对市场的推动力不可或缺，只有政府认可民间自发的制度创新，并通过正式的法律法规将以固化，民营经济的进一步发展才有可能。

2. 政府本身作为一项制度安排，其产生和存在的理由就是为了节约交易成本。市场经济制度存在着两大问题，即外部性和信息不对称。从外部性来看，它实际上是一个产权问题，政府可以通过明晰财产权利、构建诚信机制等减少或内化外部性，减少产权的保护费用。从信息不对称来看，政府可以通过培育中介组织、发展第三产业、推进信息化等措施，减少因信息不对称而产生

的信息搜寻等外生交易成本，以及由于信息不对称所引致的内生交易成本。

3. 按诺斯理论，政府在制度供给方面的作用主要是提供公共物品（包括公共政策）以维持良好的市场秩序，以及对私有产权予以保护和承认。

（二）政府推动制度创新的动力来源

根据制度变迁理论，政府在制度变迁中具有至关重要的作用，但政府也是追求自身效用最大化行为的集团，因而政府作为强势者是否真正具有启动民营经济的内在动力和激励是制度变迁的关键。在浙江民营经济的制度变迁中，浙江政府的动力主要来自于下述几个方面：

1. 既有制度出现了"危机"。改革开放初期，浙江政府面临改善民生的压力，但扩大国有经济又缺乏资源基础，面临危机，只有放手让农民自行探索。就此来说，浙江较小的国有经济比重反而成为发展民营经济的天然优势，浙江政府从默许民营经济启动出发，向积极推动民营经济发展转变，再进一步向"公共政府"转变，整体上较好地完成了在民营经济制度供给过程中的任务和角色转换过程。

2. 地方政府对政治风险的评估及回避政治风险的能力。浙江地方政府通过权衡民营经济发展带来的财政收入、社会稳定收益与政治风险的成本后，在中央政府的相关政策有所松动后，能够通过各种方式（如戴红帽、乡镇企业、股份合作制等）把个体私营经济包装成公有制经济，以降低政治风险，因而可以大胆支持民营经济的制度创新。

3. 财政分权分税制的实施及浙江省省管县的财政机制，提高了财政的支出效率，对政府干预形成了约束，改善了其发展经济的激励条件，调动了各级政府制度创新的积极性。

4. 中央政府对地方政府考核体系的变革，使得区域经济竞争、政绩竞争日趋激烈，也促进了地方政府更加主动地介入区域市场体系发育和经济发展过程，为民营经济提供更加强大的激励和有利的政策支持。

四、政府与民间制度创新的良性互动是浙江金融生态建设的成功经验

（一）大部分制度创新源自民间，最终由政府认可和正规化

与我国改革开放的进程相似，浙江的制度创新也是以循序渐进的边际创新为主要方式。第一阶段，在计划经济力量最弱、传统经济发展条件较差的浙南山区取得突破，主体是当地农民，政府起辅助作用（不反对、不禁止、默默保护）；第二阶段，创新的主体是民营企业和政府；第三阶段，以政府为主体，省级政府尝试宏观配套改革，创新集中于分配、消费领域。

利益诱导为民间的制度创新提供了强大动力。改革开放初期，面对当时的环境生存压力，加之浙江区域传统的重商文化与经商习俗，使得浙江农民成功地找到了适合浙江实际的民营经济发展道路，形成了以个体和私营企业为主体，以专业化市场、专业化产业区为载体，以民营金融为支撑的制度体系。在这个过程中，企业组织制度、市场制度、融资制度都经历了一个不断变迁的过程，决定其变迁的根本因素就是交易成本。这种制度创新的主体是基层民众，政府只是起着辅助作用，即政府在制度创新初期，默默保护和支持；在制度创新出现问题或困难时，予以引导和帮助；在制度成熟时，将相关制度纳入正式的制度体系，予以推广。

1. 产权制度创新和私有产权保护

产权制度是浙江民营经济制度的最大创新，也是其他相关制度创新的基础。改革开放初期，国有经济一统天下，在人们的思想意识还严重受制于计划体制约束的情况下，浙南山区农民开始在体制外谋求生存之道，开辟了个体私营经济的先河。产权私有制充分调动了广大工商户的积极性，使得这一制度创新成果在政策放开后迅速普及。虽然民营经济的具体形式不同，但产权主体明确清晰，经营收益者与风险承担者一致是其共同特点，这种产权制度与国有产权、集体产权相比，具有激励强化、责任约束明确等特征，极大调动了产权主体的积极性，奠定了当今浙江经济大省的地位。

民营经济的产权制度创新经历了个体户、乡镇企业、家庭企业、股份合作制、私营企业、股份制等形式，他们都是民众基于当时的内外部政治经济社会环境自发选择的结果。在这个过程中，政府的作用由最初的默许到支持直到最后正式从法律法规上予以认可。其中，挂户经营最有代表性。

全国首家个体私营企业、首家股份合作制企业、首家实行利率改革的信用社、首家股份合作制城市信用社、首部股份合作制企业的地方性法规等，都出现在浙江。众多的"全国第一"清楚地表明产权制度创新对浙江经济的发展贡献了巨大能量。

正是民营经济部门微观主体逐步取代国有经济部门成为资源配置的主体，为浙江赢得经济发展和体制创新的先发优势。

现在，浙江活跃而充裕的民间资本，已渗透到国民经济的各行各业，并逐步形成了民众投资、民间营运、全民分享的自我循环发展体系，给浙江的经济繁荣提供了源源不断的动力。温州、台州、义乌等地区，近几年城市建设资金的80%以上都来自于民间。

2. 专业市场和专业化产业区——企业空间组织制度的重大创新

专业市场最初来自于民间的集贸市场，经营主体为个体户，商品档次低、专业性不高。随着市场竞争，同类商品向一个市场集中，逐步形成了专业市场。专业市场的功能也由最初的充当商品流通载体功能扩展为共享式销售网络及中间品市场，成为中小企业、家庭工业依赖的市场，吸引大批中小企业在专业市场周围集聚，这些企业之间又逐步形成了专业化分工，形成了产业集群。

随着国家对生产领域限制放松，民营企业扩大规模的交易费用大幅度降低，于是开始形成新的专业化分工和生产协调机制，即专业化产业区。在这种情况下，地方政府出于城市化、工业化战略考虑，建立了工业园区，以土地换资金，吸引民营企业入园，从而使前一阶段基于专业市场形成的区域专业化生产企业进一步积聚和强化，专业化产业区产生的外部性使集聚进一步加强，形成了浙江省"一乡一品"的特色。这种专业市场与中小企业集群之间的互动是浙江民营经济发展的重要载体。

首先，中小企业集群具有较强的规模经济优势。民营企业大多规模小，竞争力弱，专业化产业区形成了巨大产业竞争力和区域竞争力，集群使小企业形成企业军团，灵活多变又具有规模优势。这种规模优势还包括：区域基础设施建设与利用、内部市场建设、对外市场拓展，集体对外采购的成本优势，联合对外供货的定价优势等。

其次，专业化分工优势。众多中小企业在空间集中，他们以专业市场为依托，在企业之间进行专业化分工，进行专业化生产，从而有效提高生产技术和效率。

再次，信息交汇与共享优势。集群内外部任一具有潜力和远景的重大技术和制度创新，各个企业几乎会同步吸纳、学习和模仿。

最后，信用机制。由于集群内部的企业主之间存在多种多样的人文联系网络，企业也离不开这个环境，因而减少了机会主义倾向，增大了企业的守信度。而且企业集群所形成的声誉效应使企业逃废债务的可能性减少。加之银行容易通过各种渠道获得企业较为完备的信息，从而可以有效降低其交易成本，增加集群内企业的信贷可得性。

这种制度创新也是以民间的制度创新为主导，政府在后期适当介入引导形成的。

（二）政府充分尊重民间制度创新决定了制度变迁的高绩效

浙江民营经济孕育、发展和逐步成熟的过程，是广大民众自主探索与自主选择的过程。但这种探索与制度选择是以政府的认同和支持为前提的。

由于政府的强势角色，政府如何对待来自民间自发的制度创新对于制度变迁的绩效具有决定性影响。浙江政府在这方面积累了成功的经验。概括就是：

153

以"三个有利于"为标准，尊重群众的首创精神，尊重来自民间的自发的制度创新，保护基层民众创新的积极性。

一是营造放手发展的良好氛围。改革初期，浙江各级政府对民间的创新活动，特别是那些一时看不准的、当时的政策不允许而广大老百姓又愿意干的事，大多采取默认、允许的态度，调动了方方面面积极性。义乌小商品市场的发展，"温州模式"的形成，民营金融的发展，个体私营等非公有制经济的形成和发展，龙港第一个农民城的兴起，第一家股份合作制企业的建立，以及率先进行的公有制企业产权制度改革等，都是在各级政府的默许、支持和引导下"放出来"的。

二是设法保护群众和基层制度创新的积极性。在理论和政策跟不上实践发展而引发争议的情况下，浙江各级党委政府一般采取宽容的态度。首先是发现和寻找民众制度创新与原有体制相容的方面，如温台地区为股份合作制企业戴上集体所有制的"红帽子"，并允许在工商登记时注册为集体企业。其次是只做不说。地方政府通常对一些敏感问题仅仅口头表态，而不形成文件。这种宽容的态度保护了群众制度创新的积极性，促进了市场主体和市场体系的发育和成长。

三是及时提供制度和政策保障。对看得准的、符合经济社会发展规律的制度创新，及时出台政策和法规，作出正式的制度安排。

（三）政府主导的制度创新以民间的制度创新为基础

对于政府主导的一些重大制度创新，浙江省政府一般都会进行试点，从民间的制度创新中汲取经验，然后通过宏观、总体分析，出台相关政策法规，从而使得制度创新能够符合社会经济发展需要，推动经济社会的协调发展。

总之，浙江政府对于民间自发的制度创新所采取的这种尊重、宽容、支持的态度和行为，大大激发了民间制度创新的积极性，而民间诱致型的制度创新又会进一步促使政府转换职能，改变原有的制度安排，为民间进一步的制度创新奠定更优的环境。浙江民营经济和金融发展就是在政府强制型制度创新与民间诱致型制度创新的交互促进中、交织进行中腾飞的。

第七章　信用体系建设与信用环境改善

第一节　信用体系、信用制度在社会经济中的地位与作用

一、信用体系、信用制度

良好的信用环境是金融发展的基本前提，而信用环境的改善主要是以信用体系的建立和完善为基础的。

信用关系是现代经济中最普遍、最基本的经济关系，市场经济的核心是信用关系。只有在一整套严格的信用管理体系基础上建立起稳定可靠的信用关系，现代市场经济才有可能存在。信用经济发育的程度不同，是当今世界各国发展状况和整体竞争力差异的主要原因。我国社会经济中存在的种种问题，如商业信用萎缩，信息披露不规范，信用记录缺乏，资信等级不高，信用担保存在困难等，本质均是由于信用体系不发达，信用制度不健全造成的。现代经济的核心问题是信用问题，信用制度是整个社会经济持续稳定发展的最为重要的基础设施。

信用可分为狭义与广义两种概念，狭义的信用即资金偿付能力（资信），广义的信用指对各项经济责任的履行能力和可信任程度。信用制度指对各类行为主体的信用信息进行收集、整理、分析、加工、发布，并对失信行为进行惩罚的制度安排，信用体系就是构成信用制度的各种功能子系统所组成的完整体系。

信用制度可从功能上分为三大部分，即以信息搜集、处理和发布为中心的征信系统，以失信惩罚为中心的失信惩罚系统，以及保障征信系统、失信惩罚系统规范有序运作的立法、监管和执法系统。

按信用制度的形式可将其分为非正式约束和正式约束。非正式约束指人们的价值观念、伦理规范、道德观念、风俗习性、意识形态等。正式约束建立于

非正式约束机制之上，是通过法律法规的正式制度来实施的。

从信用制度的概念可以直接引申出信用体系的两大主要功能。其一，系统地大规模收集加工处理各类经济主体的信用信息，降低市场交易中的不确定性，减少交易成本，防范潜在风险。其二，对各类行为主体的不守信行为实施惩罚，为守信行为提供激励。

由于我国经济转型中存在的种种立法、司法、执法及其文化环境方面的问题，信用环境不佳已成为金融发展的最大障碍，建立信用体系是保持社会经济可持续发展的重要基础。

二、信用缺失的危害及市场主体失信的原因

信用环境恶化是当前我国社会经济发展中的最为主要的问题之一，也是金融生态系统运行不良的主因。据2002年10月商务部、中国外经贸企业协会的调查，中国企业因信用问题造成的损失达5855亿元。其中，每年因逃废债务造成的直接损失约为1800亿元，由于合同欺诈造成的损失约55亿元，由于产品质量低劣或制假造成的各种损失达2000亿元，由于三角债和现款交易增加的财务费用约有2000亿元。

企业失信的根源在于信用信息系统不健全，失信机会成本过低。

首先，在信用体系不发达的条件下，信息不对称是失信者能够生存延续的重要原因。从事交易前，一方往往不可能掌握对方的所有情况，特别是信用相关资料，从而容易造成判断失误或者受到欺骗，给不良信用者以可乘之机。信用信息系统的建立将显著改变信息不对称状况，这时一次失信行为就断送了其今后继续从事交易的机会，从而大大增加失信机会成本。

其次，经济交往中，违约一般能取得短期的直接利益，当受害者难以追究其违约责任或追究责任成本过高时，由于破坏信用的一方在经济上、法律上不易受到应有的追偿和处罚，失信成本很低，就客观上纵容了失信行为。而且，如果不守信用者还可以继续与其他人交往，那么，选择不守信用是理性的。这就是当前国内信用危机的根本原因。

改变信用状况的根本手段就是建立信用制度，一方面，对失信行为进行严厉追究和惩治，改变守信与失信两种行为机会成本的大小对比关系。另一方面，使交易双方容易获知对方的信用信息，使失信者既要对当前失信行为付出经济上乃至法律上的沉重代价，而且以后也失去参与市场交易的机会。

三、信用体系在金融生态环境中居于核心地位

作为市场经济运行的基础，完善的信用体系不仅能降低银行与中小企业融

资过程中的交易费用，还能降低几乎所有交易过程所存在的交易费用，有效解决民营中小企业融资难、金融机构金融资产质量低、金融市场信贷配给等问题。

以银企博弈为例，当银行不知道博弈能否持续进行时，其最佳策略是不贷款。但如果存在一种强制的外在制度安排（如用制度），使企业所受到的惩罚成本大于不归还贷款的成本，企业的最佳策略是归还贷款，这时，银行的最佳策略也就改变为发放贷款了。简言之，在失信与守信之间存在巨大利益差距的情况下，一般的交易主体往往难以抵御机会主义诱惑，只有确认存在一种刚性的约束机制，人们才会为追求交易的长远利益而主动抵制短期的机会主义诱惑，热心于塑造自身的信用形象，倾向于积极地同交易对象建立和发展持久的信用关系。

具体来说，信用体系的作用表现在下述几方面：

1. 信用体系建设是金融业正常运行的前提。由于信息不对称，金融机构在开展业务时，首先面临着客户的信息搜集、甄别和处理问题，在一个信用制度缺乏、信用体系不健全的环境下，一方面，金融机构难以或要花费巨大成本才能获取客户的真实信息。另一方面，客户发生逃废银行债务时，又缺乏有效的法律制度补偿金融机构的损失，失信行为难以受到市场及法律的惩罚，这就间接鼓励了失信行为，使得金融机构面临极高的信用风险，严重影响其业务拓展和正常发展。浙江之所以金融生态环境状况在全国领先、形成民营经济与金融发展相互促进的局面，最主要的原因在于信用体系的建立和逐步完善。

2. 良好的信用环境是解决民营中小企业融资难、金融机构信贷资金投放积极性不高的重要措施。为了解决民营中小企业融资难题，政府和社会各界提出并实施了许多支持政策，如建立中小企业政策性银行，发展中小型、地方性、民营金融机构，建立二板市场，国有商业银行转变经营理念和经营方式，建立和完善信用担保体系等。

这些政策在各地实施效果相差很大，其主要原因就在于各地信用环境的差异。试想，在一个信用恶劣的环境中，政策性机构只能以迅速倒闭破产而收场；二板市场要么缺乏投资者，要么投机盛行；任何商业性金融机构都会因为信贷的高风险而望而却步。因为无论民营银行还是国有银行民营化，它们首先都应是自主经营、自负盈亏、自担风险的现代银行，"三性"是它们经营的基本原则，无论国有企业还是民营企业，只要效益好、信誉佳，那么任何一家商业银行，不论它是民营银行还是国有银行，都会对其放贷，反之，任何一家银行业都不敢放贷。其中关键就是要解决银行对借款人的信息了解及银行债权保障问题。

3. 信用体系建设是现代企业制度建立的基础和前提，是企业建立核心竞争力的重要动力。现代企业制度就是在企业的股权结构基础上，建立一种企业所有权与经营管理权相互分离的治理结构，它是一种委托代理机制，这种机制是以信用制度为基础的。没有信用体系的基础制度支撑，企业的所有者（股东）如何能放心地将企业的经营管理权交给职业经理人？我国许多民营企业之所以固守两权合一的治理结构，根本原因也是社会信用基础薄弱。

现代企业的竞争从根本上讲是企业价值体系和道德凝聚力的竞争，社会信誉就是企业的核心竞争力。企业增长、利润与持久价值背后的力量是员工的忠诚、顾客的忠诚和投资者的忠诚，实际上都是对拥有厂商信誉的信任。现代市场条件下，拥有信誉，就意味着源源不断的利润和效益，诚信是企业竞争的动力源泉所在。

4. 对于浙江区域块状经济的发展，加强企业信用建设还具有特殊意义。浙江块状经济的结构特征，决定了企业的失信行为往往容易造成大面积的株连现象，给整个区域经济发展带来严重的后果。如金华火腿事件后，所有金华火腿生产厂商都遭受了巨大的经济损失。因而企业信用建设对于浙江具有特别紧迫和重要的意义。

5. 信用体系建设对于政府自身建设具有重要作用。政府作为公众的代理人，守信履约，以最大的诚意去实现公众的意愿，是其存在的根本依据。能否得到公众的信任，是否具有良好的信用形象，对于政府的权威性以及政府的运作效能具有极为重要的影响。在区域经济社会发展竞争日趋激烈的今天，如何提高地方政府自身的竞争力已经成为打造区域竞争力的一个重要而现实的课题。一个社会治安环境良好，政府行为规范，政府信誉良好的行政区域，必将以其和谐的社会环境，吸引投资和人才等资源。

6. 建立健全个人信用制度，是发展消费信贷、扩大内需的重要途径。我国目前个人信用制度建设还处于起步阶段，银行不得不将大量精力放在贷款发放前后的风险控制上。这必然一方面造成银行资源的低效使用和浪费，另一方面造成繁琐的审查、审核严重影响银行运行效率的现象，最终导致消费信贷交易成本的居高不下，致使许多消费信贷需求者退出，银行失去了大量客户。个人信用制度的建立可以降低银行事前风险控制的成本，促进银行业经营效益的提高和经营规模的扩大。有研究者指出，如果我国的信用消费在整个商品消费中占到10%，就可以拉动国民经济增长4个百分点。

可见，信用制度在金融生态环境中居于核心地位，它是金融发展的前提和基础，是金融资产质量的有效保证。

第二节　市场主体信用行为选择机理

良好信用环境的形成最终有赖于各个市场主体的信用行为选择。市场经济条件下，特别是在转型时期，失信等机会主义行为可以为行为主体带来各种近期利益，要抵御这种失信行为带来的利益诱惑需要许多内外部条件的配合与制约。

从市场主体信用行为选择过程来看，其守信或失信行为的决策受下述几方面因素的影响。

一、市场主体的价值观

人们的价值观念是其行为选择的基础，它决定着人们行为追求的目标和方向及其行为选择的基本原则。对于一个以诚实守信作为其安身立命、为人处事基本道德规范和道德底线的人来说，不论失信行为利益有多高，他也不会做出失信的行为选择，此即道德的规范作用。

但在当前社会经济转型、社会价值观念多元化时代，要使绝大多数市场主体坚守这一规范，显然不大现实。而且，人们的道德观念是随着所处社会经济环境而发生变化的，当一个社会中失信者和失信行为能够获得巨大的经济利益和社会地位，而守信行为则得不到支持和回报时，诚信价值观念就会在社会环境的潜移默化下发生变化。反之，当社会中失信行为受到谴责和严厉制裁，诚信行为受到普遍尊重时，人们也会逐步形成诚信的道德与价值观念。西方市场经济发达国家人们的诚信意识、诚信观念强，并不表示其道德比国人高尚多少，而主要是受社会环境的影响而逐步形成的。

二、行为人决策目标或决策期限的长短

决策期限实际上就是人们在确定决策目标时，如何权衡眼前利益、近期利益与远期利益之间的关系。理论上看，人们的任何行为选择都会对其未来产生各种各样的影响。但由于客观世界的复杂性和未来环境的不确定性，以及人的有限理性，决策者只能在一个相对有限的时间段内对各种主要的因素进行考虑，从而选择最优的行动方案。

通常情况下，人们的眼前利益、近期利益的获取与长远利益的获取之间总

存在一定的冲突和矛盾。按照经济学理论，由于远期收益获取的不确定性和消费效用的时间衰减特性，在同样的条件下，人们倾向于更看重即期的收益或效用，即近期利益对其行为选择影响更大。当然，如果决策者对于远期的环境条件有更准确的把握，则远期利益对其影响更大。

失信或诚信行为选择在很大程度上是人们对于近期与远期利益的权衡过程。通常情况下，失信行为可为决策主体带来眼前或近期的经济利益，而会损害其长远利益。因此，人们的决策期限长短直接影响着其守信或失信的行为选择。

影响人们决策期限长短的最主要因素是人们对于未来的预期，决策者对于未来预期越稳定、越长远，长远利益在决策中的地位就越高。而人们对未来预期的稳定性和长远性除了受自身因素影响外，主要取决于产权保护制度的有效性。明晰的产权会使个人对未来形成稳定的预期，同时使人们之间的一次性博弈行为转化为可重复的长期博弈行为。产权是人们讲求道德操守的基础，明晰的产权是人们追求长远利益的动力，只有追求长远利益动力的人才会有讲信誉的经济追求。

三、行为人决策时所面临的法律制度等硬性约束

行为人决策时所面临的法律制度等硬性约束是指，行为人选择失信和守信行为所带来的法律后果。这取决于两个方面因素，首先是失信行为被发现的概率。这又取决于政府相关部门对于其行为监管的力度。显然，监管力度加大，失信行为被发现的概率就会加大，但政府的投入也会增加，从政府监管的有效性考虑，监管力度有一个合适的"度"的问题。同时，失信行为被发现的概率也与社会信用系统的完善性、信息传输的及时性、有效性、共享性等有极大的关系。

其次，失信行为被发现后所要承受的法律后果。行为主体所要承受的刑事处罚、经济赔偿的大小和严重性，包括这种处罚与其预期收益大小的比较关系。其中，法律制度所规定的惩罚力度的大小、执法的效率、公平公正性等都会对法律制度后果具有重要影响。

四、市场对于信用行为的激励与约束机制

市场对于信用行为的激励与约束是指，人们选择守信或失信行为所能给其带来的各种近期、远期的经济、社会收益。就守信行为来看，企业所能获取的利益包括：融资机会增加，客户忠诚度增加，客户群扩大，销售量扩大，交易

成本降低，销售利润提高，市场品牌建立，可持续的增长能力增强等。实际上，消费者对品牌的信任实际上就是对与企业信用的最大的激励。

诚信行为对于行为主体也会造成眼前的利益损失，如因提高产品质量而增加产品成本；因产品缺陷补偿客户或者召回产品；被竞争对手抢走客户和资源；陷入临时性的困难等。

失信行为可能遭受的市场报复和惩罚主要包括：失信行为被发现后要遭受到法律的刑事或经济惩罚；受到客户或交易对手的投诉、追索，陷入法律纠纷；失去重要的客户，交易成本增加；受到社会谴责，声誉严重受损，失去市场机会甚至被迫退出市场；失去融资机会和各种社会资源等。

失信行为所带来的收益主要是眼前的经济利益，如通过假冒伪劣获得产品的销售，通过欺骗手段获取银行信贷和投资机构的投资等。

这种收益与成本主要受到下述因素影响：

一是失信与守信行为信息搜寻的成本、难度和方便程度。即其行为是否可被市场主体，包括客户、供货商、同行、政府、公众迅速了解、查询、知晓。这主要取决于征信体系的完善情况，如信用信息收集、查询、发布系统信息量的大小，其完善性、全面性、及时性，信息组织的有效性、查询简单方便性等。这是市场机制发挥作用的最关键的基础条件。

二是失信或守信行为信息被市场分辨的难度。即行为人信用信息，包括其商誉、品牌、信用等级等能否容易被市场分辨清楚。这主要取决于市场信用评价机构在社会上的知名度，信用评价方法的科学性、先进性，评价结果的公信力和权威性，以及企业商标、商号、品牌等的易辨识性、知名度等。

三是失信或守信行为在被市场识别之后，其所遭受市场报复或惩罚的后果。失信当事人可否被对手追究经济责任，市场联合打击的力度等。在一个普遍缺乏诚信的环境下，失信行为招致市场联合处罚的力度就比较小，因为客户难以通过选择更有价值的产品或服务对其"用脚投票"将其赶出市场。而在一个市场机制较为完善，信用环境良好的环境中，少数失信行为当事人很容易遭受市场的制裁，一次失信行为可能使其永远失去交易机会。在既定的市场信用状况下，失信行为遭受市场处罚的力度主要取决于市场主体的组织化程度，如消费者协会、消费者运动，行业协会、市场协会等民间组织和社会中介服务机构的发育情况和发挥作用的效果。

五、信用行为选择模型

根据以上分析，可以得出，市场经济条件下，从经济的角度出发，人们选择守信或者失信行为主要取决于其对于两种行为选择所带来的预期收益与成本之间的权衡比较，其中包括决策时限的长短，法律后果，经济利益的比较等。

据此可以形成下述信用行为选择模型。

1. 人们的信用行为选择首先取决于行为人的信仰、价值观等个人道德因素。在同样的环境条件下，不同的行为人面对同样条件之所以会做出不同选择，最根本的是其价值和道德观念在起作用。这是由人们所成长的环境、文化传统、宗教信仰、价值判断、所接受的教育等社会环境和文化因素决定的。对此，开展各种形势的宣传教育，改变社会环境是基本思路。

2. 人们在选择决策时，所考虑的决策实现的长短。从经济利益的角度看，人们在选择诚信或失信行为时，考虑的时限越短，机会主义等失信行为越有可能发生；相反，如果更多考虑远期利益，则诚信行为利益越大。对此，除了决策人本身对于远期、近期利益权衡外，产权保护制度起着重要作用，"有恒产者有恒心"。

3. 法律制度对于失信行为的惩罚机制。这包括两方面，一是信用行为被发现的概率，它取决于政府监管的力度以及法律法规的完善性及有效性。二是失信行为的法律后果，如对于假冒伪劣的惩罚力度以及执法机关执行法律是否严格、公正和高效。当然，法律制度对于诚信行为也会有一定的激励。

4. 市场机制对于人们信用行为的激励约束机制。它包括三个方面，一是行为主体搜寻交易对手信用信息的难度和成本，它取决于征信体系的完善性、有效性。这是市场机制发挥作用的前提和基础。二是对于交易对手相关信息的可分辨度，即行为人是否可方便、简单地获得交易对手的信用信息，这需要信用评价体系发挥作用，并可借助企业自身的品牌、商誉来识别。三是不同信用行为的市场后果，包括诚信行为获得的市场奖励、商誉及其传播广泛性。更重要的是对于失信行为市场的惩罚，如对失信者个人及行为信息的广泛扩散，其他潜在交易对象对失信者未来交易实施的拒绝交易、现金交易、设置附加条件等制裁手段等。它取决于交易对手的维权意识，市场主体的组织化程度以及信息的传播渠道、途径等。

可见，信用体系的建设需要从信用法律制度、征信体系、信用评价体系、失信惩罚体系以及宣传教育等多个方面进行。

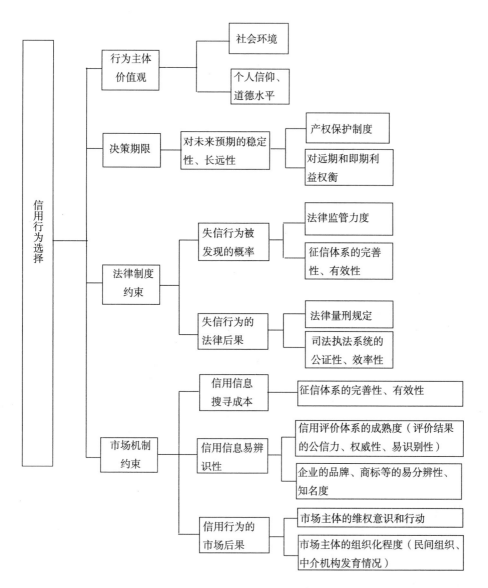

图7-1　信用行为选择模型

第三节　浙江政府主导和推动信用
体系建设，打造"信用浙江"

市场信用的缺失在一定意义上正是市场失灵现象的反映。信用体系作为市

163

场经济的一种重要的基础性公共产品，理所当然是政府最重要的经济职能之一。特别是在社会经济转型时期，浙江省政府较早就意识到信用建设的重要性，着力建设"信用浙江"，打造良好的金融生态环境，促进了经济与金融的良性发展。

一、浙江省政府统一部署、整体推进"信用浙江"建设

（一）政府重视

作为政府转型较为成功的省份，浙江省各级政府非常重视现代社会信用体系的建设。在改革开放的初期，温州曾经一度以生产假冒伪劣商品"闻名"全国。温州市政府意识到信用缺失是温州经济发展过程中最大的"软肋"，1994年，温州市委、市政府召开万人大会，在全国第一次提出实施"质量立市"战略，下决心在全市范围内开展质量立市活动。

2001年，浙江省委就作出了建设"信用浙江"的战略决策。2002年1月，浙江省省长在政府工作报告中提出，要"建设'信用浙江'，进一步发展健全有序的市场体系"，明确提出了建设"信用浙江"的战略任务。

2002年4月，浙江省政府通过"信用浙江"建设的总体目标和基本框架，5月8日，省政府"信用浙江"建设领导小组成立，领导小组由常务副省长担任组长，两位副省长担任副组长，各有关厅局领导为成员，负责统一领导全省的信用建设工作。

2002年6月，浙江省第十一次党代会报告正式提出"信用浙江"建设的战略，并将"信用浙江"摆在建设"信用浙江、绿色浙江、数字浙江"的首位。

2002年7月，浙江省政府召开全省"信用浙江"建设工作电视电话会议，对"信用浙江"建设进行专题动员和全面部署，7月12日，浙江省政府专门下发了《关于建设"信用浙江"的若干意见》。随之，11个地市均成立了由政府主要领导挂帅的信用建设领导小组，结合本地实际，制定出地方性的信用建设实施方案。

在"信用浙江"建设中，全省之所以能够形成各部门、各市县行动快速、措施有力、配合协调的态势，这是同浙江省委、省政府高度重视"信用浙江"建设工作分不开的。

（二）统一部署、整体推进

在浙江省委、省政府的高度重视下，"信用浙江"建设从一开始就树立了明确的总体目标和阶段目标，并将长期规划同短期建设、治本与治标有机地结

合起来,形成了"整体推进,重点突破,先易后难,区域联动,逐步完善"的区域信用建设特色。

首先,按照省委、省政府的统一部署,"信用浙江"建设同时启动了政府、企业、个人三大信用建设,同时推进法规、道德、监管三大体系建设,努力形成信用建设的合力。

浙江省政府在 2002 年 7 月发布《关于建设"信用浙江"的若干意见》时,部署了近期信用建设的十大任务。

从 2005 年下半年,浙江省结合"十一五"规划制定,开始编制浙江省"十一五"信用体系建设专项规划,作为浙江省"十一五"规划体系中的一个专项规划,明确了未来 5 年"信用浙江"建设发展目标、指导思想、工作重点、任务体系以及保障措施,为全省的信用建设提供了指导。规划中明确了"建设和完善两大平台,培育三大主体,构建五大体系,突出十大任务"的行动方案,并率先就建立健全社会信用体系提出了可衡量的指标,创新性地提出加快培育和发展信用服务市场,建立健全失信惩戒制度,全面推进个人信用建设,把打造"诚信政府"放在更加突出位置,弘扬诚实守信的信用文化等内容。

2012 年,浙江省结合"十二五"规划,再次发布了《浙江省社会信用体系建设"十二五"规划》,提出建立和完善与浙江省经济社会发展水平相适应的社会信用体系建设框架和运行机制,使信用法律制度建设有力推进,信用政策法规工作走在全国前列,信用信息化水平进一步提升,潜在的信用需求得到全面激发,信用服务市场规范发展,区域信用联动体系持续深化,全社会诚信意识明显提升,保持浙江省社会信用体系建设继续走在全国前列的建设目标,提出了"十二五"时期社会信用体系建设的主要任务,并明确了 2015 年的主要指标,包括:信用服务业产值 5 亿元,企业联合征信数据平台覆盖率 99% 以上,个人联合征信数据平台城镇居民覆盖率 95%,其中重点涉信人群覆盖率 99% 以上,应用联合征信平台的地方政府比重 95%,公务员和企业高管信用培训覆盖率 80%。

其次,通过加强部门协调来实现"信用浙江"建设的整体推进。浙江省"信用浙江"建设领导小组办公室作为全省信用建设的协调机构,对内抓信用信息查询系统完善、评价系统开发、信用立法、信用研究等任务,对外协调、督促、宣传各市、各部门信用建设。省级各有关部门结合自身实际,积极推动信用建设。

再次,在浙江信用建设整体推进中,又突出了重点,明确了突破口。在

165

"三大主体"信用建设中，以政府为先导，以企业为切入点和重点。

在政府信用建设方面，一是着重加强政府自身的信用形象塑造，发挥政府在信用建设中的率先垂范作用；二是着眼于增强政府在维护市场秩序方面的作用。通过加强信用法律法规建设，为社会信用体系的建设提供有力的法律制度支撑；通过大力整顿市场经济秩序，建立健全信用行为的激励机制与惩戒机制。

在企业信用建设方面，一是大力加强市场秩序的整顿，为企业加强自身信用建设构筑压力机制；二是加强企业信用的征集与发布。

在个人信用建设方面，重点开展各种行之有效的信用教育，初步形成了"信用浙江"建设良好的舆论氛围。

最后，信用建设是一项长期的复杂的系统工程，浙江省在建设中还坚持注重实效、先易后难、逐步完善的原则。浙江省"信用浙江"建设领导小组每年都制订出详细的年度信用建设工作安排，并对上年度信用建设取得的成绩和存在的问题及时进行总结，使得"信用浙江"建设朝着循序渐进、逐步完善的方向发展。

（三）建章立制，为信用建设提供制度支撑

随着市场体系的逐步发育成熟，不少法律、法规和文件已经难以适应市场经济运作的需要，甚至制约了市场秩序的建立和发展。据此，浙江把加强立法，建立健全市场经济和信用秩序的法律制度体系作为首要环节来抓，先后出台了一系列同"信用浙江"相关的法律、法规，逐步确立了区域信用建设的法律制度框架，为"信用浙江"建设提供了有力的制度保障。

2002年6月，浙江省第十一次党代会报告正式提出，通过政府、企业、个人三大信用主体的互促共进，法规、道德、监管三大体系建设的相辅相成，使"诚实、守信"成为浙江人民共同的价值取向和行为规范。严厉打击制售假冒伪劣商品，商业欺诈等扰乱市场经济秩序的违法行为，在全社会营造良好的信用环境。

2002年7月，省政府及时制定了《关于建设"信用浙江"的若干意见》，明确提出了信用建设的三大主体与三大任务。

2003年11月，浙江省政府出台《浙江省企业信用基准性评价指标体系和评价方法》。

2005年9月，浙江省信用建设的首部立法《浙江省企业信用信息征集和发布管理办法》正式开始发布实施，填补了浙江省信用法规建设领域的空白，是浙江省建设区域信息系统的里程碑。《办法》明确了企业信用信息征集和发

布的综合管理部门，规范了企业信用信息发布查询机构的运作、企业信用信息的征集和发布。同时建立企业失信行为投诉制度，任何单位和个人都可以向行政机关投诉企业失信行为，经查实后，有关失信行为将被记入企业信用信息。该部法规解决了浙江省企业信用发布查询系统运作无法可依的问题。

"十一五"时期，浙江省在信用建设方面，先后发布了《浙江省企业信用信息查询办法》、《浙江省信用服务机构管理暂行办法》等近十项政策法规，使得信用制度体系逐步完善，信用信息披露机制、信用奖惩机制不断健全。

在此基础上，相关部门还就信用相关问题制定了相关制度政策。如，为了强化对金融业的服务与协调，浙江省政府还制定出台了《关于加强地方政府性债务管理的通知》、《关于加强民间融资管理的意见》。

人民银行杭州中心支行出台了《浙江省中小企业信用担保机构信用评级管理暂行办法》、《关于加强浙江省农村信用体系建设工作的指导意见》等法规。

省工商行政管理部门在大力整顿经济秩序的过程中，先后出台了《浙江省合同行为管理监督规定》等30多个条例、办法。

省质监系统先后制定实施了《浙江省产品质量监督管理条例》、《浙江省标准化管理条例》、《浙江省检验机构管理办法》、《浙江省特种设备安全管理条例》等7个质量技术监督地方法规和政府规章，为质监部门的综合质量管理和行政执法提供了有效的法律保障。

为了加强企业信用评价的规范工作，2003年5月，杭州市人民政府出台了全国第一个企业信用评级规范性文件《杭州市中小企业信用评价与管理办法》。

针对信用信息征集过程中存在的问题，2004年12月杭州市第十届人大常委会通过了《杭州市信息化条例》，经浙江省人大常委会批准后，2005年6月1日起正式生效。《条例》明确规定："鼓励和支持信用服务中介机构采集、整合相关信用信息，为社会提供征信、评估评级、信用管理服务。"

温州市政府于2002年4月出台了《温州市企业信用工程建设管理试行办法》，对企业信用数据采集方式、信用信息交换与共享模式、信用信息使用范围等做出详细规定。

宁波市先后出台了《关于进一步推进政府信用建设的意见》、《关于加强中介机构信用建设，促进中介服务业规范发展的意见》、《关于实施"企业信用工程"促进"信用宁波"建设的意见》、《宁波市企业信用信息管理办法》等一系列文件。

167

此外，《浙江省信用评价管理办法》、《个人征信管理办法》和《浙江省征信条例》也正在加快制定。

（四）加强区域联动

区域信用联动体系是指省际间通过整合共享信用信息、信用服务、信用教育培训和信用监管等资源，建立更高层次、更宽领域、区域一体化的社会信用体系，以提高整个区域的综合竞争力。

随着市场经济主体交易活动范围不断扩展到区域外部，交易对象客观要求能查询到交易对手在其他区域的信用状况。由于我国信用体系建设中存在区域、系统各自独立、相互分割，给跨区域、系统的市场交易带来了障碍，也给金融系统带来了风险。因此，浙江省在"信用浙江"建设中高度重视信用体系建设的区域合作与联动，并积极推进"长三角"区域信用建设合作进程，推动了区域信用的一体化进程。

2002年，浙江、江苏、上海三省市百余位专家学者聚会浙江义乌，发表了《义乌宣言》，倡议成立了"江浙沪信用理论研究会"，研究会的常设机构设在义乌。

2004年7月，江苏、浙江、上海两省一市政府联合签署了《信用体系建设合作备忘录》，提出共同建立区域性信用体系，推进信用信息资源共享，建立三省市社会信用体系建设工作协调机制。

2004年11月，第四次沪苏浙经济合作与发展座谈会在杭州召开，确定成立沪苏浙三省市社会信用体系建设区域合作专题工作组，建立三省市社会信用体系建设工作协调机制。还决定由浙江牵头组成项目小组，在三方加快各自信用信息平台的基础上，分阶段建成"信用长三角"共享平台，开展长三角地区信用体系建设，共同打造"信用长三角"，推进信用信息互通共享，在信用管理培训和资格认证工作等方面加强区域信用合作。

长三角区域信用体系建设，以完善信贷、纳税、合同履约、产品质量等信用记录为重点，推动区域社会信用信息交换共享，完善区域信用奖惩联动机制，深化重点领域信用体系合作，规范区域信用服务市场发展，营造区域社会诚信发展环境，铸就"信用长三角"。

此后，区域信用一体化的"信用长三角"建设取得积极成效。苏、浙、沪两省一市已于2006年正式开通"信用长三角"信息共享平台，启动企业基础信用信息共享。

2008年10月，苏、浙、沪两省一市信用办签署了《信用服务机构备案互认协议》，使得信用服务机构在任一方备案，均可在合作区域内开展相关信用服务业务。

2010 年，安徽省正式加入长三角区域信用合作体系。同年，由上海市牵头，会同苏、浙、皖三省共同编制的《长三角区域社会信用体系建设规划纲要（2010—2020）》经三省一市政府审定，以长三角合作与发展联席会议名义发布。

2012 年于 8 月，由江苏省、上海市、浙江省、安徽省共同主办的"信用长三角"第三届高层研讨会在南京举行。会上，"三省一市"信用管理部门共同签署《长三角地区信用服务机构备案互认协议书》，"三省一市"20 家信用服务机构联合发布《长三角信用服务机构规范服务倡议书》。

二、政府信用建设先行，为社会树立示范

（一）政府信用的特殊性及影响

政府信用是指政府及其部门作为公共权力机构或公共权力的代理者信守规则、遵守诺言、实践践约的意愿、能力和行为，是社会公众对其守约重诺的评价，反映了公众对政府的信任度。

相对于企业信用和个人信用而言，政府更有可能发生失信行为。因为政府信用具有三方面较强的特殊性。表现在：

一是政府的强势地位使之失信行为很难被追究。

二是政府作为一个单边垄断的公共产品提供者，其所拥有的优越地位大大减弱了其守信的动力。

三是政府信用关系中信息不对称现象的绝对性，普通百姓无法掌握政府运作具体过程中所包含的复杂信息，而且不可能有一个第三方来为公众提供政府信用的信息，并监督、制裁政府的失信行为。

同时，政府信用的社会影响非常广泛。作为法律和制度运作的支撑力量，政府的所作所为直接关系着公众对法律和制度的信心。一旦政府自身的信用发生问题，公众对政府失去信任和信心，整个市场信用秩序将会面临深刻的危机。政府信用危机给整个社会的信用体系带来的往往是釜底抽薪式的冲击。

可见，政府信用是政府最重要的社会资本，公众的信任是政府力量的源泉。政府既是市场规则的制定者，又是市场规则的执行者。政府的一举一动都会对整个社会信用体系产生广泛而深刻的影响。因此，信用体系必须由政府主导，并以政府的信用建设作为先行。

（二）政府信用要求及应解决的问题

政府信用要求政府具有公共意识、规则意识、责任意识和示范意识。

169

1. 公共意识是指政府作为公共权力的代理者，必须为公众着想、为公众服务，必须体现公正、维护公平、服务公开，必须立足于公共领域基础之上反映公意、"公而忘私"。政府信用体现在公共事务管理当中就要求抛开政府官员的自利动机，一心一意为公众服务，制定公共政策、提供公共产品、维护公共利益。因此，政府信用体现的就是一种公共意识。

2. 规则意识是指政府作为公共规则的制定者和维护者，首先必须身体力行，遵守 法律规则和道德规则，具有恪守规则的愿望和意志，因为规则对于所有的社会成员都一视同仁。政府信用要求公共行为规则必须明确，特别是合乎规则的行为与违背规则的行为之间的界限必须明确，同时也必须明确外在的经济法律制裁机制，使得诚信之德产生约束力。因此，政府信用意识就是一种规则意识。

3. 责任意识是指政府作为公共权力机构，要勇于承担责任，要善于维护责任，一个不负责任的政府是懦弱的政府、是无所作为的政府。政府信用要求政府有能力、有责任为公众谋求福祉，兑现承诺，敢于对公共决策失误负责。因此，政府信用意识就是一种责任意识。

4. 示范意识是指政府作为社会公众观念与行为的指导者，作为国家管理的实体存在，其言行对于全社会来说有着重要的指导意义和符号意义，"上梁不正下梁歪"，政府守信程度影响公众的守信程度，政府信用是社会信用的主要量标。因此，政府信用意识就是一种示范意识。

政府信用强调处理好与公众、企业、市场、社会等若干公共关系，建立良好的行政生态或政治生态，从而树立良好的社会信用环境。同时，政府的公信力也体现于这些公共关系当中，并由这些公共关系反映出来。

政府信用建设要解决当前政府中存在的下述六方面问题：

一是官员腐败问题。官员腐败严重侵蚀了政府信用。官员腐败包括：贪污贿赂、挪用公款、走私偷税等经济犯罪行为，在行政权力掩护下追求个人利益或小集团利益最大化的经济腐败行为以及官员在实施法律或在资源分配上对亲朋好友进行偏袒的腐败行为。

二是政府政策的稳定性和连续性问题。突出表现在政策多变，特别是主要负责人工作一旦发生变动，后任政府领导拒绝为前任政府领导的执政埋单，一届政府一套政策，给社会经济造成损失。

三是政府行为透明度不高问题。如选拔干部不公开，财务收支不公开，重大事项不公开，办事依据不公开，办事程序不公开，办事结果不公开等问题。

四是行政执法不规范。如把行政执法当作创收的手段，在行政执法中根据不同对象办关系案、人情案等，有法不依、执法不严、违法不究，严重破坏了正常的市场经济秩序。

五是滥用地方政府职能。如地方政府干预市场正常运作，制造虚假政绩，强迫银企合作等。

六是公务员滥用职权。如有的公务员弄虚作假，欺上瞒下，工作方式简单粗暴，个人生活腐化，对国家方针政策阳奉阴违，高高在上，严重脱离群众，侵犯群众利益等。

（三）规范政府行为，提高政府公信力

在"信用浙江"的建设过程中，浙江始终把依法行政，严格规范政府的行为作为强化政府公信力的重要环节。

在政府信用建设中，浙江省提出的总体建设目标是，努力建设一个诚信政府，政府行政公信力得到显著提高，政策透明度、可预见性和连续性增强，政府信用形象得到明显改善，为民意识得到进一步加强。

建设思路是，牢固树立"诚信政府"的新理念，强化责任政府、为民政府的意识，切实履行"经济调节、市场监管、社会管理、公共服务"的职能，以自觉接受群众和社会监督取信于民；以行政行为的法律制度保障取信于民；以政府在信用管理中的更大作为取信于民；提高政府信用形象和行政公信力。

根据政府信用中存在的主要问题，浙江各级政府通过前文所述的"法治政府建设、简政放权、依法行政，改革政府机构、提高效能，政务公开、探索民主决策机制，强化监督、约束政府行为，建设服务型政府、增强服务能力"等政府自身的改革与职能转换，努力消除官员的腐败问题，政策的稳定性、连续性不够问题，政府行为的透明度不高问题，行政执法不规范问题，政府职能滥用问题以及公务员职权滥用问题。

具体表现在：

1. 建立一支守法守信、高效廉洁的公务员队伍。包括：开展公务员信用知识普及培训教育，进一步增强领导干部的信用观念和诚信意识；实行公务员信用档案制度，客观公正记录公务员的信用、奖惩等信息，作为公务员考核晋升的重要依据之一。

2. 深入贯彻依法行政实施纲要，建立健全依法决策机制，建立重大决策民意调查听证、专家咨询论证和政府会商决定相结合的行政决策机制，实行依法决策、科学决策和民主决策；大力推行行政执法责任制，严格执法过错责任追究制度和执法行为评议考核制度，切实防范和纠正行政执法活动中的执法不力、执法违法等问题；进一步完善政务惩防体系建设，形成公开、公正、公平的长效机制。

3. 严格执行《政府信息公开条例》，全面推行政务信息公开，充分尊重群众的知情权、参与权和监督权，增强政策透明度、可预见性和连续性，进一步提升政务信用形象，深化服务型政府建设；建立健全内容规范、形式完善、程序严密的政务公开制度，加快电子政务建设；完善新闻发言人制度，对政策法规、发展规划、办事程序以及行政重大事项等政务实行通报制度，及时披露重大突发事件和群众关注热点问题，客观公布事件进展、政府举措、公众防范措施和调查处理结果，及时回应社会关切，正确引导社会舆论。

4. 全面贯彻《行政许可法》，健全行政许可制度，规范行政执法行为，提高行政执法水平；大力推行行政执法责任制度、过错责任追究制度和执法行为评议考核制度，健全行政问责和投诉受理制度；推行依法办事承诺制，切实减少政府行为的随意性，保障群众的合法权益。

5. 加大行政管理体制改革，加快政府职能转变。按照精简、统一、效能的原则，创新政府管理体制，合理界定政府部门的职责；强化政府的公共服务职能，努力完善社会保障体系，围绕人民群众关心的热点、难点问题，解决难事、多办实事，提高公共服务的能力。

6. 进一步发挥政府在社会信用体系建设中的引领作用。加强信用监督，建设和完善企业和个人联合征信数据平台，建立信用信息披露机制；在开拓路径、创新模式、制定法规、完善监管等方面发挥重要作用；继续加强整顿和规范市场经济秩序，严厉打击商业贿赂，大力整治危害社会信用的各种行为。

7. 加强党委、人大、政协对政府行政执法的监督，加大监察、审计等部门对行政行为的监督力度，完善群众监督和舆论监督机制，严厉惩治行政腐败和行政不作为等行为；建立健全地方政府信用评估体系，建立全面落实科学发展观的政绩考核制度。

浙江省各级政府通过政府信用建设，增强了政府的公共意识、规则意识、责任意识和示范意识，提高了政府公信力，为"信用浙江"建设做出了示范，引领和带动全社会信用建设不断深入。

第四节　建设信用体系，强化信用激励约束

在社会信用体系建设中，政府在做好自身政府信用建设的同时，重点要对企业和个人的信用建设提供制度和环境条件，以激励和约束市场各类主体的信用行为。

一、构建信用信息的征集、评价和查询、发布系统

信用信息的征集、评价、查询和发布是信用体系的基础，它通过记录、评价企业、个人的信用行为，一方面，为市场各类主体选择交易对象提供了便利，从而达到激励守信行为、惩罚失信行为的目的。另一方面，它通过减弱甚至消除交易对象之间的信息不对称，降低了市场交易成本，促进了市场经济的发展。此外，它还为法律对于失信行为的惩罚提供了依据。

（一）浙江省企业信用发布查询系统的建立运行

企业信用信息的征集、评价和查询、发布是企业信用体系的主体。浙江通过法律的强制推动和企业的自觉行动，来确保信用信息的征集、评价、发布和查询活动的顺利开展。在此基础上，引入市场机制，综合开发利用信息资源，建立区域性的企业信用信息库，形成征信产品。

2002 年，浙江省政府召开专题会议，通过了《浙江省企业信用发布查询系统总体建设方案》，并成立了"浙江省企业信用建设协调小组"，由省领导担任组长，成立了由 11 家省级部门组成的"浙江省企业信用建设理事会"。省政府授权省经济信息中心组建"浙江省企业信用发布查询中心"，具体承担"浙江省企业信用发布查询系统"的建设和运行。省、市两级政府的相关职能部门积极着手汇集各个职能部门掌握的信用信息，建立信用信息共享的公共网络。

企业联合征信数据平台即企业信用发布查询系统，采取了"统一方案，协同建设，分步实施，逐步完善"的办法。浙江省企业信用发布查询中心理事单位有 40 余家，其中 11 个市人民政府以特别理事身份加入，各省级部门以理事身份参加。

该系统负责向全社会提供企业信用信息。其主要功能是利用网络信息技术，整合分散的企业信用信息，分层次地向社会披露企业信用信息。它由企业信用信息征集系统、查询系统、发布系统、修正系统及安全监控系统五部分构成。

浙江省企业信用发布查询系统于 2002 年 6 月 10 日建成运行，使一批不讲信用的企业无处藏身，迅速地"见光死"，"信用"的价值骤然凸显。

据浙江省信用中心的《信用工作总结》数据，截至 2010 年 6 月底，企业信用发布查询系统实现了三个"基本覆盖"：一是该系统汇集了涉及企业信用的省工商局、质量技监局、地税局、国税局、人力社保厅、环保厅等 34 个部门掌握的信息，基本涵盖了涉及企业信用的主要部门或系统。二是入库企业等

法人数达到 86.3 万家，基本涵盖了全省所有工商注册的企业。三是数据库指标项达到 172 类、1233 项，基本涵盖了全省企业的信用信息。企业信用报告查询次数超过 592 万次。该系统是全国率先开通、数据容量最大的省、区企业信用信息库。

（二）浙江省个人信用信息数据库建立运行

无论是在制度建设层面，还是在操作层面，个人信用都是信用建设中的一个难点。

我国个人征信系统建设始于 1999 年 7 月人民银行批准的上海资信有限公司试点。2004 年初，人民银行开始组织商业银行建立全国集中统一的个人征信系统。2004 年底实现 15 家全国性商业银行和 8 家城市商业银行在全国 7 个城市的成功联网试运行。2005 年 8 月底完成与全国所有商业银行和部分有条件的农村信用社的联网运行。2006 年 1 月个人征信系统在全国正式运行。截至 2013 年 11 月底，个人征信系统收录自然人数约 8.37 亿人，其中近 3.17 亿人有信贷记录。

银行系统的个人征信系统建设采取了集中数据库模式，利用人民银行专线和商业银行的信贷营业网点相连，建立覆盖全国的信用信息采集和服务网络，全面采集企业和个人信贷信息，按照统一系统、统一管理、统一标准的原则，实现了企业和个人信用信息在全国各商业银行的交换和全国共享，且系统效率高，实现了信用报告查询秒级响应。

浙江省政府及其有关部门根据浙江省经济发展的情况，在中国人民银行于 2005 年《个人信用信息基础数据库管理暂行办法》基础上，充分利用企业信用发布查询系统建设和运行所形成的技术优势和成功经验，筹建与各行业部门联网的个人信用联合征信数据库。

浙江省个人联合征信数据平台即个人联合征信系统，由省信用中心具体承建。省政府利用 2007 年公安部门发放第二代身份证或社保部门发放社保卡的契机启动建设，它以公安部门的人口信息为基础，以驾驶员违规信息、律师奖惩信息、个人欠税信息、个人教育信息、银行业从业人员失信信息等为重点，初步建立重点人群的个人征信联合数据库。2007 年 2 月底，浙江省个人联合征信系统初步建立。

截至 2010 年 6 月底，已汇集了省法院、省公安厅、司法厅、教育厅、人力社保厅、经信委、建设厅、地税局、劳保厅、浙江保监局、浙江银监局、杭州海关 12 家单位提供的数据，覆盖全省 4574 余万人，数据库指标项达到 25 类、284 项，包括个人基本信息、个人法院案件执行难信息、个人法院程序终结案件信息、驾驶证信息、道路交通事故信息、大学毕业生信息、司法鉴定人员、律师和基层法律服务者基本及奖惩信息、人事考试违纪违规处理信息、职业技能证书信息、项目经理信息、个人欠税信息、企业管理者信息、证券业人员失信信息、银行人员失信信息、保险营销员信息等。

（三）人民银行企业与个人征信系统平稳运行

我国信用系统的建设是从银行业起步的。在90年代初的经济转型开始阶段，企业和个人跨行借贷、跨地域交易日益活跃，恶意拖欠和逃废银行债务现象时有发生。迫切要求建立企业和个人信用信息共享机制，以全面把握借款人信用风险，提高信贷资产质量，重建企业和个人信用。

1992年，人民银行在深圳试点贷款证制度，形成了征信系统的早期雏形。从1996年起，伴随着纸质贷款证变为贷款卡，人民银行于1997年开始筹建银行信贷登记咨询系统。2002年建成地市、省市和总行三级数据库体系，实现以地市级数据库为基础的省内数据共享。

国务院于2003年明确赋予人民银行"管理信贷征信业，推动建立社会信用体系"的职责。人民银行于2004年至2006年组织商业银行建成了全国集中统一的企业和个人征信系统，由中国人民银行征信中心负责建设、运行和维护。

人民银行的征信系统主要从商业银行等金融机构采集企业的基本信息、信贷信息、企业主要财务指标。在该系统多年运行基础上，2005年人民银行启动银行信贷登记咨询系统的升级工作，将原有的三级分布式数据库升级为全国集中统一的企业征信系统。2005年12月，企业征信系统实现与主要商业银行的全国联网运行，并在天津、上海、浙江、福建四个省（市）试行查询服务。2006年6月末，企业征信系统实现所有中资、外资商业银行和有条件的农村信用社的全国联网运行，并于2006年7月末完成全国范围内与银行信贷登记咨询系统的切换工作。

"十一五"期间，人民银行组织商业银行建成了全国统一的企业和个人征信系统，信息服务网络已覆盖全国及浙江省所有银行类金融机构的信贷营业网点，为浙江省48.7万户企业、3310万自然人建立了信用档案，开通了5万多个查询用户。

在信用信息征集中，人民银行杭州中心支行探索并组织开展了浙江省中小企业和农村信用体系建设，成效显著。

该行一是联合省中小企业局推出了"浙江省'千家成长万家培育'中小企业金融支持计划"，进一步健全了中小企业信用信息征集的长效机制，帮助那些具备一定基础，信用意识较强的中小企业优先享受到政策和融资支持。在此基础上，积极引导金融机构充分挖掘利用中小企业数据库，推动中小企业金融产品创新。截至 2012 年末，全省累计为 18.5 万家中小企业建立了信用档案，其中约 4.3 万家企业获得了银行贷款。

二是将推进农村信用体系建设作为加大金融支持"三农"力度的抓手，继续加强全省农户信用档案建设。截至 2012 年末，已累计为 682 万户农户建立了信用档案，共有 355 万农户获得银行贷款 10185 亿元。

浙江省 2005 年成为首批实现省内金融机构个人征信系统联网运行的省份。当前，浙江省银行系统全国统一的企业和个人征信系统保持安全、稳定、高效运行，数据质量明显提高，信息采集面继续扩大，各类非银行信息种类和数量进一步增加，与公安、质检、工商等部门进行的公民身份信息、企业组织机构代码信息以及工商注册登记信息联网核查机制保持平稳运行，系统功能更加丰富。对于提升本省银行信贷资产质量、加大金融对经济支持等方面发挥了极其重要的作用。全省金融机构对充分利用两大征信系统防范信贷风险更加重视，系统查询量继续保持大幅增长，2010 年全省查询量达 2765.8 万次。同时，随着企业环境违法、欠薪、社保、法院判决等信息纳入，征信系统在有效解决法院"执行难"和高效推进"绿色信贷政策"落实等方面逐步发挥出越来越重要的作用。

（四）企业信用信息评级市场规范发展

信用信息评级是信用系统发挥激励约束作用的重要组成部分。为规范和培育信用服务机构，促进信用服务行业的健康发展，浙江省较早就将《浙江省信用服务机构管理办法》列入省政府立法计划，为了及时规范和培育信用服务机构，促进信用服务行业的健康发展，浙江省政府于 2007 年印发了《浙江省信用服务机构管理暂行办法》，提出信用服务机构开展业务应坚持的中立、公正、客观及诚实守信原则，及依法保守个人隐私、企业商业秘密和国家秘密，切实维护个人、企业合法权益、社会公共利益和国家利益等指导原则。并就信用信息的采集渠道、禁止采集的信息，信用信息的保存、信用信息的加工和使用，采集信用信息时对于个人隐私、商业秘密和国家秘密的保密义务，企业和个人负面信用信息使用和披露的期限，信用服务机构的准入条件和资格及从业人员的规范要求，信用服务机构的管理、过错处理，政府对信用服务机构的支持政策等做了明确规定，为信用评级的规范发展提供了良好的制度环境。

截至 2010 年，浙江省在人民银行备案的信用评级机构已有 12 家，人民银行在稳步推进信用评级市场发展的同时有效规范备案信用评级机构的业务活动，促进了信用评级产业的健康持续发展。

首先，对评级机构内部制度建设、业务规范、收费情况、技术人员储备等方面进行检查，显著改善了信用评级市场的运行秩序。

其次，进一步加大对银行间债券市场发行债券产品的信用评级报告审核工作力度，建立了双重审核制度，促进了评级报告质量的提升。

最后，大力夯实借款企业和信用担保机构信用评级工作，进一步扩大商业承兑汇票信用评级试点工作。

目前，浙江的征信市场尤其是信用评级市场的发育已经走在了全国的前列。

二、建立信用行为的激励与惩罚机制

市场主体的行为从本质上看，是其一种利害得失的权衡选择，因此，信用体系建设要通过制度和机制的建设来引导、规范人们的信用行为，构建信用行为的激励与惩罚机制，从利益上激励其诚信行为，惩罚失信行为。

信用机制对于失信企业的惩罚手段不外乎两类，一是将企业的失信行为进行曝光，使之失去交易对象，难以在市场上生存。二是通过法律手段，对违法者施以法律制裁，使其为失信行为付出惨重代价，经济上得不偿失。

（一）建立失信行为曝光机制，加大企业失信成本

企业联合征信系统和个人联合征信系统分层次、分权限向社会依法披露和发布企业、个人信用信息，创新性地提出浙江省企业信用基准性评价指标体系和评价方法。目前，企业联合征信系统 84.7 万家企业均有"A、B、C、D"四级信誉度提示信息，向社会公开发布，以提示该企业有无失信信息。截至2010 年 6 月底，企业信用报告查询次数超过 592 万次。

就失信行为曝光而言，浙江省政府相关部门纷纷从部门的市场监管职责出发，建立各自的监控机制，并充分利用企业信用信息系统的功能，共同构成了一张相互交织的信用行为监控网络。

2006 年 8 月 9 日，浙江曝光 24 家劳动保障失信企业。

2007 年 10 月 22 日，浙江率先全国发布信用预警，曝光 173 家失信企业。

浙江省食品药品监管局仅 2005 年上半年就发布药品抽验质量公告 2 期，公告不合格药品 91 批，发布违法广告公告 5 期，公告违法药品广告 144 个，移送工商行政管理部门处理 17 个，对企业违法发布广告行为进行书面告诫 1个。2011 年，13 家严重失信企业已经在省食品药品监督管理局网上公示，以后，每年都要公示一批严重失信企业。

企业信用已成为浙江入选重点培育骨干企业的考核和调整的重要指标，"信誉"成为进入政府重点培育骨干企业名单的一条不可逾越的基准线。浙江省国税部门将 32 家欠税 500 万元以上企业的"黑名单"公之于众。

金融系统利用信用信息系统，大力打击逃废债行为，建立"黑名单"定期通报制度，实行金融监管联合制裁。台州市建立几大"黑名单"制度，包括信用卡"黑名单"、个人住房贷款"黑名单"、汽车贷款"黑名单"、通信资费"黑名单"等。

2009 年人民银行杭州中心支行发文要求各银行机构将"信用浙江"网披露的企业年检信息作为银行结算账户年检的参考依据。

从 2009 年 3 月开始，省法院将全省各级法院 6 个月内未履行生效法律文书的被执行单位和个人名单纳入省公共联合征信平台，并在"信用浙江"网上公布。从 2010 年 7 月起，将失信发布范围扩展至全省法院立案后超过 3 个月仍未履行生效法律文书的执行案件。同时，将失信信息纳入公安、金融、工商、国土、建设、税务、电信等部门的相关征信系统，使被执行人在融资、投资、经营、置产、出境、高消费、注册公司、获得荣誉、从业任职资格等方面，受到限制或禁止。据相关资料，仅 2009 年，已经让"老赖们"主动执行总额超过 80 亿元，涉及近 5000 家企业。

同时不断完善信用公示制度，如果出现恶意逃废债务、失约失信，经公证鉴定，受损方均可通过媒体进行公示，形成社会信用监督。

通过实施这一系列强硬的措施，一大批企业因信用缺陷而付出了惨痛的代价。

（二）加大市场整治力度，依法惩处企业失信行为

就法律手段而言，浙江省各职能部门连续开展专项整治活动，依法惩治走私贩私、制假售假、商业欺诈、非法传销以及虚开增值税发票等违法犯罪行为。

仅 2004 年 1—8 月，全省就累计出动各类执法检查人员 129.8 万人次，查获违规单位或个人 22.36 万个，立案 7.85 万件，涉案金额 26.71 亿元，捣毁各种制假造假窝点 4365 个。受理各类举报投诉 7.38 万起，结案率为 95.93%。

2002 年 1 月，省政府主管部门将 29 家信用不佳的企业逐出"省重点培育企业"名单。

2004 年，浙江省工商行政管理局首用"突然死亡法"，宣布 262 家企业"信用破产"，并依法吊销了其营业执照。在短短一个月内，浙江 11 个地市有 18749 家企业被工商行政管理部门认定为"信用破产"。

在浙江省 2007 企业信用活动周启动仪式上，省工商局发布 1 号信用预警，因存在虚假出资、商业贿赂、商标侵权、经营非法商品等行为，浙江华通物业开发集团有限公司等 173 家丧失信用的企业被曝光，同时被吊销营业执照，不得再从事经营活动，不能开展、参与投资活动，其法定代表人对该企业违法行为负有个人责任的，三年内不得担任其他企业的法定代表人。

为了加强商品房销售的管理，杭州明确规定，中介行为违规一经查实，先行停止经营业务，再进行调查。对严重违规的房地产经纪人、房地产估价师，将依法吊销或建议吊销执业资格，今后不得从事中介执业活动。

为深入整顿金融秩序，浙江严肃查处银行、证券、保险等金融机构违法违规的金融行为，依法查处金融欺诈、操纵证券市场和内部交易、恶意逃废债务等行为。

（三）探索和完善守信行为的激励机制

信用信息的公开、失信惩罚机制的有效运行对于诚信企业本身就是一种激励，在此基础上，针对当前的社会信用状况，浙江还积极探索诚信行为的奖励机制，以进一步激发企业的诚信动力。

1. 浙江通过建立全省企业信用查询系统，将全省企业涉及国税、地税、统计、工商、质监、金融等各领域的企业基本信息、诚信信息和失信信息搬上网络，展现在社会和公众面前，为市场主体选择交易伙伴、降低交易成本和信用风险提供了有力的支持。这既凸显了企业信用的价值，提高了守信企业的信誉，同时也极大地增大了企业失信的成本。

2. 浙江工商行政管理部门提出并逐步实施以市场主体为对象，以"经济户口"为基础，以信息化为手段，以信用评价为杠杆，以信用格式为内容，以信用资产培植为目标的企业信用监督管理体系的新思路。

一是逐步探索和实施"经济户口"制度。通过多渠道采集信用信息，形成一个完整、及时、客观、正确的企业信用信息数据库，为信用评价和信用监管提供前提和基础。

二是实施信用监管评价，给企业贴上信用标签。以"经济户口"数据库为依托，对企业在一定期限内遵守法律法规和依法经营情况做出综合性的评价，以此作为对企业实施信用监管的基础，以及赋予信用资产、实施信用激励和信用约束、公示企业信用状况的依据。

2004 年 12 月，工商行政管理部门对企业信用状况的综合评价和分类，由高到低依次分为 AAA、AA、A、B、C、D 六级，分别以四种颜色代表。根据企业信用监管评价等级，对企业实行不同的监管方式，如工商巡查、责任区监管，并根据监管等级的不同，分别确定巡查方式、巡查次数和监管力量。企业年检确定等级要以信用评价结果为依据，并依法限制违法失信企业的经营活动。

三是赋予信用资产，增强对企业的吸引力。各级政府选择"五个一批"企业、上市企业、政府采购供货企业，认定"知名商号"、"守合同重信用单位"、"著名商标"、"消费者信得过单位"时，均要求申报企业的信用监管评价等级应达到 A 级以上。信用监管评价结果为 AA 级以上的企业，可以申请年检免审查。2002 年，浙江省工商行政管理局宣布对 4340 家信誉好的企业实行"年检免检"待遇。

在以"信用优化经济生态"为主题的"2010 浙江企业信用活动周"上，浙江省工商局发布了全国首个"企业工商信用指数"，全面反映了浙江经济运行的信用生态状况，并表彰了 9 个信用建设示范行业以及 60 家信用管理示范企业。

四是规范信用公示。浙江工商行政管理部门制定了《浙江省企业信用监督管理办法》，对企业信用监督管理的定位、主体、职责、原则、体制、内容、等级、实施、管理以及评价结果的应用等方面作出了较为系统的规定。

3. 各商业银行对信用等级高、符合国家产业政策要求、有良好产业发展前景和发展潜力较大的企业，优先给予信贷支持。信用建设示范企业、行业成了各地金融机构的"香饽饽"。

嘉兴等地的金融机构，为高等级的信用企业提供服务时，融资成本同等条件下优惠 5% ~ 10%，简化调查、评级、授信和融资的操作流程，提供一站式金融解决方案和本外币一体化结算服务，全面提供贸易融资、本外币结构化贷款等融资手段，提供发债及上市融资等投资银行服务，配备高素质客户经理及专家团队，等等。

慈溪市从财政拨出了 300 万元，建立了小额信用贷款担保公司，专门为种植养殖大户、购销户和小型农业企业提供信用担保，由所在镇、专业合作组织、农业龙头企业筛选出来的"诚信户"们只要拥有一张担保贷款证，就可以在一年内随时到信用社贷款。

省证监局建立了上市公司诚信考核制度、证券公司分类监管制度、证券公司高级管理人员诚信考核制度、独立董事工作制度等，通过奖励诚信经营、惩处失信欺骗行为的制度，推动辖区上市公司、拟上市公司、证券期货经营机构加强诚信建设，塑造浙江证券期货市场的诚信形象。

4. 浙江其他承担市场监管职责的部门和机构也从自身实际出发，逐步探索形成了一些有效的企业信用监管机制。政府各部门和社会其他组织对优质信用企业在政府采购、技术改造、技术合作、产品进出口、项目立项、招商引资、土地使用、人才引进、进入各类园区和孵化器等方面给予优先支持。

浙江省于 2009 年 6 月 1 日正式在省重点建设工程招标投标领域应用"企业信用报告"制度，规定招标方必须在招标文件中要求投标企业提供由第三方出具的信用报告，作为投标人资格审查和评分的依据。同时，以指导性标准的形式对企业信用报告的具体内容和格式进行规范。截至 2009 年底，备案的企业信用报告达到 892 份。

宁波市 2011 年设立最具社会责任企业奖，定期向社会公布各个评价等级企业名录，引导企业不断加强信用建设。

三、营造良好的社会信用氛围

培育与市场经济制度相适应的信用文化是建立和完善市场信用制度的重要保障。相对于法律等正式制度，道德调节是交易活动中成本最低的一种方式。因而，在信用体系建设中须坚持教育在先，把全社会的诚信教育作为重要的任务来抓。

（一）信用文化是信用体系的基础支撑

人类社会的法律制度体系是由社会的道德规范逐步演化形成的。社会经济的调节手段无非有两种，一是道德伦理体系的调节，二是法律体系的调节。其中，人们的价值观等道德伦理体系具有自觉自愿、低成本、有效性强等特点。

首先，人们的价值观、伦理等道德观念是通过社会环境的日积月累、潜移默化的影响而根植于人们的心灵深处，它决定了人们的价值判断和目标追求，时时刻刻对人们的行为进行判断，规范其行为，不需要外力的作用，是人们自觉自愿的行为。

其次，法律制度等约束对人们是一种外部的强制力量，当内外部产生矛盾时，外部的制度约束就会大打折扣。因为所有法律法规等制度安排都具有较高成本，加之人们的有限理性，法律制度难以包罗万象，这时必然会出现钻制度漏洞或置法律制度不顾"铤而走险"的情况，而道德约束发自内心，是人们的自律行为，无需外部监督，社会成本低，有效性强。

就此来说，信用文化就是一种道德约束。一旦人们将诚实守信内化为自己的价值观，当作做人的准则，在面临诱惑时，就会觉得"头上三尺有神明"，自觉自愿地做出诚信的行为选择。

当然，随着现代社会经济交往的日益普遍，作为一种软性约束机制，道德观念对社会行为的规范能力受到了削弱。因而，信用体系建设更需要加强信用道德文化的建设，为诚信行为树立良好的社会氛围。

（二）加强信用文化的宣传教育，普及公众信用意识

浙江在推进"信用浙江"建设的过程中，将诚信宣传教育作为一项重要内容，积极组织开展多种形式的"信用浙江"系列宣传教育活动。2002年7月浙江省召开"信用浙江"建设全省动员大会，掀起了打造"信用浙江"建设舆论的高潮。

第一，大力倡导遵守《浙江省公民道德规范》，充分发挥各种新闻媒体和学校、社区、社团组织的作用，开展"诚实立身、信誉兴业"等多形式的诚信教育活动。

第二，积极将信用文化引进机关、企业、社区和校园，使信用文化渗透到社会的各个角落。从领导干部和公务员的从政道德教育，到非公有制企业经营者的"诚实杯"竞赛和个体工商户的"绿叶工程"建设，到广大公民的现代化素质教育和公民道德教育，都突出诚信教育的内容。

第三，把诚信教育贯穿到学校教育的全过程。从幼儿园、小学到初中、高中、大学，从成人教育、职业教育到岗位培训、劳动技能培训，都开设了诚信教育的课程。有的地区还组织编写《诚信教育读本》，组建讲师团进行巡回报告，举办各种形式的学习会、研讨会和知识竞赛，开展信用文明岗、信用文明商店、信用文明企业等创建活动，使信用观念、信用意识、信用道德深入人心。

第四，调动新闻媒体的力量，运用各种宣传渠道和媒介，大力度、高密度地宣传报道了各地专项执法整治、信用动态监管、推进企业信用记录制度等"信用浙江"建设情况，使"信用浙江"家喻户晓，形成了全社会关心信用建设、人人参与信用建设的良好局面。

第五，各地市创新载体，积极进行信用文化宣传，形成了信用文化建设"百花齐放"的新局面。宁波市在"信用宁波"建设中，举办了全市性的演讲比赛与征文活动，各种媒体开辟专栏宣传"信用宁波"建设和现代市场经济条件下的信用知识。温州市人大确定每年的8月8日为温州的"诚信日"，举行各种形式的信用教育和宣传活动。

（三）将信用文化建设融入实际工作，营造诚信氛围

信用文化、诚信意识的形成是一个日积月累的过程，需要信用体系其他环节的配合。特别是在当前社会环境下，更需要信用制度的激励与约束效应的发挥。为此，浙江省在推进信用文化建设中，各级政府职能部门将信用宣传教育

与部门的征信体系建设紧密结合、与公众的日常生活紧密结合，使得信用文化落地生根。

省委宣传部牵头各职能部门在"3·15"消费者权益保护日、"9·20"公民道德宣传日、"12·9"法制宣传日等活动期间，开展法律法规宣传咨询活动，深入开展"重合同、守信用"、"消费者信得过单位"、"百城万店无假货"、"价格计量信得过单位"等评比活动，宣传报道守信用、讲信誉的企业单位，对不守信用、不讲信誉的生产企业和经营单位进行曝光查处，不断强化企业的信用意识。

司法行政系统还建立了律师诚信档案，并在网上公布律师和律师事务所的不诚信行为。

金融系统开展了"重借款合同、守银行信用"活动，举办"银行杯"诚实守信知识竞赛。浙江省保监局每年都对寿险个人营销员进行信用评级，并在全系统对优秀寿险营销员进行表彰。

省食品药品监督管理局开展医药生产经营企业诚信守信创建活动，青春宝集团有限公司、华东医药集团有限公司等 14 家医药企业向全省医药行业联合发出了《诚信宣言》。

此外，各职能部门积极开展信用人才培养。如杭州信用协会自 2003 年 12 月开始，采取不间断的培训、考试、技能大赛等一系列措施，努力提高信用评价人员的综合素质。

183

通过大力宣传和教育，以及政府、企业、个人信用建设所产生的激励约束效应，浙江省的信用意识逐步提高，"诚实、守信"逐步成为人们共同的价值取向和行为规范，为"信用浙江"建设实践的深化创造了良好的舆论氛围。

第八章　中介服务业的发展与规范

第一节　中介服务业在金融生态环境建设中的地位和作用

中介服务业是指在社会经济活动中发挥服务、协调作用，为市场经济各类主体提供社会性、技术性、执行性服务的经济组织、社会团体和个人所构成的行业。

按照现行的国民经济行业分类，中介服务业可大致分为市场交易中介组织，信息咨询服务机构，法律财务服务机构，自律性行业组织，市场监督鉴证机构等。

按照中介机构活动的性质及其目的，本书将其分为营利性的专业中介机构和非营利性的行业协会两大类。前者指以营利为目的，为市场主体提供各种专业性服务的中介机构，如会计师事务所、审计事务所、律师事务所、资信评级事务所、信息咨询事务所、顾问公司、信托投资、投资咨询、租赁、财务公司、证券公司等。后者指各类行业协会、商会等自律性组织，他们不以营利为目的，只是代表行业利益，为会员提供各种公共性服务。

中介服务业是保证现代市场经济平稳高效运转的支持系统之一，随着市场经济发展，其地位和作用日益凸显，已成为衡量一个地区市场经济成熟程度和经济竞争力的重要标志之一。

中介服务体系不成熟是国内金融生态环境的重要问题之一。发达、规范的中介服务业是民营经济发展与良好金融生态环境建设的重要社会环境支撑和保障。

具体来说，中介服务机构在金融生态环境建设中的作用表现在下述几个方面。

一、减少信息不对称，降低金融风险和成本，促进金融健康发展

金融机构在信贷发放和投资决策时，面临的最大问题就是信息不对称。突

出表现在：由于民营中小微企业历史短，规模小，建立规范的财务管理制度较为困难，加之其信息中，定量的、易于编码传递的信息短缺，造成银企严重的信息不对称。一方面，银行在贷款前难以全面深入了解企业主的品德、能力，企业的生产经营、财务、信用状况，容易形成逆向选择风险，即素质差、缺乏成长前景的企业会通过隐瞒真实情况、编造假信息等手段骗取信贷资金。另一方面，在贷款发放后，银行对企业经营行为的监督控制能力也十分有限，从而造成部分企业的道德风险，如改变贷款用途，用于高风险的投资活动，逃废银行债务等。上述信息的不对称使商业银行往往不能有效地判断企业的潜在风险，难以防范企业贷款前的逆向选择和贷款后的失信行为，易引发信贷风险。

为此，金融机构不得不花费大量的人力、财力和时间进行客户的相关信息的搜集、甄别和评价工作，这一方面大大增加了其交易成本，降低了投资收益，减少了投资的积极性。银行信贷市场的"信贷配给"、国内风险投资机构的投资行为与常规金融机构趋同等现象，就是典型的表现。另一方面，为了防范信贷或投资的风险，银行信贷、投资公司设置了复杂的审查程序和流程，进一步加大了自身及投资对象的资金成本、时间成本和人力成本，造成优质投资对象流失，阻碍了金融机构的业务拓展。

而各种专业性融资中介机构则通过其专业化的信息搜集、处理和发布活动，大大降低金融市场的信息不对称情况。如会计师事务所对于企业财务报表的审计将保证企业财务报表的真实性、合规性；律师事务所对于企业兼并、收购、股权出让等融资活动的监控，将保证其融资行为的真实性、合法性；房地产评估公司的评估将保证抵押物的价值估算合理性；资信评估公司对企业信用状况的评价将全面揭示企业经营活动的信用状况；证券公司的保荐将为投资者揭示上市公司的真实情况等。

185

行业协会对于行业发展现状、趋势及会员企业基本情况的掌握，也对金融机构确定重点支持对象，降低行业与投资组合风险方面起到了重要作用。

金融相关中介机构正是通过其专业化的信息收集、分析处理和发布工作，在金融机构和民营中小微企业之间搭建信息平台，沟通相关信息，降低金融机构信息搜集、甄别和分析的成本，帮助金融机构准确选择投资对象和项目，促进金融业的健康发展。

按照科斯的交易成本理论，中介服务业产生的根本原因就在于其可以降低社会交易成本。某种意义上，专业性中介机构的主要功能就是以其大量的信息搜集和专业处理分析活动为市场或市场交易主体提供信息，这种信息活动将大大降低金融机构的风险和成本，促进金融机构的健康发展。

二、增加民营企业融资成功概率，降低融资成本和风险

民营中小微企业在经济社会的发展中的地位越来越重要，其发展情况直接影响着国家的经济繁荣、技术创新、出口贸易和社会就业问题，但融资难一直是制约其发展的瓶颈。为此，党和国家领导人多次对民营经济、小微企业发展进行调研和指示，国家相关部门也做出了一系列支持民营中小微企业融资的制度政策。但是，市场经济条件下，各类商业性金融机构作为一个个独立的经济主体，其行为决策必须以经济效益为基本依据。而对民营中小微企业提供融资或股权投资等，面临着远远高于对大中企业的风险和成本，此时相关金融中介机构的信用增级、风险分担、成本降低等功能就成为民营中小微企业获得融资的重要甚至必要条件。

这方面典型的就是世界各个国家普遍建立的小微企业信用担保体系。概括起来，信用担保具有三方面的作用，一是扫除中小企业向金融机构申请融资时担保品欠缺或不足的障碍，通过其承担部分贷款风险而提升中小企业信用等级，同时分担金融机构对中小企业融资的风险，以提升其办理融资的意愿，使中小企业得以与大企业处于平等地位，同享金融资源。二是通过其调查分析和审查，对具有潜在投资价值的企业提供信用担保，从而将具有一定发展前景和较高资信水平的潜在优质企业从众多小微企业中筛选出来，起到信用筛选的作用；三是通过贷款后的监控和辅导帮助，消除受保企业的道德风险，提高企业经营成功的机会，起到风险控制作用。因而，担保机构的信用筛选、信用风险控制功能，一方面可以降低银企之间的信息不对称，降低银行信息搜集处理的成本；另一方面，可以分散银行信贷风险，增强银行贷款信心，从而增强民营中小微企业信用和融资能力，提高其融资成功的概率，降低融资成本和风险。

民营中小微企业融资难的另一个重要原因在于众多企业缺乏金融相关知识和融资经验，他们不了解投资者要求，难以提供令银行、投资者满意的抵押质押品以及经营计划和财务报告，不了解现行金融产品的种类、特点，不懂得融资的基本知识和原则，筹资缺乏明确计划和目的，盲目举债等。这些问题都严重影响着其资金融通和金融机构的金融服务。而融资中介服务机构在这方面更可以发挥咨询、辅导和支持作用，提供专业化的融资中介服务。

这种作用表现在：首先可以弥补中小企业团队素质的不足，解决其人才缺乏的问题。其次，可以解决融资工具的选择、组合与创新，融资渠道储备与选择，融资基础完善及与资金供给方沟通的语言等各环节存在的问题。最后，可以大大提高企业融资的效率和成功率。

例如，计师事务所可在企业对外投资、合资合作、机构分立与合并中，提供审计、验资、资产评估等服务；在企业财务管理方面，提供会计制度建设、成本管理、税收筹划和内部控制等方面的咨询服务；在企业财务报表方面，提供真实、符合国家财务准则和国际财务规范的财务报表技术支持。

第三方信用评估机构是资金供给方和融资方的中介，其在企业融资过程中主要发挥中介和资信证明两种作用，即一定程度上解决资金供求双方的信息不对称问题，降低沟通成本，提高沟通的效率；通过自己的评估体系，对融资方的资信提供证明，使资金供给方在短时间内了解企业的信用状况。随着信用体系建设的全面推开，独立的第三方信用评估机构的地位和作用将不断提升，将会有越来越多的资金供给方借助信用评估结果进行融资决策。这样，信用良好、经营稳健的企业将会更加方便、高效、低成本地获得金融机构的各类融资服务和相关金融支持。

律师事务所的作用具体表现在：为企业与资金供给方的合作协议起草和把关；协助企业进行不良资产的管理和应收账款催收；在企业改制、兼并、收购等资本运营过程中提供法律顾问意见；协助企业对资金供给方的真伪进行辨别。

融资财务顾问可分为证券公司、投资公司、投资管理公司、投资担保公司、投资顾问公司、管理顾问公司、商务咨询公司、培训公司等，是专职为企业融资提供信息、技术支持和团队支持的机构。其与企业融资过程联系最紧密，提供的服务面最全面。他们可以帮助企业撰写商业计划书、提供短期融资建议、协助企业引入投资者、进行融资诊断与评估、协助进行融资工具、融资渠道的选择、参与融资沟通与谈判、进行中长期融资规划、协助企业海外上市、提供融资培训、协助企业资产管理等。这些服务和支持将直接提高民营企业的融资效率和成功率，缩短融资时间，降低融资风险和融资费用率。

各类行业协会、商会等机构可收集相关的宏观金融政策、法律制度、金融机构的创新产品和服务等方面的信息，并向会员企业进行信息沟通和咨询，协助企业建立各类关系渠道，推介企业的融资项目，反映并协调企业遇到的各类问题。

三、中介服务业的发展有利于提高企业的竞争力

专业性中介机构通过为民营企业提供各种专业性服务，可以降低企业的经营风险，促进企业的专业化经营，并提高企业的管理水平。

1. 中介机构的信息与咨询服务可有效提高民营企业战略决策的有效性。

企业经营过程中各种战略的制定是一个复杂的具有决定性意义的过程，在这个过程中，企业的发展目标、行业选择、目标市场定位等都需要大量的信息和专业知识，各类中介机构通过其掌握的大量知识和信息，可以为企业提供各种信息和咨询服务，帮助企业制定科学合理的战略目标，这是企业经营成功的重要基础。

2. 中介机构的信息服务可帮助民营企业降低经营成本和风险。企业的经营过程，实际上是企业生产经营的内外部信息的搜集、识别、分析、判断，进而进行决策的过程，由专业化信息搜集处理咨询机构提供的信息资料凭借其广布的信息搜集网络和先进的信息处理技术和手段，可为企业提供准确、全面、科学的信息分析结论和建议，从而大大降低民营企业的经营成本和风险。

3. 中介机构的信息咨询服务可有效提高民营企业的经营管理水平。如会计师事务所将有助于企业财务管理水平的提高，律师事务所有助于企业合法合规经营意识的提高，信息评估公司将有助于提高企业的信用管理水平，管理咨询公司对企业管理的诊断和咨询将直接提高企业的管理水平和能力。

4. 中介服务机构通过向民营中小微企业提供沟通、咨询和培训等服务，引入各类创新资源，有力地推动企业的技术创新。如各类技术型中介机构通过在研究机构、大学、政府与企业之间沟通、传播信息，为企业提供协作信息服务，对企业发展核心竞争力的能力进行分析，帮助企业选择协作伙伴，为中小企业提供管理人员培训及管理咨询服务，为中小企业提供技术支持等，提高民营企业自身的创新能力和协作创新的成效。

行业协会则主要通过行业自律，协调企业外部的各种关系、维护企业的合法利益、帮助企业开拓国内外市场、为企业提供各种培训、信息等服务，提高企业的竞争力。特别是在近年来，面对国际贸易的严峻形势，行业协会在组织企业开拓国际市场、维护会员企业利益过程中发挥了巨大作用。近年来，浙江省行业协会通过加强与国际相关组织的交流与合作，搭建合作平台，帮助会员企业熟悉国际贸易规则，学习和借鉴国外成功经验，并通过组织会员企业应对国际贸易纠纷、参与协调外贸争议，推动了会员企业不断提高经营管理水平，为企业、产品走出国门创造了良好的条件。

四、中介服务业的发展有利于社会信用环境的改善

良好信用环境的形成，依赖于社会信用机制的长期监管、规范和约束。包括信用征集、评价、发布及行业协会等在内的各种中介机构的发展和规范，将对经济主体的信用行为形成强烈的激励和约束作用。

1. 各种规范发达的专业性中介机构将对企业的信用行为产生强烈的激励与约束作用。特别是各类信用征集、信用评价、发布等机构的业务活动，将使市场主体的信用行为成为公开信息，使得失信对象失去市场交易机会，难以在市场中立足，并对诚信企业、个人形成强有力的市场激励（如可方便、低成本融资，拥有更多的客户，交易成本更低），从而激发市场主体的诚信行为，逐步形成良好的信用环境。

会计师事务所对企业财务报表的审计，将促成企业加强财务管理；律师对于企业经营、交易行为的参与，将促进企业改进治理结构，规范市场交易行为；各类咨询、估价中介机构将有效防范交易中的陷阱，减少市场交易中的机会主义行为。

2. 行业协会通过其自律机制及其惩戒机制也会对市场主体产生激励和约束作用。对内，行业协会通过制定本行业的"行约"、"行规"和"行业标准"，在维护本行业内各个企业利益的同时，也起到规范、控制和约束行业信用的重要作用。同时，由于协会内信息传播很快，信息较为透明，且各会员企业之间在信用形象上具有关联效应，因而一旦某个企业失信行为被发现，将遭受其他会员企业的共同制裁。对外，当会员企业正当利益遭受损失时，行业协会可集合众多企业的力量，通过舆论、法律等渠道向失信企业进行追偿，打击其失信行为，从而也为诚信经营企业提供激励，对失信企业进行惩罚，促进区域信用环境的改善和优化。

189

五、中介服务业发展有利于政府职能转换和公共管理社会化

政府职能转换是我国体制改革面临的最为重要而艰巨的问题，要实现政企分开，将政府从繁琐的管理微观经济事务中解脱出来，更好地实现宏观调控职能，一个主要途径就是培育和发展民间社会组织特别是行业协会，这是改革政府公共治理方式的一个重要方面。

作为社会第三部门，行业协会以其非营利性、服务性、自律性、自愿性等特点，成为政府管理与市场运作的中间层次。一方面，行业协会通过协调会员企业之间、各经济组织之间、行业与政府之间、行业与社会、市场之间的关系，维护会员企业的合法权益和共同经济利益。另一方面，行业协会通过制定行约行规、行业标准，实施市场准入制度等，形成行业自律机制，规范行业和会员企业的生产经营行为，引导和督促其实施规范化运作，促进市场经济有序发展。

因而，在政府转变职能过程中，计划经济条件下由政府包办的许多职能要

分离转移，行业协会是最理想的承接者，它是政府在地方治理中的理想合作者，是政府实现职能转变的有效载体。

行业协会承担政府让渡出的部分经济和社会管理职能，其作用体现在：一方面，减轻了政府负担，使政府能够集中有限的行政资源为社会提供更优质的公共服务，建设更加廉洁、勤政、务实、高效的政府。行业协会不发达直接造成了政府的过度干预，导致行政管理成本的提高和行政效能的降低。另一方面，促进了地方治理和公共管理的社会化。地方政府和行业协会作为两种不同的治理机制，在地方治理过程中相互并存并具有此消彼长的权力关系。

可见，行业协会的发展有力推动了政府职能转换与公共管理方式的转变，使政府由公共服务的直接提供者角色逐步转变成监督者和裁判者的角色，减少了行政干预。同时，行业协会作为企业的代表，可有效防止、削弱或补救政府对市场的干预，并在这一过程中推动政府公共管理在更广的领域和更深的程度上实现社会化。

第二节　浙江省各级政府对中介服务业的管理和支持

浙江中介服务业的健康发展是市场经济发展的客观需要，也与浙江各级政府对其的有效管理、培育支持和规范密不可分。

一、加强对中介服务业发展的制度化管理

随着市场经济体系的逐步建立，浙江省各级政府部门对中介服务业发展重要性的认识日益清晰，在依法治省战略框架下，从省政府到各级政府部门出台了许多中介服务业发展的法规制度，从而为中介服务业的健康发展奠定了基础。

1. 就专业性的中介服务业发展问题，浙江省于2001年就发布了《浙江省社会中介机构管理办法》，该办法就中介机构的设立与执业资格、中介执业行为、法律责任等进行了明确规定。为了适应形势发展的需要，又于2005年对其进行了修订。

2007年，省政府制定了《浙江省人民政府关于加快中介机构改革发展的若干意见》，提出通过体制创新、政策支持、行业自律，努力形成适应浙江省经济社会发展需要，布局合理、覆盖面广、功能完备的中介服务体系的总体目标，并就深化中介机构体制改革、规范中介服务市场秩序、促进中介机构加快发展、加强组织领导和责任分工等提出了具体要求。

2008 年，为了促进科技型中介机构发展，浙江省科学技术厅、发展和改革委员会、人事厅等部门发布了《关于大力促进科技中介机构发展的若干意见》，从 21 个方面提出了促进科技中介机构发展的意见。

2010 年，浙江省人民政府办公厅发布了《关于做好企业"走出去"发展有关服务工作的通知》，要求发挥中介机构、行业协会的作用，为企业"走出去"发展提供法律、会计、审计、评估、金融、投资咨询等配套服务。

2011 年，根据财政部修改后出台的《政府采购代理机构资格认定办法》（财政部令〔2011〕第 61 号），浙江省财政厅制定下发了《浙江省政府采购中介代理机构考核办法》，要求将本省以及外省在浙开展代理业务的代理机构及其分支机构纳入考核管理。

此外，浙江省财政厅还于 2005 年发布了《浙江省中介机构参与绩效评价工作暂行办法》，2008 年发布《浙江省中介机构参与绩效评价工作规程（试行）》，对参与绩效评价的中介机构提出具体要求。

2011 年，浙江省政府办公厅为贯彻落实银监会等七部门《融资性担保公司管理暂行办法》（2010 年第 3 号令），制定了《浙江省融资性担保公司管理试行办法》，就融资性担保公司的设立、变更和终止，业务创新和风险控制，监督管理等方面进行了具体规定。

2012 年 5 月，浙江省政府办公厅转发了省中小企业局、省金融办等 8 个部门《关于进一步促进融资性担保行业规范健康发展的意见》，进一步明确了融资性担保机构的准入门槛、业务范围、监管职责以及退出机制等，成为今后一个时期指导全省融资担保行业平稳健康发展的纲要性文件。

2. 为加强行业协会发展和管理，各地市政府出台了许多政策制度。温州市 1999 年就出台了《温州市行业协会管理办法》，2004 年出台了《温州市人民政府关于鼓励和支持行业协会实行安全生产自律管理的意见》，2005 年出台了《温州市人民政府办公室关于进一步促进行业协（商）会规范化发展的若干意见》，引导行业协会参与社会服务、公共管理，还建立了市委常委领导联系工作制度，市政府设立了行业协会发展基金，引导和扶持行业协会发挥更大的作用。

宁波市将行业协会培育发展列入重要议事日程，纳入全市经济社会发展"十五计划"和"十一五规划"，广泛组织开展促进行业协会发展的课题调研。2005 年颁布了《宁波市行业协会发展规定》，明确了行业协会的地位和职能，对加强行业协会的内部管理，规范行业协会的活动和行为，发展重点行业协会提出了指导性意见。

在各地探索的基础上，2006 年，浙江省政府出台《关于推进行业协会改革与发展的若干意见》，明确了行业协会改革与发展的总体目标、基本原则和主要任务。2009 年，浙江省发改委、浙江省民政厅出台《浙江省行业协会发展实施规划（2008—2012）》，明确了行业协会的阶段性发展目标和主要任务。同年，浙江省委办公厅出台《关于加强和完善社会管理工作的意见》，提出重点培育发展符合市场经济需要的行业协会的目标要求。

这些制度推动了行业协会发展由主要依靠行政手段推进向依法培育管理、制度化长效保障转变，改善了行业协会发展环境，初步形成了具有浙江特色的行业协会组织体系。

二、培育和支持中介服务业的发展

1. 为了加快中介机构发展，浙江省政府在《关于加快中介机构改革发展的若干意见》中，把中介服务业列为浙江今后要着力发展的"十大产业"之一，明确提出要培育提升中介服务业，加快形成与浙江经济社会发展水平相适应的中介服务业体系。

首先，放宽中介机构的市场准入条件，为中介机构的规范发展提供优惠条件。省政府提出，坚持"非禁即入"的市场准入原则，打破行政区划、行业或部门垄断，除法律法规规定的以外，任何部门不得擅自设置或以备案等方式变相设置行政许可及许可条件。同时，要求各地改进对中介机构的公共服务，创造优惠条件，吸引强、优中介机构进驻，并将中介机构的培育发展纳入当地现代服务业发展规划。

其次，积极鼓励中介机构创树品牌，对认定为中国驰名商标、省著名商标和省知名商号的中介机构，给予相应扶持政策；对符合服务业发展引导资金支持条件的中介服务项目，给予适当资金支持，引导社会资金加大对中介服务业的投入。

在此基础上，各政府部门和地市出台了许多支持中介机构发展的措施。如浙江省财政厅在《浙江省政府采购中介代理机构考核办法》中提出，要求将本省以及外省在浙开展代理业务的代理机构及其分支机构纳入考核管理，根据考核结果实行星级评定。代理机构合格与否及星级情况将作为采购单位选择代理机构代理业务的依据，并规定收费情况与星级挂钩。

浙江省科学技术厅等在《关于大力促进科技中介机构发展的若干意见》中明确提出，鼓励各类单位和个人以货币、知识产权等出资成立公司制或合伙制的科技中介服务机构；各级财政科技经费中，每年要安排一定比例的资金，用于促进技术转移、成果推广、创新孵化、科技咨询评估等科技中介服务活动；从事技术转让、技术开发和与之相关的技术咨询、技术服务业务取得的收入，免征营业税；对符合条件的小型微利中介服务性企业，减按 20% 的税率征收企业所得税等。

浙江省交通厅和审计厅于 2006 年，引入 26 家有实力的社会中介机构，参与在建高速公路项目的全程跟踪审计。浙江省金融办率先从 2007 年对在浙江开展 IPO、再融资和上市公司重组并购等业务的中介机构进行信誉评价，已持续至今。

宁波市各有关部门都把行业协会发展资金纳入财政预算，仅市经委每年就要拿出 200 万～500 万元的资金用于行业协会。有的县（市）、区甚至把新设的行业协会视同可获奖励经济项目，慈溪市就提出引进全省性行业协会奖励 30 万元、引进全市性行业协会奖励 20 万元、成立本级行业协会扶持 10 万元的奖励措施。

温州市设立了行业协会发展基金，对在承担政府委托职能的工作中成绩突出的，给予一定的资助或奖励，引导和扶持行业协会发挥更大的作用。

2. 政府部门积极加快政府职能向社会中介组织转移，将政府承担的部分职能交由有关社会中介组织来承担。为了促进中介服务业的发展及政府的改革，浙江各级政府按照《行政许可法》和有关法律法规的规定和要求，将政府部门承担的行业标准制定、行业信息披露、资质资格认定、检验检测等职能，逐步委托或移交给行业组织或中介机构管理。同时不断探索政府与中介机构合作提供公共服务的途径和方法，如采取政府委托中介机构提供服务、通过市场公开购买的方式提供公共服务等，不断拓展行业协会等各类中介服务机构的发展空间。

如杭州市明确 9 个部门必须向行业协会移交 17 项职能，包括行业信息统计、运行分析，行业技术、质量及服务标准制定，生产、经营许可证发放等。

温州市开展行业协会承接政府职能转移的试点，温州行业协会（商会）在市场治理与监管、经济管理与调节、行业公共服务和社会事务管理领域，承接了 18 项原由政府部门承担的非行政许可事项。

这些举措提高了行业协会有序参与社会管理和公共服务的能力，使行业协会成为社会建设中不可或缺的重要力量，也为其他社会组织的发展提供了有益的借鉴。

三、引导和规范中介服务机构发展

培育和规范是政府管理中介服务业发展的两个主要方面。在政府的各项制

193

度中，都将规范中介服务发展作为一个重要的内容。

1. 根据中介机构的现状，将中介机构在人、财、物等方面与行政机关或挂靠部门脱钩作为突破口。在 2005 年出台的《浙江省行业协会改革与发展试点工作指导意见》中，再次明确强调了"坚持政会分开的原则"。在试点的基础上，2006 年出台了《浙江省人民政府关于推进行业协会改革与发展的若干意见》，2007 年民政厅会同省发改委制定下发了《关于浙江省行业协会与行政机关脱钩的意见》、《关于现职机关工作人员不能在行业协会兼职的通知》，到 2007 年底，政会脱钩工作全面完成。

通过政会分开，从根本上改变了行业协会的行政化倾向，促使行业协会按照市场对资源配置和行业发展的要求自主办会、自我管理、自我监督、自主发展，行业协会规范发展的环境得到了实质性改善。

2. 按照"进入不限量，资质有要求"的原则，进一步规范中介机构进入条件，防止中介市场"低、小、散"发展。在相关制度中，明确提出，对中介机构的设立、变更和注销依法实行登记制度。并完善资质审核及资格准入制度，要求各行业主管部门要依法规范对中介机构专业资质的审核，健全资质认定办法，依法实施中介执业人员执业资格制度，建立社会培训、同业考评与政府监督相结合的合理体制。

3. 建立健全了中介机构市场退出机制，依法规范退股、退伙及中介机构的解散、清算、注销行为，保护投资者、经营者和委托人的合法权益。对出具虚假报告和证明材料、特别是违法违规严重的中介机构（执业人员），除按相关规定给予警告、罚款外，要依法及时取消其专业资质（执业资格），直至吊销其营业执照（资格证书）。

4. 全省各行业主管部门和行业协会建立了中介执业信用档案。以诚信数据收集、诚信评定程序、诚信等级标准、诚信公示方式为主要内容，建立中介诚信评价制度和信息披露制度，将中介机构诚信状况与登记机关监督管理、银行授信额度、政府招投标等相应挂钩。行业协会根据行规行约，对相关责任人员采取业内通报、限制业内聘用等行业性惩戒措施。同时要求，政府部门及事业单位、团体和国有企业，不得委托有不良信用记录的中介机构提供中介服务。

在此基础上，浙江省出台《浙江省经济贸易委员会行业协会工作业绩评价办法》，宁波市出台了"社会团体能力测评指标"，温州市同时出台了《中介机构诚信过失惩戒办法》、《工商领域行业协会（商会）评选办法》，完善了测评方法，促进了中介机构的能力建设和综合素质的提高。

5. 浙江各级政府部门积极运用市场机制、法律手段和必要的行政措施，创新中介行业管理方式，引导中介机构深化体制改革，建立健全现代企业制度，明确市场定位，提高服务水平和能力，为社会提供高效、优质的专业化中介服务。

第三节　中介服务机构健康发展，作用不断增强

一、中介服务机构健康发展

得益于浙江政府的市场化改革以及对中介服务业发展的扶持、支持和规范制度的建立以及中介机构的持续努力创新，浙江中介服务业取得了长足发展，已初步形成了门类较多、组织形式多样、市场化程度较高、功能日趋扩大的发展格局。

1. 中介服务机构发展态势迅速。根据浙江省第一次经济普查资料，2004年底，全省共有各类中介服务业法人单位23770家，年末从业人员近24万人。从企业性质看，私营性质的中介组织发展最快，达11863家，占总数的50%。从行业分布看，市场交易中介组织9318家，信息咨询服务机构5627家，法律财务服务机构1874家，市场监督鉴证机构3524家，行业协会3427家。

据统计，截至2010年，浙江省在人民银行备案的信用评级机构已有12家；截至2012年12月底，全省共有融资性担保公司619家，其中，1亿元以上规模的达到118家，2012年受保中小企业新增就业19.54万人，新增利税57.23亿元。

2. 中介服务业涵盖面日趋广泛。经过多年的发展，浙江中介服务业已逐渐渗透到社会经济生活的各个领域，全省23770家中介服务业法人单位包括24个行业小类，基本涵盖了主要传统行业门类，同时向新兴行业拓展。

其中，专业性的中介机构从少到多到全，已经覆盖到会计、审计、法律、土地、房产、科技、人才、教育、文化、体育等经济社会的各个领域，基本形成了门类比较齐全、具有一定规模的中介服务体系。

行业协会的分布也几乎涵盖了农工商各行各业。工业制造、商业流通、建筑、交通、信息、科技、金融等行业均普遍建立行业协会，基本实现了"一业一会"，有些行业甚至达到了"一品一会"。

3. 法律财务服务机构独立市场主体地位基本确立。随着市场经济体制改革的逐步深入，会计师事务所、律师事务所等法律财务服务（经济鉴证类中

介）机构通过脱钩改制和清理整顿，基本上实现了与原挂靠单位在人员、财务、业务和名称方面的脱钩，实行以合伙制和有限责任制为主的组织形式，逐渐成为产权清晰、权责明确、自主经营、自负盈亏、自我发展、自我约束的独立市场主体。

4. 行业协会的民间性、自主性不断增强。随着 2007 年行业协会与政府脱钩工作的完成，浙江基本上已不存在"官办"行业协会，行业协会内部管理不断增强，机制逐步完善，在人事、资金、决策等方面拥有了很强的自主权，在沟通协调行业内外关系、维护企业利益、为会员企业做好服务、参政议政等方面发挥了积极作用。

二、发达的中介服务促进了民营经济发展和金融生态环境建设

发达的中介服务业为浙江政府改革、经济转型与发展及良好金融生态环境的营造做出了巨大贡献。

（一）行业协会推动了政府的改革和职能转换

由于行业协会植根于广大企业会员，他们对于会员企业的需求和行业发展的情况有充分的信息，不少行业协会接受政府的委托，就产业结构调整、技术创新、行业发展规划进行深入细致的调研，提出可行性的意见、建议，为政府决策提供可靠的依据。而且，行业协会可以代表会员企业，向政府相关部门反映企业诉求，建立沟通机制，以维护企业利益。

浙江省绗缝工艺协会通过深入企业调研，曾两次向中国纺织工艺协会、国务院有关部门提交报告，建言献策，争取到"使出口退税由原来的 11%，提高到 15%"的政策支持，取得了良好的效果。

浙江行业协会与地方政府之间的互动已成为浙江政府治理的特色，行业协会的发育为政府改革提供了动力，增加了压力，推动了政府从发展型的强制政府转向服务型的有限政府。

著名经济学家吴敬琏 2004 年在考察浙江省民营企业时，对温州市发挥行业协会、商会的作用赞赏有加，称在我国市场化和经济全球化进程中，温州行业协会作为政府与企业之外的第三方发挥了极其重要的作用。

（二）中介服务机构在促进经济转型、品牌建设方面发挥了作用

技术创新是企业竞争力的重要来源，浙江民营企业在技术创新方面面临着许多困难，不了解市场、技术发展信息，技术攻关能力不足等是非常重要的因素。而专业性中介服务机构及行业协会则通过其掌握的技术发展和市场供求信息及相关知识满足企业在技术研发、产品升级换代等方面需要的宝贵信息，并

可通过组织会员企业联合攻关，开展技术创新，提升产品技术含量。如浙江省千斤顶行业协会积极组织会员企业进行技术攻关，最终攻破了技术难关难点，使千斤顶质量的稳定性大为提高。

同时，行业协会还通过宣传教育，举办或组织参加各类展览会、博览会、商品节，帮助企业制定品牌发展战略和推广规划，以及筹划和组织行业生产基地的申报等形式，有效帮助企业建立品牌形象。温州市行业协会已经先后争得中国鞋都、中国低压电器之都、中国汽摩配件之都、中国锁都、中国制笔之都、中国服装名城、中国包装印刷城、中国塑编之乡、中国打火机制造基地、中国剃须刀制造基地，中国合成革生产基地、中国眼镜生产基地等27个国字号的行业品牌。这些品牌不仅为企业创造了无形资产和有形的经济效益，而且重塑了温州形象。

（三）行业协会在帮助开拓国内外市场，解决贸易争端中发挥了重要作用

行业协会在帮助企业开拓国内外市场，解决国际贸易争端中发挥了积极作用。为了应对外需大幅下降的不利局面，浙江省各行业协会积极引导企业开拓第二市场。

如温州服装、鞋革、美容美发、眼镜、家具等行业协会每年都组织会员企业参加国内外各种博览会、交易会，通过各种展会展示企业和产品，从而有力地帮助企业提高市场竞争力和产品的市场占有率。再比如，浙江省水晶工艺制品协会积极打造专业性知名品牌展会，吸引了来自马来西亚、香港、美国、巴西和韩国等63个国家和地区的8.2万人次参展，实现成交额1.72亿元，达到了预期的效果。

在新农村建设中，行业协会形成了"行业协会＋龙头企业＋专业合作社＋专业大户"的较为完整的产业化经营格局，有效地解决了产加销衔接不紧密的问题，提高了行业产业化水平和农民组织化程度。

面对近年来国外反倾销、反补贴行为的大幅增加，许多行业协会主动担当本行业企业的代言人，积极配合国家商务部，千方百计为会员企业排忧解难，全力维护会员企业合法权益。例如，截至2004年，温州先后有眼镜、打火机、鞋类、水产品、低压电器等20余种产品遭遇来自美国、欧盟等经济体提出的贸易壁垒。对此，温州行业协会联合同行业企业积极应对，组织人员配合政府部门对外交涉，开创了国内行业协会应对国际贸易壁垒的先河。与此同时，温州的行业协会开始致力于研究如何建立各类预警机制。

又如，浙江柑橘产业协会带领企业五赴欧洲游说，终于使我国的橘子罐头重返欧盟市场；省出口水产行业协会带领15家企业联合应战美国出口虾产品

反倾销；省蜂业协会在组建的短短一年多时间里，就成功解决了蜂王浆出口欧盟市场的贸易壁垒和蜂产品标准化生产问题，使浙江的蜜蜂饲养量和蜂产品产量和产值稳居全国首位。

（四）行业协会在行业自律、行业规范化建设方面发挥了指导作用

针对市场上出现的无序不正当竞争行为，许多行业协会通过民主方法，制订了行规行约进行自律，较好地保护了知识产权和企业的正当权益。

温州行业协会针对产品效仿现象，出台了"业内专利"标准。仅两年，行业协会开展的新产品维权就达到280多起，绝大多数以侵权单位主动销毁模具而告终，有效维护了企业权益和市场竞争秩序。

（五）促进了企业信用意识和社会责任意识的提高

中介服务机构对于企业信用信息的记录、评价和发布，对企业在市场交易中的交易成本、融资行为产生了巨大影响，从而从利益机制上促进了企业信用意识和社会责任意识的提高。

就专业性的信用中介机构来说，例如信用评级机构，他们在对企业进行信用评级时，主要考虑因素就是客户的信用记录、内在素质、管理能力、经营水平、外部环境、财务状况、发展前景等，通过全面了解、考察调研和研究分析后，对客户一定经营期限内的偿债能力和意愿，进行定量定性分析，从而对其信用等级作出综合评价，并用评级符号表示信用风险的相对大小。这一评价结果直接影响了企业从银行获得贷款的可能性、参与投标与其他交易的可能性以及交易的成本大小。企业如没有参与信用评级或者评级等级较低，任何一家银行都不可能对其发放贷款。随着市场经济的发展，越来越多的投资机构、工程项目招投标都对交易者的信用评级结果提出了要求，这就迫使信用较低的企业必须加强信用文化建设，提升信用水平。

就行业协会而言，行业协会通过宣传、内部规约、惩罚等机制也强化了企业的信用意识和社会责任意识。温州在"诚信温州"建设中，25家行业协会联名发布诚信宣言，把每年的8月8日定为企业"诚信日"；在"平安温州"建设中，行业协会纷纷成立安全生产领导小组，督导企业履行政府倡导的安全生产自律管理；在"和谐温州"建设中，协会号召会员企业开展道德自律，监督企业善待员工，组织企业扶贫济困，为社会和谐发展贡献力量。

同时，许多行业协会在制定了行规行约、确立产品的行业标准基础上，还建立统一的产品质量检测中心，并配合政府有关部门进行行业整顿，提高产品质量，打击假冒伪劣产品的生产和销售。温州市的一些民间行业还建立了"信用黑名单"通报制度，将失信企业的资料在协会成员间共享，改善了市场

信用环境。

（六）为企业的具体运作提供了大量的信息和政策、技术服务帮助

中介服务机构为企业的具体运作提供了大量的信息和政策、技术服务帮助。除了前文分析的各类专业性中介机构，如会计师、律师、资产评估师、风险投资公司、财务公司、融资顾问等为企业提供直接的融资和财务管理方面的信息和管理咨询外，各地行业协会通过设立网站、出版刊物以及举办知识讲座、开设学术论坛等形式，为会员企业提供大量有价值的信息。

在温州，每年举办的讲座、论坛、经验交流会、新闻发布会等不下百场。通过这些形式，为会员企业提供交易、价格、技术、管理等信息，使会员企业及时了解世界最前沿的行业动态，为其经营决策提供依据。同时，温州行业协会创办技术培训学校，积极为企业提供人才、技术、管理、融资、会计、法律、质量检测等方面的服务。

第九章　浙江民营经济金融生态 环境建设面临的新问题

第一节　金融危机对浙江民营企业 与金融生态影响的调查分析

一、调查背景、内容、方法、范围

（一）调查背景

由美国次贷危机引发的全球金融危机对世界各国包括我国经济金融发展造成了重大影响。为了应对金融危机的冲击，我国政府出台了一系列刺激内需的经济计划和政策措施。其中最引人注目的是中央政府的4万亿计划及各地区数倍于4万亿的经济刺激计划。这些资金的主要投向多集中于基础设施建设方面的大项目、大企业。而这种政府的大规模投资计划对处于融资弱势地位的民营企业及其国内正在逐步好转的金融生态环境建设必然带来极大影响，从而引发了一些学者对对政府投资对民营资本"挤出效应"、民营企业融资难、经营恶化，金融生态环境建设方面的担忧。

各地近年来通过政府转型，完善法律制度、司法体系，加强社会信用体系建设，使得金融生态环境建设得到了各地政府、社会各界的高度重视，金融生态环境得到大幅度改善。这种成果会不会随着政府对经济的干预而遭受损失，银行将大量资金投向政府主导建设的国有大中型项目，会不会埋下银行不良资产的隐患等问题，都引发了人们的思考。

与此同时，政府也非常关注民营中小企业问题，在出台4万亿经济刺激计划的同时，出台了一系列扶持民营经济发展的政策，如创业板正式建立运行，小额贷款公司全面推广，民间融资改革试点等，为解决中小民营企业融资问题提供了良好的制度和政策环境。

那么，上述两方面作用对于现实中的民营企业在融资、经营状况方面到底产生了什么效果？金融危机对民营企业在经营、融资、产品研发、管理等方面产生了哪些影响？对于区域金融生态环境生产了多大影响？这些问题正是本调查分析的目的。

（二）调查方法、样本量、范围

本调查主要采用问卷调查方式，调查对象集中在浙江省，由浙江金融职业学院财务管理专业三年级大学生利用 2010 年国庆节前后对所在地区的民营中小企业发放问卷进行调查。总共收回问卷 310 份。

由于问卷的内容多采用选择型回答，收回的问卷中，有些问卷对于部分问题没有回答，因而后面分析中，将针对每个问题，计算样本量，从而使得每一个问题的样本量会有所差异，这也导致一些更为深入的分析面临样本量不均衡的难题，为此，下面仅对调查进行一些简单的单项分析，从中也可了解一些重要的问题。

（三）调查内容

调查共分为四个部分。分别是企业基本情况、企业融资状况、金融危机对企业的影响和地区金融生态环境状况等。

第一部分是企业基本情况，主要包括企业成立年份、职工人数、所在地市、注册资本金、年销售额、所在行业等基本资料，旨在了解企业的经营年限、规模大小、行业等简单情况。

第二部分是企业融资状况，主要调查企业的各种资金来源，对现有融资状况是否满意，企业最易取得的融资方式和渠道，企业在融资中存在的突出问题，近三年来申请银行贷款情况，被银行拒贷的原因，企业对于国家各种缓解中小企业融资难的政策、制度、措施的评价等。旨在了解企业融资情况满意度和突出的融资问题等方面的信息。

第三部分是金融危机对于企业的影响，包括对企业经营影响大小，主要影响在哪些方面，当前企业要解决的主要问题是什么，企业融资难度有无变化，企业技术、产品研发碰到的主要困难等。目的是了解分析企业在金融危机前后在经营思路、方法、重点方面有无变化，以及金融危机引发的新问题等。

第四部分是企业对于当地金融生态环境及其建设的评价，包括地区社会信用状况、政府对于民营企业的支持力度、区域产业结构优化速度、政府对银行的干预程度、企业对于地区金融生态环境的评价、金融危机前后金融生态环境的变化等方面内容，以便为政府金融生态环境建设提供一定的参考。

201

二、调查数据的简单分析

（一）企业基本情况

1. 企业成立时间。从统计数据看，总样本企业成立时间最短的 1 年，最长的达到 32 年。其中 5 年以内 97 家，6～10 年 91 家，11～20 年 103 家，20 年以上 14 家。总样本 305 家企业的平均年限 10 年，中位数也在 10 年。

表明浙江民营企业起步早，存活率相对也较高。当然，这也与调查时选择的调查企业有关（经营良好的企业相比经营不景气的企业更愿意接受调查，这个调查方法误差在后面的分析中都会不同程度存在），同时表明，5 年以内企业占样本企业的 31.8%，1 年的 9 家，占 2.9%，说明浙江省创业活动非常兴旺，但金融危机对新企业创办也带来了一定的不利影响。

2. 职工人数。总样本的 283 家企业中，100 人及以下的 165 家，占 58.3%；100～500 人的 77 家，占 27.2%；500 人以上 41 家，占 14.5%。表明民营企业主要还是以中小企业为主，也有部分民营企业经过多年的努力，规模实力已较强。

3. 注册资本。总样本的 305 家企业中，小于 50 万元的 98 家，占 32.1%；50 万～100 万元的 29 家，占 9.5%；100 万～500 万元的 130 家，占 42.6%；大于 500 万元的 48 家，占 15.7%。表明民营企业经过增资扩股，资本金已较高，基础较好。

4. 销售额。总样本的 222 家企业中，小于 50 万元的 41 家，占 18.5%；50 万～100 万元的 66 家，占 29.7%；100 万～200 万元的 33 家，占 14.9%；200 万～500 万元的 40 家，占 18%；超过 500 万元的 42 家，占 18.9%。可见，调查的民营企业销售情况比较理想。

5. 地区分布。总样本企业主要集中在浙江省的杭州市（162 家）、温州市（28 家）、金华市（24 家）、绍兴市（24 家）、嘉兴市（18 家），此外，丽水有 8 家、台州 7 家、衢州 6 家、宁波 1 家，浙江省周边地区 27 家，共 305 家。其中浙江省企业 278 家，占 91.1%，其中杭州占 53.1%。

6. 所属行业。总样本 307 家企业中，工业企业 64 家，批发业 54 家，零售业 40 家，酒店餐饮 40 家，上述四类合计 198 家，占 64.5%；此外，建筑业 25 家，交通运输业 14 家，邮政电信业 7 家，其他 63 家。其结构与浙江的民营企业产业结构基本吻合。

（二）企业融资状况

1. 企业各种资金来源比例

调查表中列出了 11 个选项，在有数据的 287 份问卷中，各种资金来源的比例统计量如表 9 – 1 所示。

表 9 – 1　　　　　　　　企业各种资金来源比例　　　　　　　　单位：%

资金来源比例	平均值	中位数	最大值	最小值
业主自有资金、保留盈余及注册资本金	53.6	55	100	10
商业银行贷款	15.8	15	70	0
信用社贷款	7.5	3	40	0
亲朋好友借贷	5.4	0	50	0
民间借贷	3.5	0	50	0
商业信用（赊购、预收货款）	4.8	0	30	0
融资租赁	3.8	0	30	0
典当行	0.4	0	20	0
上市发行股票	1.4	0	27	0
发行债券	0.4	0	20	0
其他	3.5	0	80	0

从表 9 – 1 中可见，民营中小企业融资资金来源有一半以上来自于内部融资，商业银行、信用社贷款两者合计占到资金来源的 23.3%，是最主要的外部资金来源渠道；其次，亲朋好友与民间借贷占到 8.9%；其他融资渠道包括商业信用、融资租赁、典当、发行股票、债券等，虽然也都占有一定的比重但所占比例都较小。说明：

（1）相当部分民营中小企业融资仍主要依赖于自我积累、业主投资。

（2）商业银行、信用社贷款是最主要的外部资金来源。

（3）民间借贷在民营中小企业融资中仍具有重要地位。

（4）随着国家、各部门对民营、中小企业融资问题的重视，以及各种融资渠道的拓宽和金融工具创新，民营企业融资渠道多元化趋势逐步显现，但目前比重还较低，说明发展空间很大。

2. 企业对于融资状况的满意度评价

总样本的 306 家企业中，反映非常满意的 16 家，占 5.2%；比较满意的 134 家，占 43.8%；一般的 130 家，占 42.5%；不满意的 25 家，占 8.2%；非常不满意的 1 家，占 0.3%。

说明本省民营中小企业融资状况总体上满意率较高，这可能与近年来浙江省良好的金融生态环境吸引了大量金融机构聚集，各种金融机构之间竞争从而带动金融渠道拓宽、融资工具创新有关。当然也有近 1 成企业对融资状况表示不满。

3. 企业最易取得的融资渠道和方式

该问题为多选，307 家回答的样本中，首选内源融资的 123 家，银行贷款的 78 家，民间借贷的 65 家，商业信用 22 家，信用社贷款 10 家，其他方式均低于 10 家。

其中信用社贷款比例低得出乎我们预料，这可能与调查对象多分布于大中城市，信用社网点少、融资成本高、在企业融资中所占比重低有关。

如果不计选择次序，按前三位选项合计频次统计，则选择频次从高到低依次为：银行贷款 147 次，民间借贷 134 次，内源融资 129 次，信用社 112 次，商业信贷 92 次，融资租赁 78 次，而上市发行股票、发行债券频次最低，分别为 15、11 次。可见民营中小企业融资主要依赖的还是外部融资；内源融资取得方便，但数量有限；民间借贷较易取得与当地信用环境好有关；而银行、信用社贷款易取得可能是基于同一原因，即，金融生态环境良好，信用度较高，但可能也与银行等金融机构的服务理念以及金融产品、服务创新有关。

4. 企业融资存在的突出问题

该问题也为多选项。首选项频次按高到低依次是：融资方式单一、融资渠道狭窄、融资难以取得，117 家，这与前面企业融资结构、资金来源有关（主要是银行、信用社贷款）；银行贷款难，89 家；融资成本高，56 家；最后是企业负担重、积累难，44 家。

从累计统计频次看，四个方面的原因接近，都在 251～258 次之间。说明，企业最关心的仍旧是融资的难度方面，同时随着融资难问题逐步缓解，企业对于融资成本、企业自身积累问题的关注也在逐步提高。

5. 企业近三年项银行贷款申请情况

298 家回答企业中，平均申请次数 6.14 次，平均每次申请额度 85.4 万元。银行批准次数平均为 3.01 次，批准额度占申请额度 49.3%，不到一半。这说明，一方面银行的信贷配给仍较为严重，另一方面也反映了企业规模扩大，申请额度也在不断增大。

6. 企业融资申请被银行拒绝的原因

企业融资申请被银行拒绝的原因也为多选项。从首选项来看，主要集中在企业年限短、信用低（86 家），资产规模小（86 家），竞争力不强、风险高（74 家）。

从累计频次看，则明显集中在资产规模小（142 次），其次为竞争力不强、风险高（140 次），年限短仅 91 次，而因为行业、财务报表原因被拒绝的较少，说明企业财务管理在加强，信用环境好转，企业的竞争力成为银行审查的重点。而企业规模小与民营企业大量建立、年限短有关。因而企业不断扩大规模也是对此的一种回应。

7. 缓解民营中小企业融资政策、措施的有效性评价

在缓解民营中小企业融资政策、措施评价中，问卷列出了 6 个选项，5 种评价值，本调查将非常有效、有效视为正面评价，不太有效、无效视为负面评价，一般视为中性评价。结果如下：

（1）法律体系的建立完善。回答的 309 家企业中，正面评价占 52.1%，负面评价占 8.7%。说明大部分企业对于法律体系建立完善的作用持肯定态度，

（2）国家资金支持体系的建立。回答的 310 家企业中，正面评价占 61.9%，负面评价占 7.1%。说明企业对政府的资金支持体系评价满意率更高，这也是因为资金支持比法律体系建立见效快、企业可从中直接获益。

（3）信用体系的建立。回答的 307 家企业中，正面评价占 67.1%，负面评价占 6.5%。这方面评价高，说明信用体系建立对中小企业融资确实起到了重要作用。

（4）融资渠道的拓宽。回答的 307 家企业中，正面评价占 66.4%，负面评价占 24.1%，负面评价比例最高，正与前面问题中企业反映融资难主要集中在融资渠道狭窄相对应，也说明这一方面的进展与企业的要求还有较大差距。

（5）金融机构的产品与服务创新。回答的 303 家企业中，正面占 59.1%，比例较低；负面占 9.2%，说明民营中小企业对于金融机构的产品与服务创新认同率并不很高。

（三）金融危机对企业经营管理的影响

1. 金融危机对企业影响的大小

310 家企业都做出了回答，认为非常大的 31 家，占 10%；认为有一定影响的 239 家，占 77.1%，两者合计占到 87.1%；认为没有多少影响的 32 家，占 10.3%；认为带来了机会的 8 家，占 2.6%。表明金融危机给绝大多数企业都带来了挑战。

2. 金融危机对企业经营管理带来的影响

如果单看首选项，融资难 172 家，认为竞争更激烈、销售困难的 87 家，选择成本上升、员工招聘困难的 28 家，选择产品利润率更低的 10 家，选择民营与国有企业待遇更加不公平的 1 家，选择政府干预加重、三乱严重的 4 家。

说明政府在应对金融危机、刺激内需的同时，非常重视民营经济的发展问题，学者们担心的民营经济受到政府排挤、政府行政干预加重等问题至少在浙江省没有出现或者至少没有预想的严重。

按照多选的频次统计，企业选择第一位的是竞争激烈、销售困难，217次，占总频次的31.3%；选择融资困难，174次，占25.1%；选择产品利润率更低，138次，占26.4%；选择生产成本上升，127次，占18.3%；而待遇公平、政府干预等选项频次则很低。

3. 企业当前要解决的主要问题

按照首选项统计，加大市场营销力度的109家，加大产品研发的85家，提高产品质量、降低成本的64家，提高公司信用、解决融资问题的29家，提高管理水平、凝聚士气的19家。

按照多选项统计，选择加大市场营销力度的158家，选择提高产品质量、降低成本的133家，选择提高公司信用、解决融资问题的124家，选择加快新技术新产品研发与推广的86家，选择提高管理水平，凝聚士气的80家。

表明许多企业意识到了新产品技术研发的重要性，但仍旧有不少企业眼光尚未放远，尚未意识到新技术、产品研发的重要性，只是根据传统经验，将重心集中到营销力度上，认为销售不畅，就应该加大营销力度。表明企业转型升级道路还很漫长。

4. 企业在新技术新产品研发中存在的主要困难

在回答的300家企业中，选择缺乏创意、原型及高校科研机构支持的120家，占40%；选择研发人员水平和能力不够的75家，占25%；选择投入过大，研发资金不足的63家，占21%；选择政府政策支持不够的30家，占10%；选择知识产权保护不力的12家，占4%。

可见，民营中小企业技术创新的最主要障碍在于技术产品的创新能力不足，包括缺乏创意、原型和高校科研机构技术支持、内部研发人员水平和能力不够等。而资金投入、政策支持、知识产品保护等外部环境条件因为没有好的研发项目自然也就很难涉及到，这也从另一方面反映了国内民营中小企业研发缺乏源头，科研成果转化率低的事实。

（四）地区金融生态环境状况评价

1. 地区社会信用状况

310家企业均做了回答。评价选择好、较好的分别为9家和141家，两者合计占48.4%；选择一般的139家，占44.8%；认为较差、差的分别为19家和2家，两者合计占6.8%。说明浙江省社会信用状况总体较好，但改善余地还很大。

2. 地方政府对民营中小企业的支持力度

310 家回答的企业中，选择大、较大的分别为 4 家和 134 家，两者合计占 44.5%；选择一般的 118 家，占 38.1%；选择较小、小的分别为 44 家和 10 家，合计占 17.4%，负面比例明显高于其对地区社会信用状况的评价。表明政府对民营中小企业的支持还应进一步加大力度。

3. 区域产业结构优化速度

回答的 309 家企业中，认为快、较快的分别为 2 家和 102 家；认为一般的 120 家；选择较慢、慢的分别为 10 家、65 家，两者合计占 24.2%。负面评价的比例最高，反映出区域产业结构转型速度距离人们的理想还有较大差距，该问题也与前面调查的企业产品技术研发的困难相对应。

4. 地方政府对于银行的干预程度

309 家回答的企业中，认为小、较小的分别为 6 家和 61 家，两者合计占 21.7%；选择一般的 174 家，占 56.3%；选择较大、大的分别为 64 家和 4 家，两者合计占 22%。表明政府对于银行的干预较小，但仍不同程度存在。

5. 地区金融生态环境

在 308 家回答的企业中，评价好、较好的分别为 9 家和 101 家，合计占 35.7%；认为一般的 172 家，占 55.8%；认为较差、差的分别为 23 家和 3 家，合计占 8.4%。说明区域金融生态环境基本满意，但与期望还有一定差距。

6. 金融危机对于金融生态环境的影响

306 家评价企业中，认为变差的 155 家，占 50.6%，认为无变化的 90 家，占 29.4%；认为变好的 61 家，占 19.9%。表明多数企业感受到金融危机对于区域金融生态环境造成了不利影响。

三、问卷分析结论

通过对于调查结果的简单统计分析，我们可以得到下述初步结论与启示：

1. 浙江民营中小企业经过 30 余年的发展和积累，已经具备了较为雄厚的基础。表现在企业规模不断增大，其中已有许多企业成为大型企业、股份制上市公司。浙江企业在全国民营企业 500 强中数量和比例占第一位就是最好的例证，这正是浙江良好的金融生态环境的基础。

2. 民营中小企业对于融资状况总体上满意度比较高。这主要源于浙江省各级政府的职能转变、大力推进"信用浙江"建设，用市场化手段解决经济发展中的问题，市场化程度较高，给金融业创造了一个良好的经营环境，金融企业资产质量高，盈利空间大，因而形成了资金洼地，吸引了更多金融机构入驻浙江。而大量金融机构的进入，强化了金融机构之间的竞争，促使其不断开展金融创新，进而形成合理的目标市场划分和客户定位，为各类企业提供相应的金融服务。如开展融资担保、小额信贷、村镇银行、集合发债等，使得更多的各类民营中小企业都获得了一定的融资机会。

3. 民营中小企业融资难问题依然存在，特别是在金融危机之后，小型民营企业融资状况有恶化趋势，影响到新企业的创建活动。民营中小企业融资存在的主要问题还是融资渠道狭窄、融资方式单一。即中小民营企业的融资最主要的还是依赖于银行贷款，因而银行的贷款程序、周期就成为关注的焦点。

虽然中央政府、浙江省政府为缓解民营中小企业融资难问题，出台了许多政策措施，如中小企业板、创业板、小额贷款公司、信用担保体系建设等，但总体上，企业直接融资渠道拓展进展缓慢，与理想目标还有相当大的差距，特别是在企业债券发行方面。因而拓展中小企业融资渠道是今后相当长时期内的艰巨任务。

4. 在企业申请银行贷款时，贷款申请被银行拒绝的原因主要集中在企业经营年限短、信用低、企业资产规模小、竞争力不强方面，反映出银行的所有制歧视已经基本消除，但经营年限短、资产规模小正是小型、微型、初创期企业的共同特性，因而如何建立适应初创期中小企业的融资渠道和方式是今后的重要工作，也事关创业创新活动的持续进行。近年来，全国性的融资渠道拓展，如创业板、集合发债等针对的主要是已有较好基础和条件的中小型企业。如何解决规模小、年限短的初创小微企业融资问题应成为一个重要议题。

5. 调查企业对于中央和地方各级政府及金融机构为缓解民营中小企业融资问题所付出的努力，总体上持肯定态度。其中，对于信用体系建立、融资渠道拓宽、国家资金支持体系建立三个方面评价有效、较有效的均在61%以上，而负面评价（不太有效、无效）最高的则是融资渠道拓宽、金融机构的产品和服务创新，均在9%以上。

对于拓宽融资渠道的努力评价差异较大，这可能与部分企业直接从融资渠道拓宽中受益（如创业板、中小企业板、区域股权交易市场、风险投资），而部分企业融资困难（更多的是初创企业、小型、微型企业），并未感受到这方面的作用有关。

而信用体系建立（包括融资担保体系）则普遍受到好评，因为社会信用状况好转，担保体系建立使得大部分企业都从中感受到了变化。

对于金融产品与服务创新，负面评价相对较高，说明国内金融机构之间的差异化竞争尚未完全形成，金融机构的产品与服务创新距离国外金融机构的水平还有相当大的差距，这方面金融机构需要付出更加艰辛的努力，也需要监管部门为金融创新提供更好的政策环境。

6. 金融危机给大部分民营中小企业都带来了不利影响。这种影响主要表现在，市场竞争加剧、产品销售困难、融资困难，这些正反映了金融危机的现实情况。

浙江大部分民营中小企业属于外向型，国外订单大幅减少，必然促使企业在萎缩的市场上更加惨烈的竞争，产品利润率降低，效益下滑，进而带来融资困难。同时融资难还与国有投资大量进入对民营投资的挤出效应有关。

此外，许多学者担心的国有投资急剧增加、政府干预经济会加剧国有经济与民营经济之间的不公平竞争，政府干预加重、三乱重新抬头等情况至少在浙江省并不是非常严重。这可能与浙江省各级政府长期以来形成的以市场化手段处理经济问题、尊重市场经济规律、政府转型比较成功有关，也与浙江国有经济成分比例较低有一定关系。

7. 虽然政府在大力倡导利用金融危机这一时期促进经济转型升级，但调查中还有相当一部分企业对于企业面临的市场销售问题没有从根本原因中寻找对策，而是依照传统的思维模式，以加大市场营销力度来应对销售问题。

这实际上反映了部分民营企业的一种急功近利的思想，他们对于新技术、新产品研发的重要意义、对于企业未来竞争地位、生死存亡的影响并未引起充分重视。因而相当部分企业将重点集中到加大市场营销力度、提高产品质量、解决融资问题等眼前或近期问题上。

这也是因为许多企业受到金融危机影响、产品销售困难、融资难等问题直接威胁到企业的生存，当务之急是解决生存问题，而产品技术研发则相对周期长、风险高、投入大，面临困难的企业无暇顾及。同时还与民营企业长期以来依赖模仿产品、来料加工，靠廉价劳动力获取微薄利润的经营模式有相当大的关系。

因而，加大对企业技术、产品研发重要性、必要性的宣传，为企业提供更加有利的产品、技术研发条件和环境应成为各级政府的重要工作。

8. 民营企业在新技术产品研发中碰到了许多实际难题，最为突出的集中在企业技术、产品研发缺乏创意、原型或高校科研单位的技术支持不足，内部研发人员数量少、水平和能力不够。由于创意、原型缺乏，人才缺乏，民营中小企业研发基础薄弱，因而对于研发资金、政府支持、知识产权保护方面的后续问题无暇顾及，同时这也反映出民营企业的规模实力在增强，政府支持、知

209

识产权保护等条件在不断改善。

大量民营中小企业通过技术创新获得生存和发展，事关经济结构的转型升级，这对于中小企业王国的浙江来说，更具有举足轻重的影响。因而，要实现经济转型升级，必须使科研与产业紧密结合，并为企业的技术产品研发提供强大的智力支持和良好的融资、服务等社会环境条件。为此，政府应采取相关政策措施鼓励高校、科研机构与企业联合，采取共同开发技术、联合攻关、技术转让、风险投资、入股等多种方式促进联合。同时，应通过改革科研管理体制，加大对技术研究开发的支持力度，改变科研成果评价方式，建立技术交易信息交流平台，加大技术性人才的培养规模和力度等方式来解决。

9. 对浙江各区域金融生态环境、社会信用状况、地方政府对民营中小企业的支持等方面的调查发现，大部分调查对象评价均比较高，但与人们的预期还存在一定差距。特别是在区域经济结构调整方面，持否定评价的占到24.2%，这也对应了前述的民营中小企业对于新技术产品研发重视度不高，遭遇到人才不足、技术研发缺乏支持等问题。此外，地方政府对银行干预也得到21.5%的负面评价。

金融危机对金融生态带来了负面影响，地方政府为了应对金融危机，对银行干预不同程度在加大，因而后危机时代，经济复苏后，如何退出政府干预，运用市场经济手段保持经济社会快速平稳发展也成为地方政府的一项重要议题。

总体而言，本次问卷调查发现，浙江的民营经济已具备了较强的实力，对融资状况、融资政策措施、地区社会信用状况、金融生态环境的评价都比较高，当然，这方面的改进余地也很大，特别是融资渠道拓展、金融机构产品和服务创新方面。金融危机加大了民营企业的融资难度，对于民营经济、地区金融生态环境都造成了负面影响，政府干预、金融生态环境、企业融资有恶化趋势。当前，企业对于技术、产品研发重视度不够，产品、技术研发的主要难题在于创意不足，缺乏强有力的技术支持和融资、人才等环境条件支撑。因而，经济结构调整、转型升级仍是地方政府的首要工作。

第二节　浙江民营经济金融生态环境建设面临的新问题及原因

基于民营经济的迅猛发展、浙江省各级政府的职能先行转换以及金融中介机构和社会各界的共同努力，浙江金融生态环境在全国长期保持了领先地位，民营经济增长与金融发展出现了良性互动的格局。

但正如"金融生态"这一具有中国特色的概念提出的背景一样，它本身就是为了反映中国转型时期金融发展遇到的来自于政治、经济、文化、法制、社会环境等基本问题。对于温州金融生态环境"全国第三"的排名，温州当地人普遍认为名不符实。实际上，与其说温州金融生态环境好，不如说我国整体金融生态环境问题多，温州其实就是矮子里拔出的高个子而已。

因而浙江金融生态环境虽然在全国领先一步，但这仅是全国各地金融生态环境普遍不良情况下的相对最优而已，距离理想状态还有相当大的距离。

基于前一节的问卷调查分析，以及笔者对于浙江省相关政府职能部门、金融机构、中介机构的访谈调查，本书总结出浙江省在金融生态环境的几大构成要素层面，在下述四个方面也发现了比较突出的问题。

一、民营经济转型升级困难，增长后劲不足

随着人们生活水平普遍提高，消费层次提升，劳动成本增加，自然生态环境恶化，特别是在金融危机背景下，国外反倾销力度不断加大，浙江民营经济依赖于廉价劳动力、以大量资源投入、环境破坏为代价的发展模式已难以为继。转型升级，加大技术创新，提高产品技术含量和附加值，建立品牌已成为浙江民营经济进一步发展的唯一选择，但浙江民营经济在这方面面临着许多困难。

（一）民营企业技术创新、建立品牌意识不强

源于民营经济发展的路径依赖，部分民营企业对于技术创新、产品转型升级的自觉性不够，危机意识不强。

其原因在于，一方面，部分企业经营者小农经济意识浓厚，满足于小打小闹；另一方面，企业经营者对于市场需求变化、走势认识不清，缺乏危机感，因而对于新技术产品的开发重视不够，所投入的资金、力量不足。

（二）民营企业缺乏技术创新的专业化人才和基础

从市场调查中发现，技术创新人才缺乏是制约民营中小企业创新最主要的限制因素之一。

其原因在于，一是许多民营企业采取家族管理模式，企业对外不透明，严重阻碍了企业对于社会人才和资金的吸引力。

二是大部分民营企业规模小，实力有限，无力购置技术研发所需要的相应设备、设施，不能建立专业化的技术研发团队。

三是受社会环境和人才政策影响，民营企业对于人才吸引力不足。从近年

211

来大学生就业意向选择中就可以看出这一情况。

（三）民营企业在技术开发中面临着技术、市场、信息方面的制约

虽然民营企业大多直接面向消费者，比较了解消费动向，但他们更多是处于一种直观的、基于历史与现实情况的分析，缺乏一种理性的、宏观层面的、基于未来发展趋势的分析研究，常常导致新产品研发出现方向性失误。

更重要的是，技术、产品研发是一种风险极高、专业性很强的工作，许多民营中小企业在技术研发中由于不了解技术市场的动态变化，对于技术发展变化的规律把握不准，在新技术产品研发中常出现缺乏创意、产品技术偏离技术发展路径、技术含量低等问题。

其主要原因在于国内科技服务中介体系和技术市场不发达，高等院校、科研院所的科技研究开发和民营企业实际需要相脱节等。

（四）知识产权保护难度大，影响民营企业技术创新积极性

企业技术创新的动力在于新技术产品能在市场上保持较长时间的垄断地位，以使企业获取较高的垄断利润，这里的关键在于新技术产品的保护制度。

新技术产品的保护有两种渠道，一是产品本身的技术性保护，即新产品中技术原理先进，工艺流程复杂，所采用的材料或配方独特等，竞争对手运用逆向工程方法很难破解。二是法律的强制保护制度。

首先，受我国追赶型经济发展模式的影响，知识产权的概念和意识在民营企业和社会公众中比较淡薄，知识产权保护的社会环境还不理想。

其次，民营企业特别是中小型民营企业的新产品开发大多比较简单，竞争对手只需要简单的技术就可以破解加以仿造，使民营企业通过自身技术产品进行知识产权保护非常困难。

最后，国内知识产权保护制度还不健全，地方保护主义，司法机关在打击侵犯知识产权方面力度不够，加之民营企业产品技术同质化现象严重，以及互联网技术的普及，导致企业专利保护难度越来越大。被侵权企业或个人从发现竞争对手侵权到搜集证据起诉直至结案获得赔偿，不仅时间长，花费的成本往往超过其收益，而且对异地企业侵权行为的追究可能还要受到当地地方保护势力的干扰，从而影响了企业创新的积极性和动力，也给了假冒伪劣等侵犯知识产权的企业以生存空间，形成众多中小企业在产品价值链低端恶性价格竞争的局面。

（五）民营企业缺乏技术创新的资金实力和融资保障

技术创新充满风险而且投资巨大，没有充足的资金实力是难以完成的。而大部分民营企业自身既缺乏资金实力，也难以获得外部资金的融通来源和

渠道。

2011年7月1日至2日，国务院副总理王岐山在河北考察时再次强调，"小企业的生存与发展直接关乎就业增长、经济转型和社会稳定"，"要从战略和全局高度"，"毫不动摇地加强小企业等薄弱环节的资金支持"。这也从一个侧面反映了小企业融资难的现实。

首先，虽然国家宏观层面正在逐步放宽对民营经济行业准入门槛的限制，但在具体执行中还存在许多技术性难题。如许多垄断性行业设置了很高的准入门槛，从而间接将大部分民营企业拒之门外。

其次，民营企业的产业结构、分工定位不准确。大部分民营企业都直接面向消费者生产最终产品，产品同质化现象严重，而未能像日本、意大利等小企业发达的国家那样，小企业通过加入大企业产业链，以专业化生产大企业最终产品的部分零部件等方式形成一种差异化的竞争格局，从而既避免与大企业的竞争，还可以获取大企业在技术、资金、人才、管理等方面的支持和帮助。

再次，金融体系不完善，民营企业技术创新外部融资困难重重。间接融资市场上表现在，一是商业银行出于风险控制及规模经济需要，将大量资金投向国有企业、大型建设项目。特别是为了应付金融危机，在政府大量投资情况下，商业银行纷纷将资金投向国有企业和大型建设项目。二是银行体系中专门为民营中小企业服务的中小金融机构不多，难以满足民营经济的资金融通需求。三是中小企业信用担保公司规模小，担保能力有限，对于民营企业技术创新反担保要求高，加之银行对其信任度不高，也影响了中小企业通过信用担保这一方式融资。

在直接融资市场上，虽然二板市场已经开通，但只能满足少量已经成功的企业，而更适合于一般企业融资的低层次资本市场，如产权交易市场、技术转让市场、三板市场受到政策及市场环境限制，发展很不成熟；直接为企业技术创新服务的风险投资不发达；中小企业集合债发行刚刚进入试点探索阶段；其他的辅助融资工具，如风险租赁等在国内也不发达。

最后，在金融危机和宏观调控背景下，浙江许多民营企业面临着生存危机，无力也无暇进行产品技术的转型升级。金融危机对浙江许多外向型民营企业造成了致命打击，许多企业难以为继。

与此同时，国家大量增加政府投资，又间接减少了民营企业的资金来源；国家的经济金融宏观调控使得民营中小企业又首先遭受冲击。

而且，当前浙江民营企业还面临着来自基础设施供应方面的巨大挑战，在电力供应不足背景下，拉闸限电首先从中小民营企业开始。此外，水荒以及土地、劳动力成本上涨都对民营企业带来严重冲击。

（六）民营经济技术创新的政策支持不到位

虽然国家、各省市已出台许多鼓励企业技术创新的政策措施，但总体上，政策支持力度还不大，政策支持面不够普及，对企业技术创新的激励效应尚不明显。

二、社会信用环境还不理想，市场秩序待进一步规范

浙江的信用环境建设虽然取得了明显成效，但仅仅是一个开始，信用环境建设是一项涉及社会、经济、文化、政治方方面面的巨大而复杂的系统工程，信用环境建设任重而道远。

（一）信用意识、观念尚未根植于人们思想深处、成为其基本道德规范

经过政府和社会各界的大力宣传教育，诚信、信用已成为人们耳熟能详的热门词汇。然而，从近年来不断曝光的各种企业、名人的丑闻中可以发现，信用缺失在当前我国社会中仍旧是较为普遍的现象，信用意识要真正深入人心还需要各界付出艰辛的努力。

究其原因，主要有四个方面：一是市场经济条件下人们价值观念多元化，加之我国经济体制转型时期，社会蔓延着一种浮躁之风和急功近利倾向，诚信观念尚未占据主导地位，成为人们安身立命、为人处事的基本道德规范和价值观。

二是信用制度存在漏洞，征信体系各自为政，信用信息共享机制尚未有效发挥作用，使得失信当事人和失信行为既有法律空子可钻，又有市场空子可以利用，加之急功近利的目标导向，使得诚实守信只能停留在口头上。

三是失信惩罚机制不健全。在当前社会信用意识普遍不强的情况下，诚信意识与行为的养成需要法律的威慑以及对失信当事人和失信行为的严厉惩罚，以使得失信当事人为其失信行为付出远高于其预期收益的代价，这样才能有效遏制失信行为的蔓延。但当前法律制度对于失信行为的惩罚力度过小，从而在客观上纵容了失信行为。

四是政府及公共管理部门及社会名流的不诚信行为对公众诚信意识的树立产生了负面影响。如政府部门的形象工程、面子工程，宣传媒体上的假广告、假宣传，社会名流的假捐赠、假文凭现象等，虽然只是少数，但其影响面巨大，对社会信用环境造成了重大的负面效应。

（二）企业失信行为时有发生

违约毁约、制假贩假、坑蒙拐骗、偷税漏税等商业欺诈和经济犯罪行为还

不同程度存在，部分企业、个人故意造假以编取银行贷款，恶意逃废银行债务等现象也时有发生。

究其原因，不外乎四个方面：一是企业经营者对诚信是企业经营基础和生命线这一观念的认识依然淡薄，急功近利思想严重，缺乏长远利益的考虑。

二是我国信用制度建设，特别是相关法律建设滞后，目前我国尚无一部专门规范民间借贷行为的金融法规，至今还没有形成一个统揽信用建设的全国性法律，已有的相关制度多是政府相关部门制定的部门法规和地方政府出台的地方规章，从根本上影响了信用制度建设的整体进程，使得征信体系建设特别是个人征信、信用信息评价缺乏权威性制度支撑；同时，中央政府还没有一个部门统一管理信用体系的建设工作，造成信用体系建设各部门、各地区自成一家，相互独立，这既造成资源的浪费，又给信用信息的共享造成障碍。

三是信用信息的共享机制不完善。由于我国信用信息的开放缺乏全国性法律法规的支持，信用信息开放的宏观政策体系不健全，地方和行业各自为政建立信用信息系统的现象相当普遍。浙江虽然取得了重大进展，但在建立公共信用信息平台的过程中，也存在着资质认定系出多门，各部门之间信息共享、联动配合不够，信息资源利用率低，尚难形成一个统分结合、整体推进的社会信用监管网络。

四是失信惩罚机制不完善。对于企业失信行为，一方面由于法律所规定的惩罚力度过轻，打击力度不够；另一方面，直接或间接的行政干预以及出于部门利益而出现的管理和执法部门执法不严、违法不究、执法效率不高等现象造成法律对于失信行为威慑力不足。

（三）中介机构公信力不高

浙江社会中介服务业近年来得到较快发展。但由于发展时间短，加之相关监管部门多、经验不足，监管力量和能力有限，中介机构弄虚作假现象时有耳闻，中介服务机构社会公信力不高。

其原因，既有中介服务机构自身的问题，如，规模小，相关专业技术人员水平、能力有限，部分从业人员为了利益弄虚作假，以及至今国内还未形成像美国三大评级机构那样的具有权威、公正、独立的评级机构；也有社会环境问题；更与政府对中介机构的监管规范力度，监管方式、方法有关。

（四）政府的信用形象有待进一步提升

浙江市场化改革和政治职能部门的转换使得信用政府建设走在了全国前列，但距离市场经济的要求和信用政府的建设目标还有很大差距。表现在：一是政府自身建设尚未到位，如部分公务人员在服务意识和服务态度方面有欠缺，审批制度改革保留的多是一些具有较大利益的审批事项。

二是政府一些部门或部分领导以权谋私，贪污受贿现象仍旧存在，如一些地方政府为了工作人员的利益瓜分政策性廉价房，严重影响政府的信用形象。

三是政府直接介入对市场主体经营行为的评判过程，如政府主导的评选各种"诚信企业"、"消费者信得过企业"、"名牌企业"等，在当前行业协会等中介组织不很发达的情况下，虽然有一定的必要性与合理性，但长期以往，当政府认定的"诚信企业"等出现信用、产品质量问题时，就直接影响了政府在公众心目中的信用形象。

四是政府信息公开还存在难度，对一些敏感、关键信息语焉不详。政府网站建设相对滞后，内容更新慢，影响了公众对于政府信息的了解和掌握。

三、政府职能转换不彻底，越位、缺位现象仍较严重

政府的改革和职能转换是体制改革的最大难点，虽然浙江各级政府做了大量的努力和探索，但距离市场经济的要求还有一定差距。

（一）政府在公共服务、公共产品提供方面存在缺位

政府在市场经济中的职能定位应该是：为市场经济提供以法律制度和公共基础设施为主体的公共产品和以维护市场正常竞争秩序、维护社会公平为中心的公共服务。但我国政府在这方面做得还很不够。包括：

1. 法律制度建设满足不了需要，以至于在许多领域出现无法可依的情况。典型的如信用相关立法、知识产权保护、个人征信和失信惩罚、中小金融机构存款保险、民间金融、金融控股公司、风险投资的有限合伙制等。

2. 公共基础设施供应不足，市场垄断现象较严重。公共基础设施建设供应不足表现在社会基础教育、文化、体育、绿化、城市交通道路、供水、供电、供气、廉租房屋建设、"三废"治理等方面不能满足经济发展和公众的需要。

究其原因，一是政府的财力有限，而这方面的需求在不断增长。二是政府任期制和绩效考核体制影响了各级政府进行基础设施建设的积极性。

同时，公共基础设施建设供应市场垄断现象比较突出。大量的公共基础设施建设仍旧是由具有垄断地位的一家或少数几家国有企业承担，如电力、电讯、煤气等。这些垄断型企业往往会通过减少产品或服务数量以提高价格等方法来最大化自身利润，从而减少社会福利。其原因也无非是市场垄断及政府对于公共设施建设者还没有建立起基于产品、服务结果和质量的考核与补偿体系和价格管理体系，没有引入消费者参加考核评价。

（二）市场监管方式待改进，执法力度待加强

政府相关职能部门在市场监管存在下述三个方面的问题：

首先，对于违反正常市场秩序，特别是对于制假贩假、破坏生态环境、损害劳动者权益等行为的查处主动性不强，及时性不够，对市场监管工作缺乏超前性和预见性。

其次，政府相关部门没有建立起一种长效、稳定的市场监管机制。相关管理部门习惯于采取突击式或运动式监管方法。在大力整顿期间各种违法行为会暂时销声匿迹，但一旦风声过后，又会死灰复燃。

最后，执法部门在维护市场秩序时，对于违法行为打击力度不足，对其惩处往往不足以补偿其对当事人、对市场、对社会所造成的危害，因而震慑力不强。

这方面的主要原因主要也有三点：一是制度层面的原因，即相关法律法规或者存在制度缺失，或者规定不明细，或者规定的处罚力度过轻。二是地方保护主义的影响。三是基于计划经济时代政府管理经济社会的惯性思维，遇到问题时，就习惯于通过运动或者行政命令的方式予以解决。

（三）政府在行使经济调控职能中存在越位和缺位现象

这方面的问题表现在：

217

首先，政府对于相关产业发展规划重视不够，许多产业缺乏长期规划和政策引导，致使政府政策因为主要领导人的更替而不断变化，产业政策缺乏连续性和稳定性，从而给许多市场主体造成严重损失。

其次，各级地方政府对于经济发展倾注了大量的精力财力，而对于社会公共产品的提供则投入不足。其主要原因还是在于现行政府考核体制。

最后，政府在支持相关产业发展的具体方式上也存在一定不足。在市场经济条件下，当市场出现失灵时，政府以其社会财富再分配职能为依托，运用公共资金对需要扶持的特定领域或对象进行支持和帮助很有必要。但当前政府的资金支持多采取设立政策性机构以直接参与市场运作的模式，而这类政策性机构在运作中存在十分严重的问题。表现在：一是政策性机构难以建立有效的治理机制和科学民主的决策机制。二是政策性机构内部存在严重的激励约束问题和道德风险。三是政策性目标与商业化运作模式存在冲突。此外，这种直接支持模式还存在支持对象覆盖面窄，信息处理、风险控制能力不高等问题。

（四）在政策资源分配及资金投向上对民营企业还存在一定歧视

首先，随着国有经济的迅速发展及民营经济转型升级遇到困难，部分政府官员从思想上产生了模糊认识，将浙江经济社会可持续发展的希望寄托到国有

经济的发展上，从而在实际中产生了对民营经济的歧视行为，以大项目、大企业为发展目标和重点支持对象。

其次，随着政府财力的增强以及国有企业的发展，政府在处理国有经济与民营经济资源争夺上明显偏向国有经济。

从体制上来看，政府是国有资产的管理者或实际拥有者，国有资产增值保值是政府的一项职能，在政策制定上自然会偏袒国有经济。特别是国有资产管理局，作为一级政府部门，有权制定政策，也有充分的条件干预或影响其他部门的政策制定。而民营经济缺乏一个能将其有效组织起来，充分代表其利益的政府部门。因而中央政府相关放开市场准入、为民营企业提供融资支持的政策很难落实到实处，效果有限。

2005年国务院颁发的《关于鼓励支持和引导个体私营等非公有制经济发展的若干意见》中明确规定，国家将在电力、电信、铁路、民航、石油等行业和领域，引入竞争机制，允许非公有资本进入这些垄断行业和领域，而2007年由国资委颁布的新规定实际上对此进行了微调。

最后，现行经济体制中资源配置行政化趋势不断得到强化。特别是金融危机后，政府大量投资项目的建设，进一步增强了政府对于经济社会的影响力，因而政府的政策导向和资金投向直接左右着金融业的投资方向。

银行出于成本和风险收益的考虑，往往会主动与政府结盟，对政府拟定的投资项目提供信贷支持，这就客观上削弱其对民营经济领域的信贷投放力度。

四、金融体系待完善，金融运行存在安全隐患

（一）金融机构体系待完善，民营企业融资难问题突出

浙江金融体系在全国相对比较完善，但仍旧存在不足。表现在三个方面：

首先，中小型、地方性、民营金融机构数量和服务质量还不能满足地方中小民营企业的融资需要。一方面，当前的村镇银行、小额贷款公司虽然一定程度上缓解了民营中小企业和个人的融资难状况，但这些机构的可持续发展还面临许多政策制度和经营方面的困难；同时，这些机构数量还远远不能满足庞大的民营经济融资需求。另一方面，地方金融机构限于规模，在为企业、客户提供的服务、咨询、投资理财、融资顾问等增值服务方面能力不足，特别是在服务中小民营企业开展区外、国外业务时常常力不从心。

此外，地方金融机构尚未形成科学合理的市场分工和目标客户定位，同质竞争现象仍旧比较严重，造成初创期中小企业融资困难。

其次，多层次资本市场体系尚未建立健全。一个完善的资本市场体系包括许多层次，不同层次对于企业进场交易具有不同的资质要求，从而可满足处于不同发展阶段、资质不同、融资需求不同的企业的交易要求。特别是低层次的资本市场，更加适合规模小、经营时间短、透明度不高、融资规模小的民营中小企业的融资需要。

限于国内宏观的制度安排，浙江资本市场发展相对于间接融资市场的发展来说，比较缓慢，包括产权交易市场、技术转让市场、柜台交易市场、风险投资市场等，远未发挥出其应有的作用。相对于银行体系来说，直接融资市场是浙江较为薄弱的环节。

最后，民营中小企业融资难问题仍旧非常突出。据相关研究，改革开放以来，民营经济为社会创造了70%的价值财富，但仅仅获取了30%正规金融的资金支持。具体表现在：一是银行类金融机构瞄准的是大企业、重点建设项目，众多民营中小企业难以被顾及，造成银行贷款难；即使民营企业能够获得银行的贷款支持，但其也面临着程序复杂、贷款周期长、贷款成本高等问题。二是直接融资体系不发达。多层次资本市场尚未建立健全，能够在主板、二板和中小企业板上市融资的企业相对于数以千万计的民营企业只是沧海一粟。而产权交易、风险投资、柜台交易极不发达，其他辅助性的融资渠道也很不成熟。特别是金融危机、国家宏观调控等形势下，民营企业融资更是难上加难，不少企业因为资金链断裂而退出市场。

（二）金融运行存在安全隐患

第一，在各级政府巨额投资引导下，许多银行将信贷资产大量投向各级政府投资建设的各类基础设施建设项目及大型国有企业建设项目，造成信贷资产高度集中，其中隐含着巨大的风险。从长期、宏观角度来看，各级政府所投资建设的项目不乏重复建设，届时将极有可能出现生产能力过剩、经济过热等问题，政府不得不进行宏观调控。其后果将是银行大量呆账坏账的累积，甚至酿成金融危机。这是未来我国金融运行最大的风险隐患。

第二，随着我国经济增长进入新常态，各项经济增长指标将不再会高速增长，经济结构转型升级力度将不断加大，从而必然会有大批企业在这一过程中被淘汰，从而给金融发展带来困难。这将突出表现为银行的不良资产增加，资产质量下降。近年来，浙江省银行业业务总量虽保持适度增长，但信用风险已经暴露，不良贷款大幅反弹。2012年末，浙江省银行业金融机构不良贷款余额951.51亿元，比年初增加460.1亿元；不良贷款率增加到1.6%，比年初上升0.68个百分点。其中，2011年9月至2012年10月，不良贷款连续14个月呈"双升"态势。同时，全省关注类贷款余额比年初提高了 0.09 个百分点，银行业盈利水平下降。此外，信用担保机构代偿率提高，小额贷款公司信用风险持续暴露。部分地区小额贷款公司不良贷款大幅攀升。金融行业如何适应新常态经济下的新情况，是一个崭新的课题。

第三，金融监管体系尚待完善。我国当前实行的是金融分业监管模式。虽然各个金融专业监管部门在相关领域内经过长期的摸索和实践，逐步形成了一套较为有效的监管模式和方法，但当前金融业已进入混业经营阶段，面对不断出现的各类金融控股公司，各个监管机构难免存在监管遗漏、重复监管等问题，从而埋下金融风险的隐患。如何实现混业经营环境下金融业的监管是摆在政府和监管部门面前的一项紧迫而重大的课题。

第四，对于金融控股公司及新兴的地方性金融机构法律制度的缺失也带来监管的困难和风险隐患。如对于地方性、民营、中小金融机构至关重要的存款保险法至今尚未出台，这既不利于中小金融机构经营风险防范，也不利于其赢得储户的信心，获得快速发展。

第五，新兴的中小金融机构，特别是近年来互联网金融的迅速兴起和蓬勃发展给传统的金融监管模式带来挑战。中小金融机构在经营过程中有着与大型国有金融机构不同的特点和规律，经营风险更高，监管难度更大。我国金融监管部门在对这些规模小、抗风险能力低、分布广泛、经营机制灵活多样的金融机构监管方面还缺乏足够的经验，尚未形成有效的监管模式，这也是金融监管面临的新问题。

第十章　研究结论与对策建议

第一节　研究结论

本书运用新制度经济学的相关理论，通过数据资料分析、问卷调查、典型访谈等手段，并利用区域比较分析、动态分析、数理模型分析、案例分析等方法，对浙江省民营经济发展和金融生态环境建设的经验、存在问题及制度改进和优化方向进行了系统分析和理论研究，得出了如下一些结论。

一、地方政府职能转换是民营经济金融生态环境改善的核心要素

浙江省各级政府的下述经验对于浙江及其他省市未来社会经济的发展具有较强的理论指导意义。

一是尊重民间自下而上的制度创新。在民间制度创新的开始阶段，政府要对其予以宽容、保护和支持，以激发民间制度创新的热情和积极性；在民间制度创新相对成熟阶段，政府要不失时机地通过正式制度对其加以固化和提升，并用以指导进一步的制度创新。

浙江民营经济、地方金融的兴起和发展壮大都与政府的这种态度和执政理念有着密不可分的关系，正是浙江各级政府对于民间创新积极性的尊重和保护，才使得浙江在改革开放以来，各种制度创新层出不穷，涌现出一个个全国首创。

二是浙江法治政府、有限政府的理念，即以法制约束或限制政府行为，以法制保障政府行为的权威性。

政府在市场经济中"有所为、有所不为"的理念。其中首先是"有所不为"，即政府不干预市场行为主体正常的经营决策活动，让市场机制充分发挥作用，从而为民营经济、金融系统按照市场规律正常经营发展创造良好的行政环境。其次才是"有所作为"，即政府将主要精力投入到维护正常市场竞争秩

序，为市场的健康运行提供所必需的制度、秩序、环境保障。这一理念正是政府改革的主要目标和方向。

为实现这一理念和目标，浙江省各级政府长期开展政府的改革和建设创新，如，法治浙江建设，简政放权、依法行政，改革政府机构、提高效能，政务公开、探索民主决策机制，强化监督、约束政府行为，建设服务型政府、增强服务能力等。

三是以提供公共产品和公共服务作为政府的主要职能，并在为市场提供公共产品、公共服务以及引导支持民营经济、金融发展的过程中，充分发挥市场机制的作用。政府对于市场失灵的干预不是以简单的计划经济或者行政化手段来进行，而是基于市场主体的行为选择过程，通过改变其行为选择所面临的环境约束条件和目标函数，使得市场行为主体在其目标最大化的动机激励下，主动选择政府和社会所期望的行为。这样既有效实现了政府的政策目标，又不破坏市场机制作用的充分发挥，而且这种方式比之行政化的手段具有更强的可接受性，政策效果也更加稳定持久。

实际上，上述三方面的经验可以归纳为一句话，即"尊重民间智慧、尊重市场规律"。

222

二、金融生态环境是民营经济与金融良性互动的基础和保证

本书通过收集浙江省改革开放以来金融、经济变化的历史数据，运用统计方法分析了民营经济与金融发展之间的关系及其这种关系的形成机理，得出：在改革开放后的前一阶段，民营经济与金融之间的关系主要是民营经济的增长支持了金融系统的发展，而金融系统对民营经济的信贷支持非常有限；而在后一阶段，两者逐步进入良性发展轨道，金融体系既从民营经济增长中获得了动力，也对民营经济增长起到了重要支持作用。

但民营经济增长与金融发展之间良性互动机制的形成并不具备必然性，其中，金融生态环境在民营经济增长与金融发展良性互动机制形成中起着关键性决定作用。金融生态环境是金融业健康持续发展的基础和源泉，良好的金融生态环境也是金融支持民营经济增长的前提和保证，更是金融发展与民营经济增长良性互动机制形成的基础和重要保证。

三、浙江民营经济增长与金融发展的成功经验与关键因素

本书通过对改革开放以来浙江民营经济与金融发展历程、特点、经验和关键要素的分析，得出：自然条件和经济基础压力是浙江民营经济启动的外部驱

动力，传统重商文化与工商习俗是内在动力，民间融资是重要支撑，地方政府"无为而治"的管理模式是重要前提。

在浙江体制、机制先发优势基础上，"浙式企业家"和浙商精神，地方政府的职能转换与政策引导以及金融体制改革与金融产品、服务创新为民营经济与金融保持高速可持续增长提供了进一步保障。

浙江金融发展的原因与经验在于，民营经济的强劲增长为金融发展奠定了坚实基础，信用环境改善是金融发展的基本前提，地方政府的引导与支持为金融发展提供了制度保证，金融系统的制度和业务创新是浙江金融发展的不竭动力，发达的社会中介组织是浙江金融发展的重要支撑，金融市场竞争是浙江金融发展的关键要素。

浙江民营经济腾飞与金融发展的本质原因在于政府与民间制度创新的良性互动。

四、浙江省政府在改善信用环境、培育和规范中介市场中起着关键性作用

浙江在建立信用体系、改善信用环境方面的成功做法和经验包括：浙江省政府的高度重视、统一部署、整体推进、加强区域联动为信用建设奠定了良好的基础；政府建章立制，为信用建设提供制度支撑，建立并逐步完善企业信用管理相关制度，开展多种形式的个人信用制度建设尝试奠定了"信用浙江"建设的制度环境；政府信用建设先行，为社会树立示范是"信用浙江"建设的前提和保证；构建信用信息的征集、评价和查询、发布系统，建立信用行为的激励与惩罚机制，探索和完善守信行为的激励机制奠定了信用建设的市场基础。

浙江发达的中介服务业是民营经济发展和金融生态环境建设的重要市场支撑力量。浙江政府对于中介服务业的管理、支持和规范促进了其良性发展，中介服务业作用正在不断增强。

五、浙江民营经济发展、金融生态环境建设还面临许多新问题

通过问卷调查，分析了浙江民营经济与金融生态环境建设的现状、存在问题，得出：浙江的民营经济已具备较强实力，地区社会信用状况、金融生态环境得到的评价都较高，但这方面的改进余地也很大，特别是融资渠道拓展、金融机构产品和服务创新方面；金融危机对于民营经济、地区金融生态环境都造成了负面影响，政府干预、金融生态环境、企业融资有恶化趋势；当前企业对于技术、产品研发重视度不够，产品、技术研发的主要难题在于创意不足，缺

223

乏强有力的技术支持和融资、人才等环境条件支撑等。

在此基础上，通过走访调查，总结了浙江民营经济金融生态环境当前及未来保持可持续发展所面临的四方面问题，并分析了相应的原因。主要问题包括：民营经济转型升级困难，增长后劲不足；社会信用环境还不理想，市场秩序尚待进一步规范；政府职能转换不彻底，越位、缺位现象仍较严重；金融体系待完善，金融运行存在安全隐患等。

第二节　优化浙江民营经济发展金融生态环境的对策建议

一、以提供公共产品和公共服务为目标，切实转换政府职能

（一）系统总结政府在民营经济发展、金融生态环境建设中的经验

浙江各级政府在推动社会主义市场经济体系建设中走在了全国前列，形成了许多先进的理念和成功的经验做法。虽然其中有许多做法是适应于当时特定的环境和条件的，但通过系统总结和理论提炼，仍然可以用来继续指导政府下一步的改革创新，并对其他省市提供宝贵的经验和理论指导。

为此，今后应加强对于浙江及国内其他省市相关经验和做法的系统总结和理论分析提炼，逐步形成一套较为完整的政府在促进民营经济发展、建设良好的金融生态环境、建立民营经济增长与金融发展良性互动关系方面的理论体系。

（二）进一步加强对公共产品、公共服务的提供

1. 建立健全市场经济的法律法规体系。随着我国市场经济发展和社会转型加快，各种新的问题、新的情况不断出现，法律制度建设是政府的首要职责。

一方面，政府应加强对社会经济发展状况的调查分析和研究，并加强对国外相关法律制度建设经验的借鉴，增强对市场、经济和社会发展趋势的把握，及早准备，提高立法的效力和进程。

另一方面，要针对已出现的新情况、新问题，通过调查研究，及时对相关法律法规进行"废、立、修、订"工作，以满足市场经济发展对于法律这一根本性基础制度的需要。

在全国统一的法律颁布之前，浙江政府应针对本省实际，先行出台相关的地方法规制度，如针对中小型金融机构的风险防范问题，出台地方性的存款保险办法；针对个人征信体系建设，出台个人征信地方性法规等。

2. 加大公共基础设施提供能力。电荒、水荒、民工荒已成为当前制约浙江民营经济发展的主要瓶颈之一。

对此，政府首先应进一步明晰职能定位，强化对公共产品服务的提供，改革政府考核机制，将区域软硬环境建设作为政府绩效的主要考核内容。

其次，在公共基础设施建设领域，政府也要由公共产品、服务的生产者、建设者转变为供应者和购买者。一方面，在公共基础设施建设领域，进一步放开市场准入，引入竞争机制，实行公共产品和服务的市场化与社会化，允许多元所有制成分介入提供或生产公共产品与服务，实现投资主体多元化。另一方面，加强和改革政府采购制度，根据财政预算直接购买政府需要的公共产品和服务。

同时应改革对公共产品和服务供应商的考核和资金补贴办法，特别是在考核中要引入以消费者、行业协会等第三方机构，对公共产品和服务提供数量、质量进行监督、评价，并以此为主要依据对供应商提供补贴。

在此基础上，政府要建立多中心治理结构，培育和发展民间社会组织，发挥其提供服务、反映诉求、规范行为的职能，以有效地延伸政府的公共服务职能、扩展公共治理力量。

3. 强化市场秩序监管。首先，要通过整合市场监管部门等措施，明确监管部门责任，防止多头监管而造成的监管责任不清、相互推诿扯皮现象。

其次，监管部门要建立长效、稳定的市场监管机制，加强日常调查巡查，发现问题及时纠正，以免问题不断扩大。

再次，加大对破坏市场秩序行为的打击力度，使得假冒伪劣、失信行为当事人付出远远超过其预期收益的惨重经济代价，直至承担刑事责任。

最后，要通过放开市场、行业准入，加强产权保护，公平公正执法，为市场主体公平竞争创造良好的环境。

（三）优化政府引导资金支持民营经济和金融发展的模式

政府通过财政资金设立基金、建立政策性金融机构等方式来引导和带动社会资本以促进某些行业或领域的发展是最容易引起争议的问题之一。

国内外许多主张经济自由主义的学者对此坚决反对，而主张政府干预理论的学者则更倾向于将其作为治愈市场失灵的对策，新古典综合派则提出应将政府干预与市场有机结合起来，科学把握政府干预经济的方式、程度与界限。

对此，笔者分析认为，市场失灵和政府失灵现象的同时存在使得新古典综合学派的观点更为科学合理。政策性资金一方面对防止市场失灵，特别是在提供公共产品和服务领域具有独特的作用，政府通过财政资金来引导和带动社会

225

资本十分必要。另一方面政策性资金不同运作模式对政策效果的实现差异很大，因而关键问题是如何充分发挥政策性资金的积极作用，尽量避免和消除其负面影响。

首先，政策性资金可以采取各种各样的方式运作，每种方式各有其特点。依照政策性资金发挥作用所借助的媒介（作用的对象），可将其归结为直接支持模式和间接支持模式两种类型。

直接支持模式指政府资金通过设立政策性机构直接参与市场运作，以实现政策目标；间接支持模式指政府不直接参与市场运作，仅是对市场主体符合政策目标的行为或后果进行补贴，以鼓励此类行为。如，在直接对中小企业进行支持时，可以对于符合政策要求的企业进行无偿支持或股权投资（直接模式），还可对其进行税收减免和利息补贴（间接模式）；在借助金融机构支持时，可以通过设立政策性银行、风险投资公司等参与市场运作（直接模式），也可以通过对商业银行或中小企业投资公司进行利息或收益补贴（间接模式）；在借助担保机构支持时，既可以设立政策性担保机构对商业银行贷款进行担保（直接模式），还可以通过对商业性担保机构代偿风险进行补贴以刺激担保机构发展，进而促进商业金融机构对中小企业加大信贷投入（间接模式）。

其次，政策性资金的政策效果评判要依据资金运作效率、对商业性机构和社会资本的杠杆放大作用及对完善市场机制的贡献三方面来评断。

最后，政策性资金的不同运作方式存在运作效率的巨大差异。相对于设立政策性机构等直接支持模式而言，首先，间接支持模式政策执行过程效率高，公平合理性较强，政策导向清晰、明确，激励作用显著，其杠杆放大作用远远高于直接支持模式。如，设立政策性信用担保机构调动的社会资金要远远大于设立政策性金融机构，对商业担保机构实行补贴的杠杆作用要远远大于对商业银行进行补贴。

更进一步，大量存在的政策性机构起到了压制和排挤商业机构的市场地位、阻碍社会资本顺利进入的负面效应，而间接性补贴方式下，政府不参与市场直接运作，仅是作为市场的裁判员对某些市场行为进行鼓励和引导，不会对正常的市场机制产生任何不利影响。因而，政府的资金支持应尽量以间接方式进行。

（四）政府在政策资源分配及信贷资金引导上要尽可能保持公平

1. 政府应进一步强化对民营经济、中小企业重要性的认识，摒弃求大求全思维以及对于大企业、大项目的特殊偏好，充分重视民营中小企业生存发展环境的营造。

2. 政府从事社会资源分配、政策制定的机构或部门应消除其与国有企业在人员、业务方面的利益联系，以便在资源分配中能够尽量公平公正。这方面，可以借鉴美国建立小企业管理局的做法，赋予小企业局维护民营中小企业利益的责权，同时要不断扩大立法听证制度，吸收更多的民营经济代表参与政策的质询和听证等活动，以保证制度建设的公平性。

3. 政府在对待国有企业和民营企业争夺资源的问题上要一视同仁，保持中立、公平，当好裁判员。为此，建议将国有资产管理部门从地方政府机构中划出，使得国有资产管理部门处于和市场上民营控股公司同样的地位，从而保证国有企业与民营企业平等竞争，地方政府在免去其国有经济增值保值的责任后，也才能公平地对待各类经济主体。

4. 各级政府应对所投资项目实行企业化管理，割断政府与所投资项目在财政上的关系，仅以出资人或担保人身份加强对项目的财务管理，防范项目经营与市场风险。更重要的是，要将政府应对金融危机的市场干预行为作为一项临时性的政策措施，不能由此又退回到政府投资经营企业、干预企业运作的老路上去。

二、创造良好的制度和市场环境，引导民营经济转型升级

民营经济转型升级是浙江社会经济可持续发展面临的重大考验，也是良好金融生态环境的重要保障。基于民营经济在转型升级中所面临的问题和困难，各级政府部门要通过创造良好的制度和市场环境，引导和支持民营经济转型升级。

（一）创造良好公平的制度环境，为民营经济发展创造条件

1. 增强政策的连续性、稳定性及透明度，切实维护民营企业合法权益。首先，要进一步加强对民营企业的产权保护，切实维护民营企业合法权益。政府政策多变是侵害民营企业合法权益的重要原因。为此，政府部门要认真贯彻实施《物权法》，依法严厉打击侵犯民营经济合法权益的行为，杜绝"三乱"现象，并根据社会经济发展变化，不断完善实施细则。

更重要的是，各级政府部门要在制定政策之前深入调查研究，广泛征求相关利益者的意见，不断增强政策的科学性、公平性，保持政策的连续性和稳定性，从而使得民营企业形成一种稳定的长期预期，增强其做大做强、持续经营的信心，树立起建立品牌和信誉的意识。

其次，要进一步提高对民营经济、中小企业在社会经济中重要性的认识，

充分尊重和保护民间自发的制度创新热情，鼓励社会成员创业、创新的积极性，建立一种鼓励创业、创新、宽容失败的社会氛围。

2. 进一步放开民营经济市场准入。政府部门要进一步落实国务院非公经济 36 条中放开民营经济行业准入要求和浙江省政府提出的"非禁即入"的原则，重点抓好这些政策的细化和落实，防止一些部门在执法中变相设置各种准入壁垒。

首先，地方政府要组织人大、政协、政府相关部门、行业协会及相关专家对各类行业、市场准入的门槛进行全面的调查，取消不必要、不合理的准入门槛，降低过高的准入条件，切实为民营经济进入国民经济大部分行业创造制度条件。

其次，政府要组织相关专家认真做好产业规划，制定出科学合理的、具有长远指导意义的产业政策，以便为民营企业在转型升级、产品研发、市场拓展方面提供指导和帮助。

3. 进一步加强知识产权保护力度。首先，要加强对知识产权保护工作的宣传教育，使公众认识到知识产权保护对于激励知识和技术创新，为社会创造财富，保持社会经济可持续发展的意义，使人们自觉形成尊重和保护知识产权的意识和社会氛围。

其次，进一步加大对侵犯知识产权行为的查处力度，通过设立举报电话、网站，奖励举报等方式动员消费者和公众自觉监督侵犯知识产权的行为。同时，相关部门要深入实际，做好日常的监督检查工作。

最后，加大对侵犯知识产权当事人及行为的惩处力度，同时加快侵犯知识产权案件审结速度，降低知识产权所有者的维权成本。

（二）建立民营中小企业技术创新公共服务平台

1. 建立民营中小企业公共技术研发中心。首先，加快科技开发体制改革，为社会提供更多高水平的科研成果。建立面向市场、面向企业的技术开发和投资体系，改革现有的科研激励机制，提高科技成果的创新性、可转化性和市场化潜力。

其次，建立民营中小企业公共技术研发中心。民营中小企业公共技术研发中心是将众多分散的中小企业有效组织起来开展技术研发的重要载体。这类研发中心可由当地政府组织相关高等院校、科研院所和中小企业建立，直接面向中小企业开展技术开发，也可由各个行业协会组织相关企业及科研院所建立研发中心，由各个会员企业提供一定的经费和相关资源，政府予以适当补助，科研院所提供智力投资，共同开展新技术、新产品的研发。

2. 建立健全技术交易市场，进一步明确科研人员在职发明创造的成果与所在单位、经费赞助者之间的关系，划分出一个合理的分享比例，以便技术成果拥有者有动力将成果进行分享和转移。

3. 推进校企合作、校所合作，改革人才流动机制，鼓励大学生到民营中小企业就业，支持科研人员到民营企业交叉任职。

三、建立健全社会信用体系，优化社会信用环境

（一）进一步强化信用法律制度建设

目前，我国在国家层面上的信用法律基本上处于空白状态，地方法规建设也仅仅处于起步阶段。今后要加快相关法律制度建设。

1. 填补信用法律法规方面的空白。如《信用信息公开法》《商业秘密法》《商业信息报告法》《个人征信法》等，正确界定处理政府信息开放与保护国家机密，企业信息披露与商业机密，个人信息披露与个人隐私的关系。

2. 修订现有法律中不适应信用体系建设需要的问题，修改《统计法》《档案法》《商业银行法》《公司法》《反不正当竞争法》和《破产法》，加大法律对失信行为的惩处力度，并着手制定和完善其他相关法律法规。

229

（二）加大企业信用信息系统的建设力度

1. 建立适合国情的征信系统。一是征信系统模式选择，总体上可采取国家征信中心和商业征信机构相结合的模式。近期，可建立以人民银行及各主要金融机构为主，包括工商、税务、房地产、公安、检察、法院等部门参加的国家信用中心，全面负责全国企业、个人征信管理工作，不断增强信息搜集来源及广度、深度，开辟从社会机构收集信息的渠道，包括从交易对手、供货商、消费者、中介机构等方面收集企业信用信息，以发挥真正社会力量的作用。远期可以考虑使商业性征信机构与国家征信中心相互配合、相互补充，共同发挥作用。

2. 形成信用信息发布和沟通机制。当前，最主要的是将现有政府部门和人民银行征信系统内的信用信息做到互联共享。

3. 完善中小企业信用评价制度，促进中介服务机构发展。要由国家信用中心根据中小企业的特征，制定统一的信用评价标准。在此基础上，各类征信机构应引进先进的经营理念、评级技术和专门人才，不断改进和提高信用评价方法和技术手段，通过市场竞争建立起公正、权威地位。同时，政府应鼓励民间建立和发展社会信用调查评估等中介机构。

4. 加快引导和培育市场对信用产品的需求。在当前情况下，可参照美国

的做法，以政府立法、行业组织行规等形式来引导全社会对信用评级的需求，使信用评级结果的运用成为经济活动中必不可少的环节。

（三）建立和完善失信惩罚体系，加大执法力度，发挥市场惩戒作用

1. 建立债权保护和失信惩罚制度，以"硬约束"的法律手段保证契约双方践约。

2. 明确对失信者惩戒的政府主管部门，建立与失信惩戒相适应的司法配合体系，如社区义务劳动、社区矫正、罚款等。并不断提高整个司法体系的效率，加大执法力度，把对失信者的惩罚落到实处。

3. 加快国家征信中心的建设步伐，促进信用信息的征集、发布和共享，使违约当事人在未来相当长的一段时间内继续为其过去的违约行为付出高昂的代价。

4. 培育和发展民间组织，充分发挥其作用。包括：培育消费者权益保护组织和相关市场、行业协会，为其发挥集团诉讼追偿、对失信行为联合打击提供条件。

（四）规范发展信用中介机构，提高其评价结果的权威性、公信力

1. 积极支持和鼓励包括信用登记、信用调查、信用征集、信用评价、信用发布、信用担保、信用咨询在内的各种信用中介机构的发展。

2. 对外开放，积极引进国外著名信用评级机构在国内设立分支机构，鼓励国内信用评估机构通过各种形式吸收国外先进的技术，提高评估方法的先进性、科学性、公正性和权威性，逐步树立信用中介机构的信誉形象。

3. 借助同业公会等自律组织，引导和帮助信用中介机构建立密切的技术、业务和人员交流关系，不断提高评估水平。

4. 加强对征信中介机构的监管，规范信用中介行为。建立市场准入和退出制度，明确行业规则，提高行业自律能力。建立征信机构的连带责任制，使征信中介机构对其虚假行为造成的后果承担连带责任。

（五）将道德教育与利益机制相融合，强化公众信用意识、道德

一方面，要加强社会道德、信用意识的宣传教育，在宣传中要更加注重创新形式和载体，通过正反案例的宣传，特别是通过诚信可以获得长远发展，失信者则遭受损失、失败等事实和案例来强化和提高宣传教育效果。

另一方面，为促使公众特别是民营企业尽快树立长期、永续经营的信念，政府应从自身做起，加强产权保护，增强政策的稳定性、连续性，以不断增强市场主体对未来预期的稳定性、长远性，牢固建立"诚信是企业核心竞争力"的意识，形成良好的社会信用氛围。

（六）加强政府信用建设和企业信用建设

就政府信用建设来说，一是依照行政许可法，坚持依法行政，进一步规范政府行为。二是进一步推行和完善政务公开制度。三是建立健全政府行为的监督机制。四是政府运作应努力保持政策的连续性和稳定性。五是发挥政府对于信用建设的主导作用，加强法律制度建设，构建信用激励机制，大力整顿和规范市场经济秩序，整治危害社会信用的各种行为，着力创造良好的信用环境。

就企业信用建设来说，一是经营者要树立长期稳定经营企业的理念，培养诚信品质，树立信用理念。二是完善企业的治理结构，建立权力制衡关系；建立企业治理机制，发挥政府、供应商、消费者、社区等利益相关者对企业的约束作用。三是建立企业规范的运行和管理机制，实行制度化管理。四是提高财务透明度，加强合同管理，确保产品和服务质量。五是建立企业内部的信用管理制度，强化信用管理功能，包括客户档案管理、客户授信、应收账款管理、追收和利用征信数据库开拓市场等。

四、建立健全民营中小企业融资支持体系

民营中小企业金融支持体系应包括制度保障（法律法规、政策支持、监管），投资主体培育（国有商业银行、股份制商业银行、地方、民间金融机构、政策性金融、风险投资、产业投资、民间投资等），融资市场的形成和完善（货币市场、资本市场、租赁市场、票据市场、典当市场、资产证券化市场等），社会化服务体系（信用担保、评估、信息、咨询、辅导等）等子系统。

（一）发展直接融资，培育社会投资群体，建立和完善资本市场体系

1. 培育资本市场的社会投资群体，建立包括风险投资、产业投资和其他股权投资机构在内的投资主体。一是拓宽各种投资基金来源，放松银行、社保、保险、养老基金的投资范围和比例限制，并通过投资基金组织形式的创新（如确立有限合伙制的法律地位）来切实保护投资者利益。二是通过政府财税支持或政府的间接投资来增加民营中小企业投资者的预期收益，降低其投资风险。

2. 放开民营中小企业私募权益资本、在非公开资本市场发行股票、债券融资的限制。在适当提高有限责任公司最低注册资本金、适当降低股份有限公司最低注册资本金的基础上，允许公司通过私募资本设立，并允许其在不同层次的资本市场上发行不同信用等级的证券融资或进行产权交易。

3. 建立完善包括主板市场、创业板市场、场外交易市场、柜台交易市场、

地方产权交易市场等在内的资本市场体系，特别是低层次的资本市场，为直接融资提供交易平台。

（二）完善间接融资体系，促使各种金融机构支持民营中小企业融资

1. 建立包括政策性机构、国有商业银行、地方性、中小型、民营金融机构在内的银行体系。政府应本着"严格标准、规范准入、强化监督、鼓励竞争"的原则，建立完善的准入、退出标准，风险管理制度，竞争规则，监管办法和存款保险制度，积极稳妥完善中小金融机构体系，弥补目前数量不足、能力有限的缺陷。

2. 引导商业性金融支持民营中小企业。一是加强人民银行信贷政策指导功能，通过调整商业银行准备金、再贷款、再贴现利率等货币政策工具，压缩商业银行存贷差。二是制定与国有、大型企业平等的中小企业呆坏账核销政策，消除商业银行后顾之忧。三是加快贷款利率市场化改革步伐，解决商业银行的风险—收益不对称问题。四是建立适合民营中小企业的资信评估体系，突出业主个人素质、企业增长潜力、偿债能力环境等定性因素。五是发展民营中小企业信用担保机构，分散、降低商业银行信贷风险。

3. 鼓励商业银行不断开展业务、产品创新，为民营中小企业提供多样化的综合服务。一是对银行现有的产品进行整合创新，推出多功能、复合式服务品种，如信贷、代收代付、结算、汇兑、转账等综合服务。二是开发适应民营中小企业特点的业务品种，如微型贷款、创业贷款、企业组合贷款、公私联合贷款、个人贷款等，并不断进行产品整合和创新。三是扩展银行的服务领域，如为民营中小企业提供商业信息和财务顾问、投资咨询、战略策划、风险管理等咨询服务。四是利用现代技术推进服务技术和手段创新，包括金融设施、金融工具和产品等"硬件"系统的创新和营销程序设计、操作方法改进等"软件"创新。

（三）放宽民间投资领域，引导民间资本进入民营中小企业

1. 要放宽对民间自发的投融资活动的限制，通过种种方式将民间金融托出地面，纳入正式的金融体系之内，针对其特点建立相应的监管体系。

2. 应对国有经济必须独占的领域进行科学论证和分析，凡是市场机制可以发挥作用的领域都应全面开放，并鼓励和引导民间资本进入。

3. 引导民间资本进入民营中小企业。要通过金融制度创新，如建立多层次资本市场，允许民营中小企业发行私募股票，发行风险债券，设立产业投资基金、风险投资基金、民营中小企业投资公司，给予优惠的财税政策支持，来吸引民间资本进入民营中小企业。

4. 金融监管部门要在对民间投融资活动进行深入细致的调查、分析和研究的基础上，充分借鉴和吸取国外监管经验和教训，制定科学严密的监管制度体系，防范金融风险。

（四）做好产业规划，建立合理的大中小企业产业分工链

世界经验表明，民营中小企业通过参与产业分工，与大企业形成稳固的市场协作关系，不但有利于自身市场的稳定，还可以得到大企业在技术和资金融通上的支持，并且可以推动生产要素的重组和流动。

1. 尽快成立统一的民营中小企业管理部门，加强对民营中小企业行业、市场、技术、产品等方面的专门研究，加强对民营中小企业的整体规划和政策指导。

2. 通过政策引导，促进社会化分工的发展和深化，建立大中小企业合理的产业分工链，优化产业结构，充分利用大企业的商业信用和内部融资能力，实现民营中小企业融资结构的优化。

3. 引导民营中小企业充分利用国家现有的各种金融政策，采用合作、联营、参股等多种形式进行分工协作，提高自身市场竞争能力。

（五）建立和完善民营中小企业信用担保体系

我国现有信用担保体系存在结构不合理、规模过小、行政干预严重、风险处理能力低、缺乏资金补偿和风险分散机制等问题。

信用担保的发展关键是要动员社会资金，这就要求政府制定一系列优惠的财税政策，吸引社会资本加入，以增强担保机构资本规模，完善其治理结构，并有效降低政府的行政干预。

1. 通过制定鼓励民间资本进入信用担保行业的财税政策，吸引社会资本参股入股现有的信用担保机构，并鼓励民间资本建立商业性的担保机构。

2. 明确担保机构的准入和退出机制，规定单个信用担保机构的最低资本规模，要求新设立的担保机构必须满足最低资本额规定。同时要对担保机构的代偿、赔付、不良资产占比规定最高比例，对超过最高比例或不按规定营运的担保机构必须强制退出。

3. 加强社会信用制度的建设，发展民营中小企业征信、信用评估等中介机构，规范其行为，不断提高其水平和能力，并应通过人才政策、信息技术咨询、信用担保机构信用等级评定等提高担保机构的风险识别、风险控制能力，有效降低担保风险，提高信用担保机构声誉。

4. 尽快建立全国性再担保机构，修改《担保法》，明确信用担保机构的法律地位，解决银行与担保机构的风险分担问题。

233

5. 建立信用担保机构损账补贴制度，对所有担保机构按其有效担保额的一定比例提供补贴，鼓励担保机构扩大担保范围，形成竞争格局。

6. 放宽担保机构资金运用范围，增强其自我发展能力。

（六）完善中介服务体系，提高民营企业管理水平，拓宽融资渠道

从信息不对称以及民营中小企业经营管理水平的角度来说，建立高水平的中介服务机构是国内民营中小企业融资问题的重要突破口。

1. 支持和发展直接为民营中小企业经营管理提供信息、管理咨询和增值服务的中介服务机构，提高民营中小企业的经营管理水平和市场适应能力。

2. 支持和发展为民营中小企业融资提供服务的各类中介服务机构，以帮助企业完善企业会计、财务管理制度，提高财务管理水平和资金利用效率，加强资本运作能力，提升企业信用，降低融资成本，增加融资渠道。

3. 建立民营中小企业协会、商会，发挥其行业自律、同行互助和信息沟通作用，促进民营中小企业间经营管理、技术开发、市场开发、融资方面的信息共享和分工合作关系的形成与发展，在管理技术、组织、信息等方面实现互补。

4. 加强政府的扶持服务，维护民营中小企业利益。包括，明确民营中小企业管理机构的服务功能，制定民营中小企业发展规划，为民营中小企业提供金融咨询服务，法律援助和业务辅导等。

5. 加快包括信息网络在内的基础设施建设，为民营中小企业提供基础设施支持。

6. 规范各种市场中介的行为，提高其服务水平和能力，防范中介机构道德风险。

五、推动金融改革创新，防范风险，维护金融业良性发展

（一）正确处理金融发展与风险防范的关系

要保持社会经济的稳定协调和可持续发展，就必须对经济发展与金融风险防范树立科学的态度，正确处理两者之间的辩证关系。

1. 发展经济，促进人民物质生活水平的不断提高始终是我国各项工作的中心，经济发展是风险防范的基础，风险防范是经济发展的保证。

2. 金融业属于高风险特殊行业。但高风险不应成为禁止新的竞争者进入的借口，一方面，现行金融制度存在许多不适合经济发展之处，需要改革和创新；另一方面，在发展过程中，还会出现种种新的情况，必须用开放、发展的思路和方法，及时发现问题，解决矛盾，大胆进行制度创新。

3. 随着国际国内环境日益复杂和不确定，金融风险将会显著增大，必须建立科学严密的金融风险防范机制，并确保基础性法律法规等监管制度的健全和完善。

因此，我们既不能因噎废食、因为惧怕风险而停止发展，也不能只求发展放弃监管，要在发展过程中不断研究新的情况和问题，完善监管制度。

（二）深化改革，增强金融机构发展创新与风险管理的动力和能力

1. 进一步完善各金融机构的法人治理结构。通过股权结构的多元化、社会化，强化现代企业制度的建立完善，为金融机构的市场化运作建立坚实的企业制度基础，使金融机构在运行中牢固形成市场竞争、客户服务、风险管理的意识，建立科学有效的业务和市场开拓创新与风险防范控制的机制。

2. 加大金融业对外开放，特别是地方性金融机构要通过与区内外金融机构的广泛交流、合作，学习和吸收其先进的经营管理经验。通过引进战略合作伙伴，壮大金融机构实力，改善股权结构，健全法人治理模式，提高经营管理水平，增强竞争能力。

3. 进一步深化利率市场化改革。通过赋予金融机构的价格自由权，促使其根据服务对象的风险水平合理定价，增强其对中小民营企业提供金融服务的意愿和积极性，并提高风险管理水平。

4. 进一步推动民间融资的阳光化、正规化过程。一方面，应加强对各类新兴金融机构的研究，完善相关监管制度，促使其健康发展。另一方面，应进一步创新金融制度和机制，将大量民间非正规金融托出地面，纳入正式监管体系中，以充分发挥其对于民营企业的支持作用，并有效防范其风险。

5. 建立完善金融机构内部风险识别和监测评估体系，健全内控制度，提高风险控制能力。

（三）建立中小金融机构存款保险与退出制度，防范金融风险

随着各种各样地方性、中小型、民营金融机构的不断建立，金融市场中中小银行、信用社破产的风险也在不断增加。为此，应由国家、人民银行和相关金融机构共同出资，尽快设立中小金融机构存款保险公司，对所有吸收公众存款的金融机构实行强制投保，从而保证中小金融机构的存款安全，增强客户信心，提高其社会形象和信誉。

同时，要建立完善金融机构的市场退出机制，加快出台金融机构破产法，建立金融机构风险预警预报系统，强化市场主体的责任和约束，重视市场救助机制的作用，完善金融机构优胜劣汰的竞争机制。

（四）创新金融监管模式，完善监管体系，维护金融业安全稳定运行

1. 各金融监管机构要不断总结经验教训，转变监管理念，提高监管水平

235

和能力。包括：强化各监督管理部门上下级间的内部工作机制，明确职责，落实责任，健全手段。建立各监管部门间合理有效的金融监管协调机制，搭建信息共享平台，充分交流监管信息，协调监管政策和手段，避免监管缺位和重复监管。

2. 强化地方政府与金融监管部门"一行三局一办"的沟通协调机制，定期通报情况，研究维护金融稳定的重大举措。建立应对金融市场突发事件的快速反应机制，制定和落实应急预案，确保特大金融风险发生时，能够快速、稳妥地协调处理。

3. 创新中小金融机构监管模式。随着各种新型中小金融机构的出现，监管部门要加强对新情况的分析研究，创新监管理念和模式，建立适应中小型金融机构监管的理念、思路、工作方法。

尽快完善中小企业金融服务统计口径和信息披露制度；建立金融服务评级制度；完善中小金融机构监管标准，建立合理的不良贷款监管指标，完善资本充足率计算；对小企业和微型企业的金融服务给予差异化的激励政策等。

4. 创新金融混业经营模式下的监管机制。随着金融混业经营的兴起，监管部门应加强对这一情况的研究，改革现有的分业监管模式，建立混业经营环境下金融监管的模式体系，健全风险预警机制，防止内部风险蔓延，建立强制性的信息披露制度，抑制内部关联交易，以维护金融业的安全稳定。

（五）加强对新常态经济发展模式下金融发展及其风险控制的研究，防范信贷风险集中爆发

1. 加大对于新常态下经济金融发展基本情况和规律的调查和分析研究。如：新常态下政府对社会、经济的调节或干预方式的变化规律，社会公众消费投资行为的变化，企业的技术产品升级换代情况，企业的更新淘汰规律，金融发展与实体经济的关系，金融如何支持新常态经济的发展等。

2. 建立项目中止投资或退出机制。根据项目运行情况及发展前景的预测，对相关项目设立中止投资或退出机制。对于风险很高、可能陷入投资黑洞的项目，应及时采取中止投资、收回投资等补救措施。

3. 对项目信贷发放采取分期的方法。即承诺的信贷额度分年发放，当项目按预期目标顺利进行时，可以按照承诺发放下一期资金，否则可以根据情况采取中止投资、追回原贷款等措施。这样既可保证信贷资金的安全，又可保留对项目继续投资的期权。

4. 金融监管部门和金融机构要有宏观的、动态发展的观念。跟风投资政府主导或引导的大型基础设施项目或国有大中型企业的建设项目，虽然就单个

金融机构而言是理性的，但所有个体的理性行为极有可能带来整体的不理性。为此，金融机构要强化组合投资以分散风险的思路，防止信贷资金过分集中所带来的巨大风险，建立健全对大型建设项目的监控机制和风险预警机制，及时跟踪其运行情况，全面掌握项目建设信息，建立项目风险预警体系，及时根据项目情况采取相关的风险防范和应急处理措施。

附：金融危机后民营中小企业融资情况调查问卷

金融危机后民营中小企业
融资情况调查问卷

一、企业基本情况

贵企业成立 _____ 年；职工 _____ 人；所在地为 _____ 市；注册资本金 _____ 万元；年销售额大约 _____ 万元；所属行业 _____（从下述选项中勾选）

（1）工业企业　　　　（2）建筑业　　　（3）批发业　　　　（4）零售业

（5）交通运输业　　　（6）邮政电信　　（7）酒店餐饮业　　（8）其他

二、企业融资状况

1. 企业的各种资金来源比例是 _____

（1）业主自有资金、保留盈余及注册资本金（　　%）

（2）商业银行贷款（　　%）（3）信用社贷款（　　%）

（4）亲朋好友借贷（　　%）（5）民间借贷（　　%）

（6）融资租赁（　　%）（7）商业信用（赊购、预收货款）（　　%）

（8）典当行（　　%）（9）上市发行股票（　　%）

（10）发行债券（　　%）（11）其他（　　%），具体名称 _____

2. 贵企业对现有融资情况是否满意？_____

（1）非常满意　　　（2）较满意　　　　（3）一般

（4）不满意　　　　（5）非常不满意　原因何在 _____

3. 以下几种融资哪种是贵企业最容易取得的（可复选最多3项）_____

（1）内源融资　　　（2）民间借贷　　　（3）银行借款　　（4）商业信贷

（5）信用社贷款　　（6）上市股票　　　（7）发行债券　　（8）融资租赁

（9）其他，具体名称 _____

4. 贵企业最突出的融资问题是什么？（请排序）_____

（1）融资方式单一，渠道狭窄，资金难以取得（2）企业负担重，自我积累难

（3）银行贷款难（程序多、周期长）（4）融资成本过高

（5）其他 _____

5. 近三年来，贵公司向银行申请贷款次数为 _____ 次；申请贷款总金额 _____ 万元。其中，批准次数为 _____ 次；批准的贷款额大致占申请总额的百分比是多少？（_____ %）

6. 请问融资申请一般是以什么原因被商业银行拒绝的_____

（1）企业年限短，信用低　　（2）资产规模小　　　　（3）财务报表不实

（4）所在行业不景气　　　　（5）企业竞争力不强、风险高

（6）其他_____

7. 您认为下列各种缓解中小企业融资难的措施是否有效，请您在下表中选择

	非常有效	较有效	一般	不太有效	完全无效	效果差的根源
配套法律的建立和制度的健全						
国家的资金支持体系						
信用担保体系建设						
融资渠道拓宽（如中小板等）						
金融机构的产品和服务创新						
其他_____						

三、金融危机对企业的影响

1. 金融危机对本企业经营影响大小？_____

（1）非常大　　（2）有一定影响　　（3）没有多少影响　　（4）带来了更好的机会

2. 金融危机给企业造成了哪些较大影响（可多选）？_____

（1）资金紧张，融资更加困难　　　　（2）市场竞争更激烈，销售困难

（3）产品利润率更低　　　　　　　　（4）政府干预加重，"三乱"严重

（5）生产成本上升，员工招聘难度加大，成本提高

（6）对国有企业与民营企业待遇不公平加重

（7）其他_____

3. 企业当前要解决的主要问题是什么？_____

（1）加快新技术、新产品研发与推广　　（2）加大市场营销力度

（3）提高产品质量，降低产品成本　　　（4）提高公司信用，解决融资问题

（5）提高管理水平，凝聚士气　　　　　（6）其他_____

4. 金融危机前后，本企业的融资难度有无明显改变？_____

（1）融资更困难　　（2）融资更容易　　（3）融资难度没有明显改变

5. 企业技术、产品研发碰到的最主要困难是什么？_____

（1）研发人员水平和能力不够　　（2）缺乏研发创意、原型及高校科研机构支持

（3）投入过大，研发资金不足　　（4）政府政策支持不够

（5）知识产权保护不力　　　　　（6）其他_____

四、地区金融生态状况

1. 您认为所在地区社会信用状况怎么样？_____

（1）差　（2）较差　（3）一般　（4）较好　（5）好

239

2. 您认为所在地区政府对民营企业的支持力度怎么样？ _____

（1）小　（2）较小　（3）一般　（4）较大　（5）大

3. 您认为所在区域产业结构优化速度如何？ _____

（1）慢　（2）较慢　（3）一般　（4）较快　（5）快

4. 您认为所在地方政府对银行的干预程度如何？ _____

（1）小　（2）较小　（3）一般　（4）较大　（5）大

5. 您认为所在地区金融生态环境如何？ _____

（1）差　（2）较差　（3）一般　（4）较好　（5）好

6. 金融危机后所在地区金融生态环境有何变化？ _____

（1）变差　　（2）无变化　　（3）变好

参 考 文 献

[1] 周小川. 完善法律环境打造金融生态 [N]. 金融时报, 2004 – 12 – 07.

[2] 徐小林. 区域金融生态环境评价方法 [J]. 金融研究, 2005 (11).

[3] 徐诺金. 论我国的金融生态问题 [J]. 金融研究, 2005 (2).

[4] 李扬、王国刚, 刘煜辉. 金融生态界说: 金融生态概念提出 [J]. 中国工商, 2005 (11).

[5] 李兴智. 构建良好金融生态环境助推商业银行优质竞争 [J]. 金融理论与实践, 2009 (3).

[6] 邓岩等. 区域经济发展中金融生态的作用与优化 [J]. 金融理论与实践, 2008 (7).

[7] 王振磊. 我国中小企业融资与金融生态发展关联性研究 [J]. 云南财经大学学报 (社会科学版), 2009 (3).

[8] 周晓强. 长株潭城市群"两型社会"金融生态环境问题研究 [J]. 湖南社会科学, 2009 (5).

[9] 何世红. 金融生态: 大国经济的活力之本 [N]. 中国联合商报, 2009 – 06 – 29.

[10] 刘煜辉等. 中国地区金融生态环境评价 (2006 – 2007) [M]. 北京: 中国金融出版社, 2008.

[11] 李扬, 张涛等. 中国地区金融生态环境评价 (2008 ~ 2009) [M]. 北京: 中国金融出版社, 2009.

[12] 中国人民银行洛阳市中心支行课题组. 区域金融生态环境评价指标体系研究 [J]. 金融研究, 2006 (1).

[13] 湖南大学金融管理研究中心. 2008 年度衡阳市县域金融生态评估报告 [N]. 衡阳日报, 2009 – 11 – 04.

[14] 人民银行广州分行课题组. 广东区域金融生态实证研究 [J]. 南方金融, 2006(11).

[15] 胡滨. 区域金融生态环境评价方法与实证研究 [J]. 经济管理, 2009 (6).

[16] 王玥. 区域金融生态评估方法研究 [J]. 金融经济, 2009 (22).

[17] 伍昱铭等. 基于 ANP 的县域金融生态评估方法研究 [J]. 金融经济, 2009 (8).

[18] 曾胜、廖林. 金融生态系统的评价模型构建 [J]. 统计与决策, 2009 (15).

[19] 李扬, 王国刚. 中国城市金融生态环境评价 [M]. 北京: 人民出版社, 2005.

[20] 郑长德. 中国区域金融问题研究 [M]. 北京：中国财政经济出版社，2007.

[21] 李阳. 我国农村金融发展的区域差异与政策分析 [J]. 江西财经大学学报，2008 (1).

[22] 周志平. 我市金融生态结构与金融资源的非均衡配置初探 [N]. 张家界日报，2005 - 12 - 20.

[23] 赵振宇. 金融生态环境建设问题研究 [J]. 学习与探索，2009 (4).

[24] 石艳蕊. 我国金融规制中存在的问题及改进思路——基于开放的金融生态视角 [J]. 金融与经济，2009 (11).

[25] 皮天雷. 金融生态中的法律制度探讨——一个新制度经济学的角度 [J]. 财经科学，2006 (3).

[26] 巫文勇. 中国金融生态环境缺陷对金融业的影响 [J]. 江西师范大学学报（哲学社会科学版），2009 (2).

[27] 黄可权. 新制度经济学视角下的金融生态建设研究 [J]. 理论观察，2009 (1).

[28] 郭佳. 构建和谐金融生态与金融法制化 [J]. 决策探索（下半月），2009 (4).

[29] 袁越，赵慧娥. 完善法律制度优化沈阳金融生态环境 [J]. 辽宁经济，2009 (9).

[30] 王晓毅. 改善金融生态环境促进经济平稳发展 [J]. 宏观经济管理，2006 (8).

[31] 黄纯忠. 健全金融法制绿化金融生态 [N]. 中国经济导报，2009 - 04 - 14.

[32] 高小琼. 关于加强区域金融生态环境建设的几点思考 [J]. 金融与经济，2005 (7).

[33] 宋逢明. 公司治理是改善金融生态的基础 [N]. 金融时报，2005 - 08 - 20.

[34] 曾晓华. 推进信用环境建设，构建和谐地方金融生态 [J]. 广西金融研究，2007 (2).

[35] 谢庆健. 县域金融生态现状分析——来自安徽、江西、河南、江苏、浙江、山东六省的调查报告 [J]. 中国金融，2006 (4).

[36] 杨雪莱. 基于 NK 模型的金融生态优化解析 [J]. 中州学刊，2007 (4).

[37] 刘双. 金融生态环境评价及优化路径 [D]. 西南大学，2009 年硕士学位论文.

[38] 史晋川，严启发. 浙江需要丰富的金融生态 [J]. 浙江人大，2009 (5).

[39] 吴迪. 产业集群需要丰富的金融生态 [N]. 中国纺织报，2009 - 04 - 14.

[40] 李兴智. 构建良好金融生态环境助推商业银行优质竞争 [J]. 金融理论与实践，2009 (3).

[41] 姚永明. 建立现代企业信用体系破解民营中小企业融资难题 [J]. 农村经济，2004 (3).

[42] 李蓉. 论中小企业信用缺失对融资的影响 [J]. 商业研究，2003 (11).

[43] 李政. 从银行与中小企业融资看信用体系的重要性 [J]. 河南商业高等专科学校学报，2002 (1).

[44] 王丽红. 打造黑龙江省区域金融生态环境问题研究 [J]. 中国经贸导刊，2009 (8).

［45］李兴智，王韬．商业银行竞争力区域差异与地方政府行为——基于区域金融生态环境差异的分析［J］．中国行政管理，2009（2）．

［46］宋立．当前地方金融管理面临的几个问题［J］．宏观经济管理，2002（11）．

［47］周建松．政府的金融职能与地方金融产业的发展［J］．河南金融管理干部学院学报，2005（3）．

［48］朱静平．我国地方金融管理机构的职能与发展探析［J］．湖南财经高等专科学校学报，2005（6）．

［49］李扬．地方政府行为模式及其对地区金融生态的影响［J］．新金融，2008（3）．

［50］宋威．金融生态优化与地方政府行为分析［J］．经济研究导刊，2009（23）．

［51］张燕．典型国家农村民间金融监管的比较分析及启示［J］．农村经济，2009（5）．

［52］蒋放鸣．建立中国区域金融体系的研究．金融理论与实践，2003（9）．

［53］王泽．关于地方金融控股公司运作机制的几点思考［J］．商业研究，2005（24）．

［54］何运信．浙江地方金融控股体系的构建和发展［J］．经济论坛，2006（17）．

［55］王曦．以金融控股模式整合地方金融资源的几点思考［J］．金融发展研究，2008（10）．

［56］李丹，张丽．基于金融生态视角对当前国际金融危机的分析［J］．金融教学与研究，2009（2）．

［57］杨德阔．金融危机影响下金融生态脆弱性表征与对策［J］．金融发展研究，2009（9）．

［58］陈娜．金融生态理论框架下的中国金融安全问题初探［D］．中国政法大学硕士学位论文，2009年．

［59］张薇．金融危机下构建我国和谐金融生态环境的几点构想［J］．经营管理者，2009（17）．

［60］雷杰，李佳晗．反思全球金融危机改善我国金融生态［J］．时代金融，2009（7）．

［61］周立．中国各地区金融发展与经济增长实证分析：1978－2000［J］．金融研究，2002（10）．

［62］姚耀军．中国农村金融发展与经济增长关系的实证分析［J］．经济科学，2004（5）．

［63］刘桂荣．金融发展与经济增长的实证分析：以长三角为例［J］．江苏商论，2006（11）．

［64］岳彩军．河南省农村金融发展对农村经济增长影响的实证分析［J］．安徽农业科学，2008（13）．

［65］黄学超．南京经济增长与金融发展关系的协整分析［J］．华东经济管理，2009（1）．

[66] 孙力军．金融发展与二元经济结构转换的因果关系——基于多变量 VAR 模型的分析 [J]．华东经济管理，2009（2）．

[67] 艾洪德．我国区域金融发展与区域经济增长关系的实证分析 [J]．财经问题研究，2004（7）．

[68] 王树华，方先明．金融支持与区域经济发展——基于江苏数据的实证研究 [J]．统计与决策，2006（18）．

[69] 韩廷春．金融发展与经济增长：经验模型与政策分析 [J]．世界经济，2001（6）．

[70] 张小琴．我国农村金融发展对农民收入增长影响的实证分析 [D]．天津财经大学硕士学位论文，2006．

[71] 覃成林、张伟丽．中国区域经济增长俱乐部趋同检验及因素分析—基于 CART 的区域分组和待检影响因素信息 [J]．管理世界，2009（3）．

[72] 尹优平．中国区域金融协调发展研究 [M]．北京：中国金融出版社，2008 年．

[73] 吴拥政．中部六省地级市区金融发展与经济增长的空间面板分析 [J]．统计与信息论坛，2009（3）．

[74] 张军．民间金融与小企业发展——以浙江苍南一个镇为案例 [C]．"21 世纪中日经济合作与展望"国际学术研讨会论文集，2004．

[75] 沙虎居．改善金融生态，促进浙江经济持续稳定增长 [J]．金融管理与研究，2006（4）．

[76] 胡亮．金融深化与区域经济发展 [D]．吉林大学硕士学位论文，2006．

[77] 王颖．金融发展对浙江经济增长作用的实证分析 [J]．市场论坛，2006（9）．

[78] 黄必成．浙江地方金融对经济发展的作用 [J]．经济论坛，2006（2）．

[79] 陈时兴．农村地方金融结构、地方政府行为与支农绩效 [J]．数量经济技术经济研究，2009（3）．

[80] 林峰，陈国泉．浙江金融机构融资与中小企业发展相关性研究 [J]．技术经济，2004（12）．

[81] 史晋川．中小金融机构与中小企业发展研究（以浙江温州台州地区为例）[M]．杭州：浙江大学出版社，2003．

[82] 史晋川等．金融与发展——区域经济视角的研究 [M]．杭州：浙江大学出版社，2010．

[83] 蒋永志．民间金融对工业化的正效应分析：以浙江黄岩民间金融为例 [J]．当代经济科学，2005（3）．

[84] 陆立军，王祖强．从"浙江模式"看中国民营经济发展 [J]．人民论坛，2008（2）．

[85] 陈时兴．浙江中小金融机构发展动因、模式与对策研究 [J]．浙江学刊，2007（3）．

[86] 赵英军．所有制结构调整对经济增长的贡献率分析——以浙江为案例 [J]．浙

江学刊, 2001 (4).

[87] 高小勇. 金融市场改革应关注浙江经验 [J]. 中国经济周刊, 2005 (35).

[88] 周业樑. 加强金融生态环境建设促进浙江经济金融更加良性互动 [J]. 中国金融, 2005 (20).

[89] 詹建芬. 公共需求与政府经济职能的转变: 以浙江为例 [J]. 中共中央党校学报, 2006 (5).

[90] 张建华, 涂涛涛. 结构突变时间序列单位根的 "伪检验" [J]. 数量经济技术经济研究, 2007 (3).

[91] 郭朝先. 民营经济发展 30 年 [J]. 经济研究参考, 2008 (49).

[92] 李亚. 民营企业发展战略 [M]. 北京: 中国方正出版社, 2004.

[93] 易会文. 格兰杰因果检验用法探讨 [J]. 中南财经政法大学研究生学报, 2006 年第 5 期.

[94] 张佑林. 传统文化及观念人力资本与现代经济发展的渊源分析 [J]. 商业研究, 2005 (7).

[95] 章华、汪炜主编. 2013 浙江省金融发展报告 [M]. 杭州: 浙江大学出版社, 2014.

[96] 刘明康. 中国银行业改革开放 30 年 [M]. 北京: 中国金融出版社, 2009.

[97] 李扬, 王国刚. 中国金融改革开放 30 年研究 [M]. 北京: 经济管理出版社, 2008.

[98] 吴晓灵. 中国金融体制改革 30 年回顾与展望 [M]. 北京: 人民出版社, 2008.

[99] 杨军. 中小企业融资制度结构研究 [J]. 武汉科技大学学报 (社会科学版), 2003 (5).

[100] 姜子叶等. 民间信用的效应分析 [J]. 财贸经济 2002 (11).

[101] 紫轩. 我省信用担保机构达 378 家 [EB]. 浙江民营企业网 http://www.zj123.com/info/detail－d33431.htm, 2010－06－01.

[102] 我省发布全国首张责任清单. 浙江省政府网站 [EB]. http://www.zj.gov.cn/art/2014/11/1/art＿7406＿1396272.html, 2014－11－01.

[103] 浙江省发展与改革委员会政府信息公开网站 http://xxgk.zjdpc.gov.cn/art/2014/1/13/art＿81＿201.html.

[104] 孙早, 刘庆岩. 市场环境、企业家能力与企业绩效 [J]. 经济学家, 2006 (4).

[105] 陈斌. 浙江经济增长与制度之间关系的实证分析 [J]. 经济论坛, 2008 (11).

[106] 刘晓清. 经济民主: 浙江的实践与思考 [J]. 浙江社会科学, 2006 (5).

[107] 陆立军, 王祖强. 从 "浙江模式" 看中国民营经济发展 [N]. 人民论坛, 2008/1/B.

[108] 何显明, 何建华. 信用浙江——构建区域发展新秩序 [M]. 杭州: 浙江人民出版社, 2006.